W0251556

La gran revancha

La deformada memoria histórica de Zapatero

→

Isabel Durán y Carlos Dávila

La gran revancha

→

La deformada memoria histórica de Zapatero

temas'de hoy. artículo 20

Este libro no podrá ser reproducido, ni total ni parcialmente, sin el previo permiso escrito del editor. Todos los derechos reservados.

© Stanley G. Payne, 2006, por el prólogo
© Isabel Durán, 2006
© Carlos Dávila, 2006
© EDICIONES TEMAS DE HOY, S.A. (T.H.), 2006
Paseo de Recoletos, 4. 28001 Madrid
www.temasdehoy.es
Primera edición: noviembre de 2006
ISBN-13: 978-84-8460-607-9
ISBN-10: 84-8460-607-4
Depósito legal: M. 41.094-2006
Preimpresión: J.A. Diseño Editorial, S.L.
Impreso en Mateu Cromo Artes Gráficas, S.A.
Printed in Spain - Impreso en España

Índice

→

A todos los que con Cicerón piensan que «Como nada es más hermoso que conocer la verdad, nada es más vergonzoso que aprobar la mentira y tomarla por verdad».

Cada uno tiene el máximo de memoria para lo que interesa y el mínimo para lo que no le interesa.

SCHOPENHAUER

El verdadero semblante de la traición no se descubre hasta que ha hecho su obra.

SHAKESPEARE

→ Agradecimientos

Indagar en la versión no oficial sobre cualquier cuestión que afecte al Presidente del Gobierno, José Luis Rodríguez Zapatero, no ha sido tarea fácil. La clave era cotejar un soporte documental imprescindible que nos sirviera de guía para conocer la trayectoria personal, política y profesional de su abuelo, el capitán Juan Rodríguez Lozano. Para la investigación, lenta y a veces desesperadamente infructuosa, hemos contado con la valiosa aportación de Juan Estébanez, un joven y sagaz periodista, riguroso, serio e intuitivo, al que le espera con toda seguridad un gran futuro profesional. Juan, que nos ha ayudado a investigar en todos los archivos, ha soportado estoicamente nuestra machacona insistencia en la búsqueda de los centenares de folios de documentación procedentes de los legajos que se encuentran en las distintas instituciones, fundamentalmente militares, en las que se puede encontrar documentación relacionada con el capitán Lozano.

Y si la colaboración de Juan Estébanez ha sido preciosa, la que nos han prestado algunas personas, cuya identidad por razones obvias no nos es posible revelar, ha sido también de una extraordinaria importancia. A ellos nuestro especial reconocimiento y agradecimiento expreso por su generosidad y confianza en nuestro quehacer profesional. Huelga señalar que hay incluso quien ha arriesgado su estabilidad personal, dada la escasa superficie ambiental, León y provincia, en la que se mueven. Pero no todo han sido obstáculos. Es de justicia recalcar la gran disposición de la editorial Temas de Hoy para que este libro vea la luz. Vaya, pues, por delante nuestra más sincera gratitud a Belén López y Ana Lafuente en correspondencia por su leal apoyo y la libertad total con que nos han alentado a desarrollar este trabajo.

→ Prólogo

La democratización del sistema político español que tuvo lugar después de la muerte de Franco constituyó el logro cívico más importante de la historia contemporánea del país. Fue el proceso de democratización que inició la «tercera ola de democratización» del siglo XX, la más extendida democratización en cuanto a países y continentes que se ha conocido, y en ella, la experiencia de España sirvió de referencia y hasta, a veces, como modelo. Tuvo lugar cuatro décadas después de una de las guerras civiles más cruentas de la historia contemporánea, y después de muchos años de dictadura. Un aspecto fundamental e indispensable de este proceso fue lo que se ha llamado históricamente «la aceptación del adversario político» y el rechazo total de la política de la venganza. Hubo un consenso de parte de los líderes y grupos políticos importantes en el sentido de no utilizar o tratar de instrumentalizar la Guerra Civil como arma o palanca política para fines partidísticos, sino de cooperar en una empresa común nueva que podría superar las divisiones del pasado.

Como varios analistas han observado, este consenso fue roto por primera vez por un partido político importante en la campaña electoral de 1993, cuando los socialistas estaban en peligro de perder las elecciones después de más de diez años. Entonces hicieron un intento de estigmatizar al Partido Popular como «la vuelta del peor franquismo», y extravagancias de este estilo, que consiguió algún efecto en esas elecciones, pero mucho menos en las de 1996 y ninguno en las de 2000.

Sin embargo, un aspecto notable de la vida política española actual es que el Partido Popular ha mantenido el consenso de la Transición —aunque evidentemente ya no es tal consenso— y no ha contestado en términos equivalentes. Y, en cierto sentido, es sorprendente que haya mucha más continuidad con el pasado y la Guerra Civil en el caso del Partido Socialista que en el caso del Partido Popular. Mientras éste es un partido democrático de centro derecha surgido de la experiencia de la democratización misma, el Partido Socialista ha tenido una historia muy larga y a veces muy siniestra de sectarismo y de violencia política. Históricamente, algunos de sus líderes han incitado públicamente al asesinato político, han participado en intentos de golpes e insurrecciones, en falsificación de elecciones y en intentos de cancelar los resultados de elecciones libres, en la predicación de la Guerra Civil y en la práctica de los asesinatos en masa. Sin embargo, fieles al espíritu de la Transición, los portavoces del Partido Popular no han tratado de exhumar y aprovecharse retóricamente de este pasado tan siniestro.

La fase actual de los intentos de politizar y falsificar la historia contemporánea de España surgió a raíz de la victoria del Partido Popular por mayoría absoluta en las elecciones de 2000, acompañado por la instalación de José Luis Rodríguez Zapatero como nuevo líder del Partido Socialista. Dada la fuerza aparente del Partido Popular, pareció más importante que nunca tratar de estigmatizarlo con alegatos de la historia, por artificiales y falsos que fueran.

Esto ha coincidido con un renovado interés en la «memoria histórica», o «memoria colectiva», aunque no sea sinónimo de ello. También ha sido importante la llegada a España de la cultura del «victimismo», que repite más o menos la tan larga historia en la Península de la apariencia de doctrinas o ideologías formadas en otros países pero que pasan rápidamente a expresarse en términos más exagerados en España. Hay una historia muy extensa de dos siglos de tales fenómenos.

En este caso, el movimiento de «memoria histórica» o «memoria colectiva» es una especie de Dr. Jekyll y Mr. Hyde. A nivel internacional, la indagación en la «memoria colectiva» y la historia oral forman parte de la metodología científica de la investigación histórica, para aprender cómo se han formado conceptos y mitos con respecto a la historia reciente. Igualmente, un interés serio y científico de parte de historiadores y antropólogos o arqueólogos para investigar atrocidades y abrir fosas comunes es indispensable para el avance del conocimiento histórico.

En España, en cambio, la mayor parte de los que invocan la «memoria histórica» no tienen el menor interés en la historia seria, sino que meramente pretenden imponer sus conceptos políticos y mitos sectarios como si se trataran de la historia misma. La verdad es que «memoria colectiva» o «memoria histórica» son, en sus justos términos, conceptos oximorónicos y falsos. La memoria es solamente individual, y por eso subjetiva, y, así, tiene poco que ver con la historia, que procede no de memorias personales y subjetivas, sino de la investigación objetiva e impersonal de datos y documentos. Casi todos los investigadores profesionales de la memoria colectiva de otros países han puesto de manifiesto de un modo muy claro que memoria colectiva y memoria histórica son conceptos creados acerca del pasado por publicistas, grupos políticos o sectores sociales, y que son todo lo contrario que los productos de la investigación histórica.

En España, actualmente hay dos mitos principales acerca de la historia contemporánea: uno proveniente de lo que queda de los franquistas y otro de las izquierdas.

El mito de los franquistas es que Franco no fue partidario de Hitler en la Guerra Mundial, lo cual es falso. El mito de las izquierdas es que las izquierdas de los años treinta fueron demócratas y así meras víctimas inocentes de la crispación política, lo cual es aún más falso, si cabe.

Lo que es especialmente siniestro en esto son los intentos del Gobierno y de las izquierdas de legislar la interpretación de la historia con fines partidistas, algo que trae ciertas reminiscencias de las prácticas de los antiguos regímenes comunistas. En cierto sentido, no es un fenómeno puramente español, porque la imposición de nuevas normas de interpretación y enseñanza de la historia es un objetivo básico no meramente de los antiguos comunistas, sino también de los partidos políticamente correctos en todo Occidente.

Ante tales iniciativas, este nuevo libro de Isabel Durán y Carlos Dávila ofrece un estudio nuevo, completamente original, de la formación de tales proyectos en la carrera política y vida personal de Zapatero y en la historia reciente del Partido Socialista, junto con la investigación, por vez primera, de los datos objetivos de la verdadera historia del abuelo del Presidente del Gobierno, bastante diferente a la que nos ha sido presentada. Frente a mitos políticos, Durán y Dávila presentan un estudio riguroso y un análisis objetivo e incisivo. Su libro tiene una gran importancia en este momento.

Afortunadamente, la libertad de expresión es todavía posible en España, que hasta ahora no ha conocido la clase de leyes que la restringen hasta cierto punto en algunos de los países del norte de Europa. Mantener la libertad de expresión y el estudio objetivo, no político, de la historia son aspectos indispensables de la democracia, y este libro es una contribución de máxima importancia para sostenerlos y comprender lo que está pasando en España en esta hora de su historia.

STANLEY G. PAYNE
University of Wisconsin-Madison
25 de septiembre de 2006

→ Introducción

La Transición española consistió sobre todo en un pacto entre todas las fuerzas políticas de izquierdas, derechas y nacionalistas, para no utilizar como argumento político la Guerra Civil y los treinta y nueve años de franquismo. Aquel periodo iniciado en 1976, a raíz de la designación de Adolfo Suárez como presidente del Gobierno, cuajó en la construcción de un sistema político constitucional que ha sido ejemplo, a pesar de todas sus imperfecciones, en el mundo entero. Durante veintiocho años, la convivencia nacional ha estado asegurada con la coexistencia pacífica y sin rencores históricos entre los herederos de los dos bandos contendientes en la terrible guerra. No supuso, en consecuencia, el olvido ni de los horrores de la Guerra Civil, ni de los defectos y virtudes (que también las tuvo) del franquismo y sí el esfuerzo colectivo por caminar juntos en democracia sin remover viejos y ancestrales enconos para intentar superarlos. Todo esto, sin embargo, se quebró el día en que José Luis Rodríguez Zapatero, como tituló *The New York Times*, se convirtió en «presidente por accidente» de España.

Instalado en La Moncloa tras producirse la mayor matanza terrorista de nuestra Historia, con una exigua victoria electoral, Zapatero se puso al frente de la izquierda más radical, se autodenominó «el presidente rojo» y abogó desde el inicio de su mandato por todo lo contrario de lo que había sido consensuado en la Transición: por ahondar en la más dolorosa página de nuestro pasado reciente de manera absolutamente parcial y sectaria, al objeto, según ha expuesto, de reparar el daño sufrido por los vencidos de la guerra. Porque para el jefe del Ejecutivo socialista más radical, la democracia no está, ni estará legitimada hasta que no se restablezcan los valores de la II República, el convulso periodo histórico que desembocó precisamente en la cruel y espantosa contienda que Salvador de Madariaga, republicano y liberal hasta las entretelas, denominó justamente el «trágico disparate». Y a ello ha empeñado el esfuerzo de todo su Gobierno, que, dos años después de llegar al poder, alumbró la llamada Ley de Memoria Histórica.

A la iniciativa se sumaron con entusiasmo, como no podía ser menos, el Partido Comunista junto con organizaciones de la extrema izquierda y, claro está, todas las formaciones periféricas nacionalistas e independentistas. El enardecido apoyo inicial de los compañeros de viaje de Zapatero se transformó en una crítica cerval al proyecto aprobado finalmente en el último Consejo de Ministros del mes de julio de 2006. Antes incluso de su tramitación parlamentaria anunciaron que no otorgarían su voto a la ley si no se incluían sus exigencias. En el momento de cierre de este libro, septiembre de 2006, no es posible prever si Zapatero conseguirá finalmente que su ley sea aceptada por sus aliados. Sin embargo, lo que ya no tiene vuelta atrás es la empecinada actitud del Presidente en que circulen y se establezcan como verdad oficial versiones unidireccionales y extremadamente sectarias de la guerra y del propio franquismo, al punto de que los historiadores e hispanistas más independientes han denunciado esta maniobra subjetiva tendente a rescribir la Historia.

Los autores hemos realizado un seguimiento exhaustivo del Diario de Sesiones de las Cortes desde la primera iniciativa presentada por Rodríguez Zapatero en el Parlamento mucho antes incluso de convertirse en secretario general del PSOE, cuando era un anónimo diputado en la Carrera de San Jerónimo. Aun entonces ya tenía la mirada puesta en la guerra, como lo demuestra la enmienda que presentó y defendió para equiparar las pensiones de los militares republicanos con los demás miembros del Ejército. Por ello, hemos dividido el trabajo en dos partes bien delimitadas. Un bloque de capítulos están dedicados al análisis de todas las intervenciones guerracivilistas de Zapatero y del quehacer de su Gabinete durante estos dos años largos ya, ocupados en retirar estatuas de Franco, bien sea como regalo de cumpleaños a Santiago Carrillo, responsable de las matanzas de Paracuellos, o para distraer la atención sobre su propia incapacidad de gestión para solucionar los graves y múltiples problemas que debería resolver y que incluso, en muchas ocasiones, él mismo ha creado. La persona designada por el propio Zapatero para convertir en ley la revisión de la memoria histórica fue la vicepresidenta María Teresa Fernández de la Vega y esa labor se ha dedicado con esmero hasta plasmar los deseos de su jefe en la que finalmente se ha denominado «Ley de extensión de derechos a los afectados por la Guerra Civil y por la dictadura».

Se hacía imprescindible, por tanto, investigar las razones de índole personal que movieron al presidente a promover esta tan delicada y peligrosa iniciativa. A ello se dedica la primera parte del libro. Los autores partíamos de la base de que el propio José Luis Rodríguez Zapatero nunca ha ocultado que su propósito al resucitar la memoria general era básicamente rehabilitar la historia misma de su familia. Nuestra conclusión es que su idea fue concebida como una revancha íntima y personal en la que el objetivo máximo era —y es— la reparación de la figura de su abuelo, el capitán Juan Rodríguez Lozano, fusilado por los nacionales el 18 de agosto de 1936 tras la conquista de León por el Ejército del general Franco. Sobre este oficial la propaganda socialista oficial ha construido una hagiografía deslumbrante de militar heroico, de humanista intachable, de intelectual progresista incluso, y de mártir; en suma, de unas ideas pacifistas muy comunes —a juicio de los redactores de sus biografías— a los grandes hombres de la II República Española. La verdad dogmática establecida resulta así tan incontestable como la frecuencia con que el presidente Zapatero ha citado a su abuelo como paradigma del diálogo y el famoso talante que él dice preconizar. Rodríguez Lozano ocupó todo un epígrafe del discurso de investidura de su nieto y es la gran coartada que el jefe del Gobierno ha utilizado siempre para comparar su dolor antiguo con el muy cercano y más presente de las víctimas del terrorismo.

Tal vorágine publicitaria y parcial precisaba de una constatación práctica, de una comprobación real. Ése ha constituido otro de los objetivos del libro. Los lectores juzgarán si tras la copiosa investigación histórica y documental realizada se puede seguir sustentando la opinión mítica edificada sobre la figura del capitán Lozano, un militar que combatió contra los sublevados en la revolución de Asturias; que permaneció en Mieres después de la derrota de los facciosos y participó activamente, por tanto, en la posterior y durísima represión; que fue apartado de la disciplina castrense por su ofrecimiento al PSOE como «agente de información y de recluta» de elementos militares; que fue recomendado por conductos estrictamente masónicos, como jefe de la Guardia de Asalto de León por su fidelidad republicana y su «capacidad de depuración»; que ingresó en una logia de la Masonería como medio, entre otras cosas, de ascenso político y social; que según algunos supervivientes, asombrosamente, una vez estallada la Guerra Civil, no se incorporó al frente republicano cercanísimo al pueblo leonés en el que se encontraba entonces y sin embargo regresó, sin aparente explicación alguna, a León, donde ya estaba instalado el Ejército de Franco; y que, condenado a muerte, tuvo «el privilegio», en opinión de otro republicano encarcelado en la misma prisión de San Marcos, de dictar antes de ser fusilado, a un presunto notario, un testamento que su nieto ha convertido en el lema propagandístico de su gobernación.

Después de largos meses dedicados a la investigación de los gruesos legajos desperdigados por los distintos archivos históricos españoles, la búsqueda resultó en ocasiones infructuosa y en otras el resultado fue sorprendente para los propios autores al descubrir que la idílica versión oficial tejida por el Presidente y sus exégetas es cuando menos incompleta, inexacta y ha sido manipulada de manera fehaciente. De esta manera, se publican por vez primera de forma fidedigna en esta obra, entre muchos otros, los documentos que demuestran que el abuelo Lozano fundó y fue miembro activo de la logia masónica Emilio Menéndez Pallarés n.º 15, de León. Cuestión esta que no tendría mayor trascendencia de no ser porque al lugar donde el capitán Lozano celebraba las tenidas masónicas semanales de su logia acudió en julio de 2006 José Luis Rodríguez Zapatero. Lo hizo para inaugurar la casa museo propiedad de la Fundación Sierra-Pambley, en su calidad de Presidente del Gobierno, tres días antes de que el Consejo de Ministros aprobara el proyecto de ley de Memoria Histórica. Lo que ni La Moncloa ni, por supuesto, la propia fundación difundieron es que el inmueble y la aparentemente irrelevante institución filantrópica fueron el escenario en el que el capitán Lozano se convirtió primero en «aprendiz» y luego en «compañero» masón. Significativos datos todos ellos celosamente ocultados a los que dedicamos otro extenso y prolijo capítulo.

José Luis Rodríguez Zapatero, por su lado, tampoco ha contado jamás que, según consta en la documentación extraída por los autores del Archivo General de la Guerra Civil Española de Salamanca, el Archivo Intermedio Militar Noroeste de El Ferrol (Tribunal Militar Territorial Cuarto, Sección Amnistías) y Archivo

General Militar de Segovia y en el Archivo General Militar de Ávila, su abuelo el capitán Juan Rodríguez Lozano fue considerado agente doble, una labor que sembró el recelo en ambos lados de la contienda. Incluso, a este respecto, se le abrió un expediente sancionador acusado de incumplimiento clamoroso del reglamento militar al ofrecerse en secreto a pasar información y ejercer labores de recluta militar al diario *El Socialista*, el órgano de propaganda del partido fundado por Pablo Iglesias. Por este motivo fue condenado y apartado de su carrera inmediatamente después de haber participado activamente en la represión de los mineros de la revolución de Asturias del 34.

En otro apartado del libro se constata cómo el proyecto de Zapatero está revestido de un laicismo anticlerical para suprimir la influencia de la Iglesia católica en la vida civil española. Pero ese laicismo, como muchas otras cosas en el jefe del Ejecutivo, es falso o por lo menos paradójico, porque mientras se empeñó en suprimir la asignatura de Religión —la católica, naturalmente— de los planes de estudio de la protestada Ley Orgánica de Educación, su Gobierno anunció casi al tiempo su propósito de autorizar la enseñanza de la doctrina islamista en los centros públicos españoles. Es un dato infeliz que comprueba hasta qué punto la obsesión de ZP con el catolicismo es asimilable a la que ejercieron sus antepasados masones y republicanos a partir del 14 de abril de 1931. En este capítulo se aporta además material de archivos hasta ahora incógnitos, como el del Santuario de la Gran Promesa en Valladolid, que guarda álbumes con los nombres y apellidos de todas las personas del bando nacional asesinadas por los republicanos. Estos datos, junto con otros asimismo de enorme importancia, son testimonio vivo de una «contramemoria» que Zapatero ha querido no sólo tapar, sino, incluso, desacreditar contraponiéndola a la suya propia.

Por último, el libro no podía obviar los testimonios que acreditan la querencia no reconocida explícitamente a convertir este ejercicio de memoria histórica en una suerte de ensayo general para intentar un cambio de modelo de Estado, desde la Monarquía democrática de Juan Carlos I a una República Confederal a merced de los nacionalismos separatistas, que pregona la izquierda en general, el PSOE en particular y muy directamente José Luis Rodríguez Zapatero. El pistoletazo de salida, hay que recordarlo así, lo dieron Felipe González y Juan Luis Cebrián en su libro de conversaciones «El futuro no es lo que era» (Aguilar, 2001).

Por desgracia, setenta años después del inicio de la Guerra Civil, el presidente que se autoproclama sugestivamente «rojo», en lugar de ayudar a que se cicatricen las heridas «de guerra» que aún supuran en la sociedad, se empecina, día a día, en ser el presidente de sólo una parte de los españoles. Una sociedad, la española, en la que no existía, ni mucho menos, un clamor al respecto, hasta que llegó Zapatero. Su deformada memoria histórica pretende imponer sin ambages su desquite personal y enfrentar de nuevo a las dos Españas de Machado. El paso dado por Zapatero, se sabe —se ha visto ya— cómo ha empezado, desatando incluso una inédita «guerra de esquelas», pero nadie es capaz de adivinar cómo acabará.

La guerra fue un horror en ambos bandos. No es de recibo, por tanto, que se falsee o se mutile la Historia y se propenda, en plena democracia constitucional, a establecer una comprometida vuelta atrás guerracivilista y maniquea. Como ha señalado acertadamente el postulador ante la Congregación para la Causa de los Santos, José Francisco Guijarro, «cuanta más memoria histórica, mejor, pero memoria histórica de todos y para todos, ¿eh?». De opinión semejante es el académico de la Lengua Francisco Rodríguez Adrados, que pidió un debate nacional sobre la referida memoria, si es que se quiere de verdad realizar una aportación historiográfica notable a estos periodos históricos. Sin embargo, la ley desarrollada por Zapatero termina no sólo con la aspiración de los hombres de la Transición. La utilización parcial y partidista radical por parte del Presidente del Gobierno busca un objetivo de manera consciente: criminalizar a una parte de España, el centro derecha, representado por el Partido Popular, para evitar que en un futuro próximo esa «nueva extrema derecha» —como él la llama— le desbanque en las urnas y pueda volver a gobernar.

Desde estas páginas, los autores pretendemos una llamada a la reflexión. Nadie elige a sus abuelos. Es evidente. A los autores nos hubiera gustado no escudriñar en el pasado familiar de Zapatero, ni detenernos en la personalidad variopinta del capitán Lozano, al que Zapatero ha convertido en triste estandarte reivindicativo de su política de resarcimiento. Que el lector tenga, al menos, acceso a los datos objetivos y extraiga, por tanto, sus propias conclusiones. Ésta ha sido nuestra única y definitiva intención.

Madrid, 10 de septiembre de 2006

Capítulo I El nieto del capitán →

Son las ocho menos diez de la mañana del 17 de octubre de 1991. Madrid se despereza en un frío despertar de otoño cuando un ruido ensordecedor se escucha en la calle Duquesa de Parcent,[1] en pleno barrio de Aluche. A trescientos metros, en la calle Camarena, una niña de doce años, Irene Villa, se arregla para ir al colegio y le pregunta a su madre:

—Mamá, ¿qué ha pasado?

—Creo que ha sido una bomba, hija.

—¿Y quién la ha puesto?

—Un grupo que se llama ETA —le contesta.

1. El atentado costó la vida al teniente del Ejército de Tierra, Francisco Carballar. Los terroristas habían adosado a su coche, un Peugeot 309, un artefacto que hizo explosión a los pocos metros de que el militar pusiera en funcionamiento su vehículo. Dejó viuda, María Dolores Cardoso, y cinco hijos.

María Jesús González da por terminada la conversación. Mientras acaba de recoger el desayuno, piensa en silencio que el terrible bombazo que ha hecho retumbar las paredes y los cristales de su vivienda se había producido en la Comisaría de Los Cármenes, su lugar de trabajo. Nada le insinúa a su hija,[2] todavía una niña, de sus sospechas. Para sorpresa suya, cuarenta minutos después, cuando han salido ya del portal y se dirigen al Seat 127 matrícula de Huelva, aparcado frente a su vivienda, Irene le inquiere de nuevo:

—Mamá, me da miedo subir al coche. ¿Y si nos han puesto una bomba a nosotras?

María Jesús ya no se acuerda de nada más. Se despertó en la Unidad de Vigilancia Intensiva (UVI) del Hospital Doce de Octubre. Preguntó por su niña, así, como la llama ella. La respuesta la dejó helada.

—Aquí no ha venido nadie más que tú —le dijo la enfermera que la atendía.

—Bueno, pues entérate y me lo dices.

Nadie le hizo un solo comentario más, explica a los autores. Pensó que Irene había muerto. No sabe el tiempo que permaneció en la UVI. No veía nada, tenía la cara totalmente hinchada, quemada y negra. Sentía que algo le pasaba en el lado derecho de su cuerpo. Una bomba adosada a los bajos de su coche había hecho explosión a los pocos segundos de arrancar, frente al colegio San Juan García. El espectáculo era dantesco. María Jesús e Irene habían saltado literalmente por los aires. Postrada en la UVI, pensó: «No se atreven a decírmelo». Nunca más preguntó. Hubiera preferido morirse antes que volver a preguntar por Irene, a la que creía muerta. Un dolor infinito, mucho más profundo que cualquiera de los desgarros físicos, se le había clavado en el alma. Cuando por fin la trasladan a la habitación, su padre, Andrés, habla con ella.

---

2. La fortuna quiso que su otra hija, Virginia, no fuera en el coche con ellas, ya que había empezado el instituto y sus clases comenzaban una hora antes.

—Hija, ¿no me preguntas por tu niña?

—Pero ¿sigue viva?

—Está en el Gómez Ulla.

—¿Por qué no me preguntas qué tiene tu hija? —le dijo su padre a duras penas, temeroso de que se viniera abajo pensando que iba a darle el disgusto de su vida.

—No me importa.

Nada le importaban los destrozos terribles que la bomba le había causado. Su niña seguía viva y eso era lo único importante. Habían pasado tres días desde el atentado.[3] El destino se había cebado con una madre y una niña de doce años despedazándolas de cuajo. María Jesús había sufrido la amputación del brazo y la pierna derechos. A su hija Irene la barbarie terrorista le había arrancado tres dedos y las dos piernas. Nadie entendía la alegría, el estado de felicidad total que a partir de ese instante embargó a María Jesús y que no dejaría de sentir un solo día el resto de su vida. «Creían que la bomba me había afectado a la cabeza», explica María Jesús.

Pero tenía y tiene una fortaleza y una alegría de vivir fuera de lo común que refleja hasta en más nimios detalles. Meses después del atentado recuerda que recibió una llamada del programa de televisión de José Luis Coll. Le dijeron que tenían un enorme interés en contar con su participación porque iba a estar dedicado a las madres que sufren. Ella les contestó rotunda:

—Lo siento mucho, pero yo no encajo en lo que buscáis. Para que podáis entenderlo: todas las madres tienen la dicha de ver an-

3. Dos horas después del atentado, una tercera bomba lapa de ETA hace explosión y deja sin piernas al comandante del Alto Estado Mayor, Rafael Villalobos. Le acompañaba su hermana, María Antonia Asunción Villalobos, que sufrió heridas menos graves, ya que aún no había subido al vehículo Talbot 150 cuando estalló el artefacto. La explosión se produjo a cincuenta metros del colegio Ermita del Santo. En una mañana ETA había sembrado el terror en Madrid asesinando a un teniente y mutilando gravemente a tres personas. Pero aún pudo ser peor, ya que las dos últimas bombas estallaron frente a tres colegios.

dar una vez a sus hijos. Yo hoy he sentido la emoción de ver andar por segunda vez a mi hija y soy la madre más feliz del mundo.

→ LA INUSITADA REACCIÓN DE ZAPATERO

Viernes 17 de febrero de 2006. Palacio de La Moncloa. María Jesús González lleva sendas prótesis en el brazo y pierna derechos. Es una mujer fundamentalmente vivaz, guapa, valiosa, vigorosa, un torrente de vida y de expresividad y con una fuerza y una actitud mental positiva extraordinarias. No tiene pelos en la lengua. Expone al Presidente del Gobierno su experiencia vital y, sobre todo, su incomprensión profunda de la política de rendición ante los terroristas iniciada por el jefe del Ejecutivo.

—Hace catorce años —le dice—, la primera vez que vi a mi hija después del atentado, ella lloraba y me preguntaba por qué pasaban estas cosas. «No hay explicación lógica», le dije a mi niña. «En el País Vasco algunas personas matan porque piensan que el resto de España tenemos la culpa de sus males.» En sustitución de las dos piernas —añade María Jesús—, intenté que Irene tuviera dos columnas en las que sujetarse siempre: la primera, su fe en los políticos; tenía que saber que siempre la ayudarían y la defenderían. Y la segunda, la Justicia, la certeza de que algún día los que le hicieron esto a ella y al resto de las víctimas del terrorismo estarían en la cárcel, que ése sería su único destino.

»Años más tarde —continúa su emocionada y contundente narración a Zapatero— Irene vio que su Presidente del Gobierno solicitaba permiso al Parlamento[4] para hablar con sus asesinos y,

4. En realidad, María Jesús se refiere a la resolución aprobada meses antes, el 17 de mayo de 2005, por el Parlamento, aprobando la negociación con la banda terrorista si se dan las condiciones.

poco después, que Fungairiño, bastión de la lucha antiterrorista, era vilmente destituido porque no interesaba que siguiera deteniendo terroristas. Y a mi hija la volví a ver otra vez llorar. Me preguntó de nuevo: «Mamá, ¿por qué pasan estas cosas?». Presidente, yo no he sabido qué responderle. Así que quiero que tú te pongas en mi lugar y me expliques qué le dirías tú si fuera tu hija.

Allí estaba, sentado, frente a ella, escuchándola atentamente. Un presidente del Gobierno que había llegado dos años antes a La Moncloa tras la mayor masacre de la historia de España. José Luis Rodríguez Zapatero, le dice con una actitud comprensiva:

—Me pongo en tu lugar porque a mi abuelo le mataron en la guerra.

María Jesús González se quedó lívida. Apenas daba crédito a lo que acababa de escuchar en boca del máximo responsable político de España. La vicepresidenta de la Asociación de Víctimas del Terrorismo había acudido junto con otras personas[5] para hablar con Rodríguez Zapatero sobre la situación y el sentimiento mayoritario de traición que las víctimas sentían a su causa, a sus muertos, a sus vidas. Pensó que no le había entendido bien.

—¿Cómo puedes comparar a una niña con tu abuelo y con una Guerra Civil en la que había dos bandos que se mataban entre ellos? ¡Mi niña tenía doce años, no vivía en una guerra, sino en una democracia, no había bandos, sólo unos asesinos que matan y destrozan la vida de inocentes!

No cabía malentendido alguno. El Presidente, al verla tan angustiada, intentó explicarse. También —le dijo— para él supuso

5. Acudieron distintos representantes y organizadores del III Congreso Internacional de Víctimas del Terrorismo que se había celebrado esa semana en Valencia y al que Zapatero se negó a asistir. Fue tal el escándalo por tan incomprensible negativa que entonces el alto comisionado para las Víctimas del Terrorismo, Gregorio Peces Barba, intentó desviar la atención anunciando en este foro mundial su próxima dimisión. A la fecha de cierre de este libro, siete meses después, aún no se había producido. Para intentar evitar el deterioro de su imagen por tan inexcusable ausencia a un congreso con víctimas del mundo entero, Zapatero les ofreció esta reunión, *en petit comité,* en La Moncloa.

un terrible daño la muerte de su abuelo, al que no conoció pero que había marcado el sufrimiento en su abuela y en su padre huérfano desde los nueve años. Una trágica ausencia imborrable y nunca perdonada en su propia memoria. La cosa no quedó ahí. Lógicamente ofuscada y algo nerviosa ante aquel agravio, María Jesús replicó al Presidente que todavía continuaba la extorsión etarra, que había revivido el terrorismo callejero, que la falta de libertad en el País Vasco era un hecho y que, en definitiva, con él se había crecido la banda de asesinos. Un Zapatero a la defensiva respondió, contrariado, sin azorarse:

—¡Sólo faltaba que también me culpes a mí de eso! ¡Allí están el PNV y el Gobierno vasco!

María Jesús desistió de contestarle otra vez. Pero cuando se despidieron, a las puertas de La Moncloa, José Luis Rodríguez Zapatero la cogió por los hombros y le dijo: «María Jesús, confía en mí». Triste, dolida y espantada, María Jesús González había constatado en sus propias carnes que el Presidente del Gobierno es un hombre que, lejos de comprender a las víctimas del terrorismo, tiene un corazón cargado de odio y un ansia de revancha inaudita. Un alma tan repleta de sed de venganza que considera semejante su dolor por la prematura muerte de su abuelo, fusilado al inicio de la Guerra Civil, y al que nunca conoció, con el dolor de una madre que sufre la mutilación que su hija de doce años ha padecido a manos de unos asesinos.

Lo que María Jesús desconoce es hasta qué punto nada en Zapatero es como él lo cuenta. Ni siquiera su propia historia, ni la de su familia.

→ JUAN RODRÍGUEZ LOZANO, AGENTE DOBLE

Natural de Alange, Badajoz, el abuelo de Zapatero comenzó sus estudios como alumno de Infantería en la Academia de Toledo

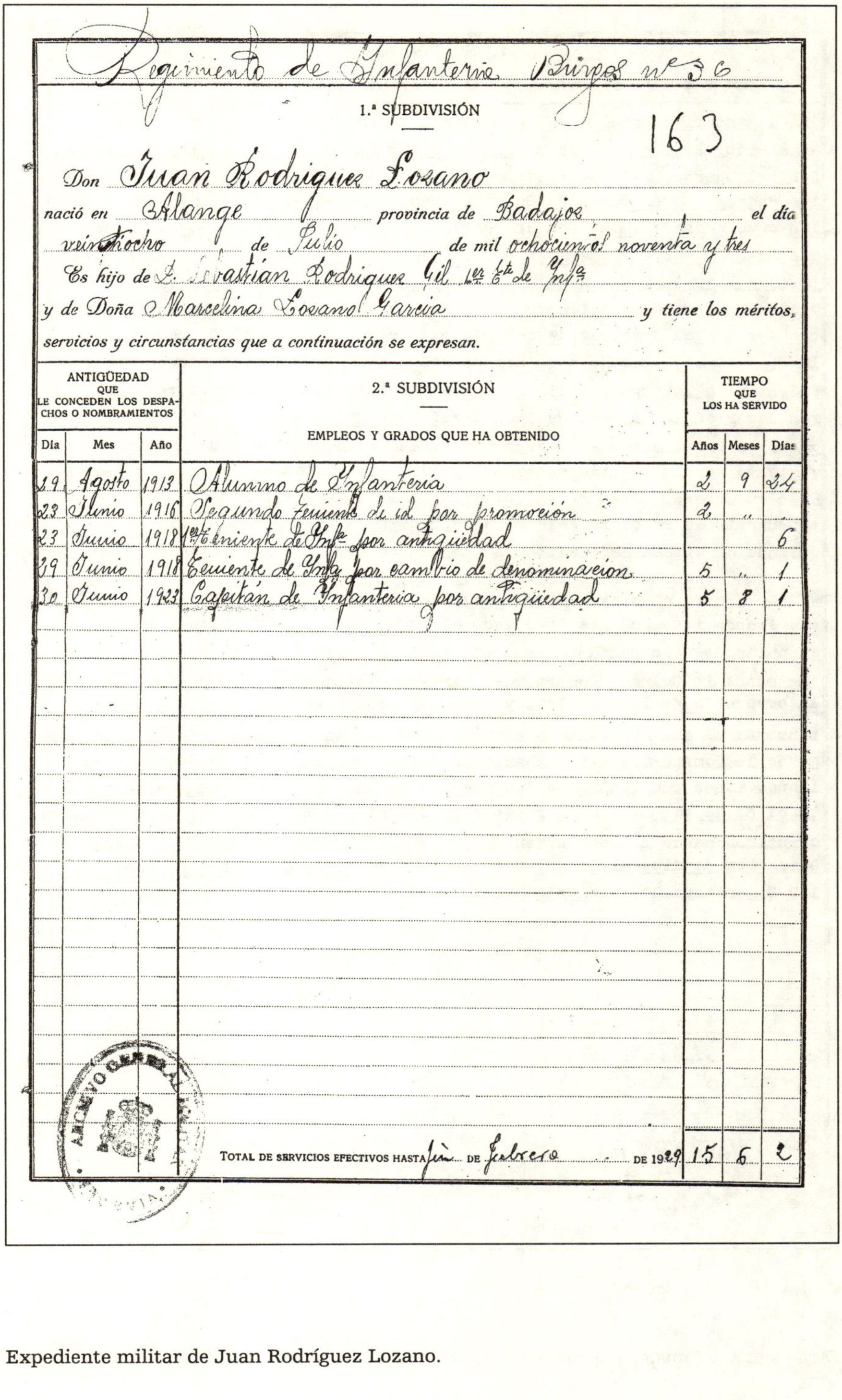

Regimiento de Infantería Burgos nº 36

1.ª SUBDIVISIÓN

163

Don Juan Rodríguez Lozano
nació en Alange provincia de Badajoz el día
veintiocho de Julio de mil ochocientos noventa y tres
Es hijo de D. Sebastián Rodríguez Gil 1er Tte de Infª
y de Doña Marcelina Lozano García y tiene los méritos,
servicios y circunstancias que a continuación se expresan.

ANTIGÜEDAD QUE LE CONCEDEN LOS DESPACHOS O NOMBRAMIENTOS			2.ª SUBDIVISIÓN	TIEMPO QUE LOS HA SERVIDO		
Día	Mes	Año	EMPLEOS Y GRADOS QUE HA OBTENIDO	Años	Meses	Días
29	Agosto	1913	Alumno de Infantería	2	9	24
23	Junio	1916	Segundo Teniente de id por promoción	2	..	..
23	Junio	1918	1er Teniente de Infª por antigüedad			6
29	Junio	1918	Teniente de Infª por cambio de denominación	5	..	1
30	Junio	1923	Capitán de Infantería por antigüedad	5	8	1
			TOTAL DE SERVICIOS EFECTIVOS HASTA fin DE Febrero DE 1929	15	6	2

Expediente militar de Juan Rodríguez Lozano.

7.ª SUBDIVISION

SERVICIOS, VICISITUDES, GUARNICIONES, CAMPAÑAS Y ACCIONES DE GUERRA EN QUE SE HA HALLADO

24

En la anterior situación desempeñando los cargos de ayudante mayor del Regimiento, Profesor de la Academia de Sargentos encargado de los automoviles del Cuerpo. En 1º de marzo cesa como profesor de la Academia de Sargentos encargado del curso de Suboficiales y sargentos aprobados para Suboficiales cuyo curso termina con la resolución de ejercicios sobre el plano y con cuadros sobre el terreno, en cumplimiento de la O.C. de 24 de agosto (D.O. num 195) se une a la presente hoja escrito en que el interesado declara, no pertenecer a Centro, partido, agrupación u organizaciones que las que neciona el Articulo, 1º del Decreto de 19 de julio (D.O. núm 165). En 15 de setiembre marcho por ferrocarril con su Coronel Don Vicente La Fuente Valeztena a Astorga asistiendo con el Regimiento a las Maniobras que tuvieron lugar en los Montes de León terminadas las cuales en 3 de octubre regresó en igual forma a su guarnición. En 5 de octubre y con motivo del movimiento revolucionario estallado en las provincias de Asturias y León se hizo su Coronel cargo de la Comandancia Militar de la Plaza y quedó a las inmediaciones de dicho Jefe de servicio en la misma hastael dia 12 que acompañando al citado Jefe marcho a Campomanes (Asturias) asistiendo a los reconocimientos que se verifican sobre los Montes que ocupan los rebeldes, el 14 auxilia al citado Jefe en el reconocimiento sobre el poblado de Rouzon siendo intensamente tiroteado el grupo de reconocimiento y quedando en el pueblo de Vega del Rey hasta el dia18 que a las Ordenes del citado Coronel que manda la Columna Centro toma parte en la operación queda por resultado la ocupación de Pola de Lena y Ujo pernoctando en este último punto y continuando al dia siguiente a Mieres donde el tan repetido Jefe se hace cargo de la Comandancia Militar auxiliandole en su caracter de ayudante en las inspecciones que realiza a los pueblos de aquella zona, donde permanece hasta el 31 de octubre que regresa a su guarnición quedando de los anteriores cometidos hasta que por orden de 23 de noviembre (D.O. núm 271) queda en situación de disponible forzoso apartado A- de la O.C. de 5 de enero de 1.932, artículo 3º, y en sicha situación finó el año.

ARCHIVO GENERAL MILITAR SEGOVIA

Otra página del mismo expediente militar.

en 1913, el año anterior al estallido de la Primera Guerra Mundial, en la que España se mantuvo neutral. Pronto se convirtió en un joven y esforzado soldado en distintos destinos en el norte de África. Por su resuelta actuación fue condecorado en 1928 con la Medalla de la Paz de Marruecos. Ejerció de manera profesional las distintas comisiones tanto académicas como burocráticas. Estuvo al frente de la Academia de Cabos en 1918, fue profesor de suboficiales y sargentos, ostentó el puesto de cajero de Regimiento e incluso se encargó del servicio de automóviles. Tras la dictadura de Primo de Rivera, el 25 de abril de 1931 firmó de su puño y letra su adhesión a la República.[6] Pero su trayectoria estrictamente militar resulta mucho más compleja y menos lineal de lo que aparece, a simple vista, en su hoja de servicios.

En agosto de 1934, declaró no pertenecer a ningún centro, partido u organización de carácter político, a pesar de que un año antes había ingresado en la logia Emilio Menéndez Pallarés n.º 15, donde utilizaba el apodo de Rousseau, como se narra con detalle en otro capítulo del libro. Además era socialista, como se verá más adelante. Sus ideas políticas no le impidieron participar activamente en la represión contra los mineros de la revolución de Asturias, instigada por el PSOE. Al estallar la guerra, fue detenido y juzgado en un consejo de guerra sumarísimo y fusilado, el 18 de agosto de 1936, en el polígono de tiro de Puente Castro, situado en los aledaños de la capital leonesa. Pero vayamos por partes.

En las hagiografías, algunas realmente insufribles, sobre el secretario general del PSOE, se atribuyen a su abuelo distintas colaboraciones con *El Socialista*, el órgano de expresión del partido creado en 1886 y dirigido por el propio Pablo Iglesias hasta su

---

6. La fórmula concreta, dispuesta en el artículo 2.º del decreto de 22 de abril, era la siguiente: «Prometo por mi honor, servir bien y fielmente a la República, obedecer sus leyes y defenderla con las armas».

...GUEL ARREDONDA LORZA COMANDANTE MAYOR DEL REGIMIENTO DE INFANTERIA ... TREINTA Y SEIS DEL QUE ES PRIMER JEFE EL CORONEL DON VICENTE LAFUEN... ...EZTENA

CERTIFICO: Que unida a la hoja original deñ servicios del Capitan que fué de este Cuerpo y que obra en la oficina de mi cargo, DON JUAN RODRIGUEZ LOZANO existe un escrito que copiado a la letra dice:--"Regimiento de Infanteria nº 36.--Don Juan Rodriguez Lozano Capitan del expresado Cuerpo, manifiesta por el presente escrito en cumplimientode lo que dispone el articulo 2º del Decreto del Ministerio de la Guerra de 19 de julio ultimo (D.O. nº 165) ,NO PERTENECER a partidos, sociedades, ni organizaciones de las que se mencionan en el articulo 1º del citado decreto.--León 22 de agosto de 1935.--El Capitan Juan Rodriguez Lozano.--Rubricado. ".--

Y para que conste a peticion de Juez instruxter expido el presente en León a once de marzo de mil novecientos treinta y cinco.

Vº Bº
El Coronel

114

Declaración de Juan Rodríguez Lozano sobre su no pertenencia a partidos ni sociedades.

muerte, en 1925. Dato este, el de la colaboración de Juan Rodríguez Lozano, nuevamente ajeno a la realidad histórica. Quizá al actual Presidente del Gobierno, influenciado por el halo mitificado del abuelo al calor del brasero familiar en las tertulias organizadas por su padre, Juan Rodríguez García-Lozano, así lo creyera. Lo único cierto es que se le abrió un expediente sancionador tras encontrar una carta suya en un registro realizado en la sede madrileña del periódico *El Socialista*.

En la misiva, dirigida a su director, Julián Zugazagoitia Mendieta, el abuelo del actual Presidente del Gobierno se ofrecía, de manera «reservada», a colaborar con el rotativo «con seudónimo» y «por supuesto sin firma». Huelga recordar que, según todas las ordenanzas militares, también las vigentes en aquella administración republicana,[7] los militares tienen prohibido participar en la vida política, hasta el punto de que incluso para colaborar en algún medio de comunicación deben pedir permiso a su superior inmediato. Este trámite, como se constata en este libro, se lo saltó a la torera el capitán Rodríguez Lozano.

Por la carta hasta ahora inédita y que reproducimos íntegramente a continuación (con la advertencia previa de que todos los errores gramaticales, ortográficos y de puntuación aparecen transcritos literalmente), el juez instructor Emilio Aspe Bahamonde, comandante de Caballería,[8] inició el 14 de noviembre de 1934 las diligencias previas número 436[9] contra el capitán ayudante del Regimiento de Infantería número 36, o lo que es lo mismo, contra Juan Rodríguez Lozano:

7. Concretamente, se le acusa de violar el punto 4 del artículo 329 del Código de Justicia Militar.

8. Junto con el teniente Carlos Casademunt Roig de Lluís, en su calidad de secretario del Juzgado.

9. En la misma causa contra el abuelo de Zapatero se juzgó también al capitán Eduardo Rodríguez Calleja, del mismo regimiento.

Sr Zugazagoitia.
Director de *El Socialista*
Madrid

Estimado Sr mío: Soy Capitán del Ejército y desde que comencé a discurrir por mi cuenta, socialista. Le sería fácil comprobarlo preguntando a los obreros de la cuenca minera de Santa Lucía, de esta provincia o a los compañeros de las organizaciones de León. Más cerca aún: Tiene V, ahí en Madrid, a un elementp (sic) destacado del partido, Valle, consejero de instrucción pública, que me conoce y sabe cómo pienso. Esta carta, no es pues, ni de un oficial monárquico ni de un oficial señorito. Es simplemente la carta de un militar que a pesar de serlo, siente inquietudes espirituales y tiene la esperanza de una Humanidad mejor, de una más justa y mas científica organización social.

Por esas inquietudes, leo avidamente (sic) su periódico *El Socialista* y vibro con sus articulos (sic). He visto con satisfacción la campaña hace tiempo iniciada a favor de las clases de tropa. Con esa campaña se matan dos pájaros de un tiro: conseguir para ellos unas mejoras que son de justicia y captarlas para la causa. Eso está bien. Pero ¿es imprescindible para ello ir contra los oficiales, consiguiendo su enemiga? Ya se yo, que es de mayor efecto en la captación que se pretende, señalar personalizando, los pretendidos culpables de las desdichas; pero entiendo —y conste que me he decidido a comunicárselo solamente en bien de la causa que *El Socialista* defiende— que puede hacerse muy bien la labor de captación, sin crear enemiga alguna y hasta conseguir otras captaciones no desaprovechables.

Llevo 20 años en el Ejercito (sic) y de ellos 12 de profesor de las clases de tropa. Primero de las Escuelas de cabos. Actualmente llevo 9 explicando a los Sargentos y Suboficiales. Esto me permite conocer sus necesidades, su formación, su espiritualidad. Ellos mismos —los de este cuerpo— podrían decir, hasta que punto estoy a su lado y hasta donde llega la estimación grandísima en que me tienen. Como ademas (sic), conocco (sic) tambien (sic) a los oficiales estoy autorizado para decirles que en todo cuanto se dice en el artículo «Consideraciones elementales sobre política militar» (del 10 de Febrero) habiendo mucho de cierto, hay mucho sin embargo de desorientación, que a los que simpatizamos con las ideas de *El Socialista* nos crea en los cuartos de banderas, una situación embarazosa.

El supuesto de que se parte en el artículo dista tanto de lo real, que sirve para que compañeros propicios a ser enemigos de ideas humanas, se apoyen en la falsa posición de aquel y tomandola (sic) como argumento decisivo ustedes, arrastren decididamente a los neutrales.

Yo creo, que les interesa profundamente, que de cada vez sean más los convencidos de la razón que les asiste. Y digo honradamente, que en ese artículo se hiere a los oficiales, porque si bien es cierto que los hay de la silueta moral que se delinea en aquel, tambien (sic) es verdad que en la espiritualidad de los oficiales jóvenes —Capitanes y Subalternos— se ha operado un cambio radical, iniciado mucho antes de llegar a la República. Somos muchos los que pensamos en socialista; pero la mayoría que no ha llegado aún a una orientación definitiba (sic), es materia muy permeable.

Quiero decir con todo esto, que seria un bien que al tratar en el periodico (sic) temas militares, no dirigieran los tiros a romper brecha, precisamente por ese punto situado entre las clases y los oficiales.

De esto, sabia mucho Galan (sic), el capitan (sic) fusilado en Jaca, que demostró su propio sacrificio, en que grados del ejercito, está el verdadero sentimiento de la justicia; de una justicia humana. Cambiarían ustedes de opinión, si conocieran las luchas que sostienen esos oficiales jóvenes, para hacer que prendan en el mando esos ideales.

En la cadena jerarquica (sic) del ejercito (sic), el punto de ruptura se halla perfectamente señalado y bien lo conocia (sic) aquel oficial asesinado por la monarquia (sic). Pero en fin, el asunto es para hablar mucho y ya es escesiva (sic) la longitud de esta carta.

Yo les agradeceria (sic) —por oficial y por pensar en socialista— al escribir de las clases, pongan siempre «sabemos que son legión los oficiales que comparten nuestras ideas; que son muchos los que en el silencio aspiran a una mejor ordenación del Estado y del ejercito etc.». Este es el sentido para hacer bien patente el hecho de que si en el ejercito quedan oficiales monarquicos (sic), señoritos; abundan tambien (sic) los ampliamente demócratas, los ciclistas, que son precisamente lo mejor, lo mas sano y lo mas culto de la colectividad.

Aquí (sic) por ejemplo y como aqui (sic) en muchos regimientos —al menos de infantería— entre 24 jefes y Oficiales que constituyen la Plana Mayor y 2.º Batallon (sic) del 36, leen: ocho *El Socialista*, Cinco (sic) *el Heraldo*, tres o cuatro otra prensa como *Libertad*, *Informaciones*, etc y solamente cuatro *ABC*; con la particularidad de que los que leemos *El Socialista*, no tenemos cambio en la orientación, mientras que los demas (sic) cambian frecuentemente de prensa y de idea. Esto les permitirá apreciar como piensan los oficiales. Tengan en cuenta que la guarnición de Madrid domo la de Sevilla, San Sebastián y Santander, con alguna otra, por estar integrada por aristócratas o favorecidos, siempre se distinguió por un monarquismo creado por lo que nosotros llamamos «paniaguancia» (sic) de aquella camarillas formada en derredor de los Berenguer, Cavalcanti, Saro, Sanjurjo, etc.

Por último y aprovechando (sic) esta ocasión, me permito decirle que yo escribiria (sic) en el «El Socialista» —con seudónimo, por supuesto o sin firma sobre asuntos de indole(sic) castrense y desde un punto de vista determinadamente socialista, si a ustedes les interesase y siempre, claro que el articulo, examinado por la redacción, mereciese ser insertado. Que ello, aumentase el número de lectores en los cuarteles. Piensenlo(sic) y me permito rogarles contestación con su juicio sobre cuanto dejo escrito.

Perdoneme (sic) esta enorme lata. Confiado en su discrección (sic) le saluda con afecto su amigo —permitame (sic) serlo,

Firmado Juan Rodríguez Lozano. León, 14 de febrero de 1934. Dirección. Juan Rodríguez Lozano. Capitan (sic) Ayudante del Regimiento de Infantería n.º 36. León

Precisamente, por el contenido de la carta, el abuelo de Zapatero presta declaración en el Aeródromo de León el 17 de noviembre de 1934. Lozano reconoce su autoría y ofrece toda suerte de explicaciones sobre los conceptos vertidos en ella. Sólo reconoce al final de su deposición que tiene «el grado de aprendiz» en la logia masónica de León. Por su parte, el director de *El Socialista*, Julián Zugazagoitia Mendieta, un hombre que fue diputado y ocupó grandes responsabilidades en el Partido Socialista y que se jactó siempre de pertenecer a la facción más dura del PSOE,[10] cuando se le tomó declaración[11] en Madrid, paradójicamente, mostró un total desconocimiento respecto a Lozano. Aseguró textualmente que no conocía al capitán y que, por lo tanto, jamás sostuvo «correspondencia alguna con el mismo». A mayor abundamiento, añadió: «El referido capitán no ha colaborado nunca con el periódico *El Socialista* ni con artículos ni suelto alguno». Al final de la instrucción de la causa, sin embargo, queda reflejado que Zugazagoitia leyó personalmente la carta y contestó a Lozano en términos de «grato acogimiento».[12] El juez ins-

10. Hasta el punto de que cuando es aprehendido y asesinado a sangre fría José Calvo-Sotelo por Luis Cuenca, guardaespaldas de Indalecio Prieto, en compañía de miembros de la Guardia de Asalto y al menos media docena de militantes del PSOE, los asesinos avisan a Julián Zugazagoitia y es éste quien lo pone en conocimiento de Prieto.

11. El 19 de diciembre de 1934.

12. Página G.8.908.076 de las diligencias previas.

tratar en el periodico temas militares,no dirigieran los tiros
brecha,precisamente por ese punto situado entre las clases y los ofi
De esto,sabia mucho Galan,el capitan fusilado en Jaca,que demostr
su propio sacrificio,en que grados del ejercito,está el verdadero se
miento de la justicia ;de una justicia humana.Cambiarian ustedes de
nión,si conocieran las luchas que sostienen esos oficiales jovenes,p
hacer que prendan en el mando esos ideales.

En la cadena jerarquica del ejercito,el punto de ruptura
halla perfectamente señalado y bien lo conocia aquel oficial asesinado
la monarquia.Pero en fin,el asunto es para hablar mucho y ya es exce
la longitud de esta carta.

Yo les agradeceria-por oficial y por pensar en socialista
al escribir de las clases,pongan siempre " sabemos que son legión lo
oficiales que comparten nuestras ideas;que son muchos los que en sil
aspiran a una mejor ordenación del Estado y del ejercito etc." Este
el sentido para hacer bien patente el hecho de que si en el ejercito
dan oficiales monarquicos,señoritos;abundan tambien los ampliamente
cratas,los socialistas,que son precisamente lo mejor,lo mas sano y l
mas culto de la colectividad.

Aqui ,por ejemplo y como aqui en muchos regimientos-a lo m
de infanteria-entre 24 Jefes y Oficiales que constituyen la Plana Ma
y 2º Batallon del 36,leen : ocho " El Socialista,Cinco el Heraldo,tr
,cuatro otra prensa como "Libertad",Informaciones"etc y solamente cua
A B C ;con la particularidad de que los que leemos El Socialista,no
mos en la orientación,mientras los demas cambian frecuentemente de p
sa y de idea.Esto les permitirá apreciar como piensan los oficiales.
gan en cuenta que la guarnición de Madrid como la de Sevilla,San Seb
y Santander con alguna otra,por estar integrada por aristocratas o fa
vorecidos,siempre se distinguió por un monarquismo creado por lo que n
tros llamamos " paniaguancia" de aquellas camarillas formadas en der
de los Berenguer,Cavalcanti,Saro,Sanjurjo etc.

Por último y aprobechando esta ocasión ,me permito decirle
que yo escribiria en "El Socialista"-con seudonimo,por supuesto o si
firma- sobre asuntos de indole castrense y desde un punto de vista d
terminadamente socialista,si a ustedes les interesase y siempre,cla
que el articulo ,examinado por la redacción,mereciese ser insertado
ello,aumentase el numero de lectores en los cuarteles.Piensenlo y p
mito rogarles contestación con su juicio sobre cuanto dejo escrito.

Perdoneme esta enorme lata.Confiado en su discrección le
da con afecto su amigo-permitame serlo.

Juan Rodriguez Lozano

León 14 de Febrero de 1934

Dirección.

Juán Rodriguez Lozano.
Capitan Ayudante del Regimiento de Infanteria nº 36

León.

Final de la carta del capitán Lozano a Julián Zugazagoitia, de *El Socialista*.

tructor hace referencia a un documento en la página 30 del sumario que en la actualidad se encuentra desaparecida. Tras descubrir la falta del documento los autores se dirigieron por segunda vez al Archivo Intermedio Militar Noroeste de El Ferrol (Tribunal Militar Territorial Cuarto, Sección Amnistías) por si se hubiera producido algún error en la reproducción documental. La respuesta de la institución fue que no existe actualmente tal documento en la causa, ni en el legajo que se entrega para la investigación histórica, ni en el original, que no se encuentra a disposición de los investigadores.

O Zugazagoitia y Lozano mintieron descaradamente sobre su relación epistolar y colaboración periodística posterior, o aquello quedó en un ofrecimiento y una breve respuesta de agradecimiento sin más. Lo cierto es que los autores del libro no hemos encontrado en las fechas posteriores a la misiva una sola información u opinión rubricada por Lozano o con la firma del único seudónimo masónico que utilizaba: Rousseau. Quizá Zugazagoitia pretendía exonerar de cualquier responsabilidad al capitán Lozano. Éste, también literalmente, declaró «que no ha sostenido ninguna otra correspondencia ni relación con dicho señor, ni con ningún otro perteneciente al partido». Los hechos ciertos, sin embargo, apuntan a otras cuestiones como se recoge textualmente por el auditor de guerra de la 3.ª División, en el folio G8.908.076 del sumario: «Que el Capitán Rodríguez Lozano, con fecha 14 de febrero de 1934, acudió al Director del periódico madrileño "El Socialista" dirigiendo la carta que obra unida al folio 3 de estos autos, en la cual y sobreverter en ella frases de todo punto inadmisibles por atentatorias a la disciplina militar, con base en el servicio de las armas que presta su autor y para modificar partes fundamentales de organización y disciplina del servicio militar, se sugieren ideas, se razonan criterios, y se ofrecen colaboraciones personales por el Capitán encartado que tienen en el destinatario Director del órgano de la Prensa aludido el grato acogimiento que se revela en la carta de réplica que se une al folio 30».

Alguna de las notas más significativas de la epístola de Lozano a Zugazagoitia, como la relación de oficiales que leen cada uno de los periódicos citados en la carta para interpretar su tendencia política, revelan la forma en que el abuelo de Zapatero seguía los comportamientos ideológicos de sus compañeros de regimiento. Todo parece indicar, por tanto, que su verdadera intención al dirigirse a Zugazagoitia, en unos momentos en los que desde el Partido Socialista se estaba fraguando la involución que desembocaría en la revolución de Asturias de octubre con el apoyo expreso de su órgano de expresión en Madrid —hasta el punto de proclamar desde sus páginas el tristemente famoso «bendita la guerra»—,[13] no era únicamente ofrecerse como colaborador del periódico del partido. Lozano, en realidad, se estaba brindando para la recluta de posibles simpatizantes del PSOE, una actitud que podría definirse como de detector de vocaciones e incluso puede pensarse que iba un punto más lejos en su oferta: pretendía que se le tuviera en cuenta como agente de información dentro del Ejército para ayudar al control de la institución por parte del PSOE. De ahí que se quejara en la propia carta de que el partido no hiciera nada para granjearse la simpatía de sus compañeros, los oficiales.

De hecho, en la causa seguida contra él tras el registro a la sede de *El Socialista*, se aporta documentación referente a diversas investigaciones seguidas en otros juzgados en las que se afirma de manera taxativa la circunstancia de informante, de espía en suma, del abuelo del Presidente del Gobierno:

> Desde tiempo atrás sospechávase (sic) de que existían en este cuartel células revolucionarias de diferentes matices; comunistas, socialistas y anarquistas; en efecto: la existencia de

13. «Renuncie todo el mundo a la revolución pacífica, que es una utopía, bendita la guerra», escribió el periódico el 25 de octubre. Dos días después anunciaba: «El mes próximo puede ser nuestro octubre».

estas células fue comprovable (sic) por algunas actuaciones sin importancia aparentes pero que pusiesen sobre ojo a los que debiesen temer sus consecuencias: Organizaron el servicio técnico, cuyo jefe para esta Plaza es el capitán R. Lozano (Juan), que por paradoja es simpatizante socialista. La actuación de este hombre al frente del servicio de espionaje se limitó a precaver y prevenir cualquier explosión putchista vigilando a los que por su ideario podrían ser capaces de provocarla.[14]

Por si cupiera alguna duda sobre los ofrecimientos de colaboración política y la calidad de informante de Juan Rodríguez Lozano, recogemos a continuación dos excepcionales documentos publicados en el libro de Alfredo Semprún: *El crimen que desató la Guerra Civil*.[15] En el primero de ellos, el presidente y el secretario de la Coalición Republicano-Socialista (Frente Popular de Izquierdas de León) dirigen el 7 de abril de 1936 al recién nombrado presidente de la República y destacado miembro de la Masonería, Diego Martínez Barrio, la siguiente carta:

Distinguido correligionario: En reunión celebrada por esta Comisión Central, se acordó dirigirse a V.E. recordándole la entrevista realizada por esta Comisión cuando efectuó el desplazamiento a esa capital, en la que le expusieron la necesidad del actual Capitán de los Guardias de Asalto de esta localidad, Señor Rivero, y se nombrara en su lugar a el (sic) pundonoroso también Capitán del mismo cuerpo D. Juan Rodríguez Lozano, por ser un caballero militar republicano probado, que haría excelente labor de depuración en la plantilla de la Compañía de guarnición en esta Ciudad; extrañándonos no haya surtido efec-

14. Página E3,957362.
15. Libroslibres, 2005.

> to la gestión que realizó personalmente la referida Comisión de este Frente que se desplazó a Madrid.
>
> En la seguridad de que una omisión involuntaria hizo el que no se diese solución al asunto solicitado, y con gracias anticipadas, nos es muy grato saludarle, ofreciéndonos affmos.ss.ss.

Llama poderosamente la atención en el texto el énfasis que los responsables de la coalición frentepopulista en León sitúan en la «excelente labor de depuración en la plantilla» que realizaría, de ser designado para el puesto, el abuelo del actual jefe del Ejecutivo. El segundo de los documentos antes referido está firmado, también en la capital leonesa, por el coronel de Seguridad del Frente Popular, un tal señor Puigdengola. Y es el que en primera instancia se dirige a Diego Martínez Barrio solicitándole para Lozano la plaza de capitán de los Guardias de Asalto en la localidad. El documento es un informe sobre las características del susodicho y señala textualmente:

> Juan Rodríguez Lozano: Capitán de Infantería destinado actualmente en la caja de reclutas de León. Por sus ideas intensamente republicanas fue perseguido durante el bienio Lerroux-Gil Robles. Se hallaba de Capitán ayudante en el Regimiento 36, con frecuencia era nombrado defensor y claro, en octubre, lo nombraron para tal cargo la mayor parte de los encartados, por esto, por negarse a firmar una sentencia de muerte para tres procesados en proceso de guerra en que era vocal y «por leer prensa de izquierdas» DISPONIBLE; luego se le deportó a Valladolid y luego se le impusieron ocho meses de suspensión de empleo Y SUELDO a pesar de su brillante hoja de servicios y de su gran prestigio profesional.
>
> DESEA ser destinado al CUERPO DE SEGURIDAD; pero a León si como se supone se quita de dicho cargo al actual capi-

tán Rivero de historia francamente monárquica y relaciones activas con la U.M.E, además de haber estado totalmente al servicio de la CEDA y sobre todo, de CALVO SOTELO. De dicho capitán, Juan Rodríguez Lozano, pueden informar los republicanos de LEON que han de tener gran interés en este destino.

Efectivamente, el 22 de abril de 1935, el capitán Lozano fue sancionado con el correctivo de ocho meses de suspensión de empleo y sueldo por falta grave al violar el Código de Justicia Militar.[16] Pero no precisamente por negarse a firmar unas sentencias de muerte (en las causas contra los leoneses que participaron en la huelga general de 1917)[17] ni por leer «prensa de izquierdas», como aseguran sus correligionarios, sino, como ha quedado constatado anteriormente, por ofrecerse a colaborar, a espaldas de sus mandos, con el órgano de expresión del Partido Socialista, a ser su informante y a realizar labores de captación, contraviniendo las más elementales normas y disciplina militares.

Aunque la suerte de Lozano cambiará en los meses siguientes cuando, tras las elecciones de febrero del 36, se acoge a la amnistía decretada por el Frente Popular, ya en el Gobierno, antes de entrar en este episodio resulta imprescindible analizar su activa participación como oficial del Ejército en la represión contra los mineros de Asturias organizados y armados por el PSOE, con el que se declaraba identificado y dispuesto a colaborar.

---

16. Párrafo cuarto del artículo 329.

17. En 1917 la socialista UGT y la anarquista CNT convocaron una huelga general revolucionaria a la que se sumaron, además del proyecto catalanista de Cambó, las Juntas militares de defensa para conseguir determinadas mejoras de carácter profesional y algunas reformas concretas que dieran al traste con el sistema constitucional vigente. La huelga acabó con la formación de un gobierno de concentración. Posteriormente, el 21 de septiembre de 1923, el joven oficial recién salido de la Academia de Infantería, Juan Rodríguez Lozano, es designado juez instructor eventual, por lo que intervino en las causas de algunos de los militares involucrados en aquella huelga general.

Por más que las urnas habían convertido en 1933[18] a la CEDA de Gil Robles en la primera fuerza parlamentaria, las izquierdas no estaban dispuestas a consentir no sólo que constituyera el Gobierno, sino que ni tan siquiera formara parte de él. A pesar del indudable triunfo electoral de las derechas, el presidente de la República, Alcalá Zamora, encargó la formación del Gabinete al republicano Lerroux.

Es precisamente en ese contexto en el que Juan Rodríguez Lozano oculta su ofrecimiento a *El Socialista* —como ha quedado pormenorizadamente señalado anteriormente—, mientras se encuentra destinado como profesor de la Academia de Suboficiales y Sargentos. En aquellas fechas eran cada vez más intensos los rumores en instancias oficiales y acuartelamientos sobre el estallido de una insurrección en otoño. En el mes de septiembre, el abuelo de Zapatero es destinado a asistir a las maniobras que con el Regimiento de Infantería n.º 36 se realizan en los Montes de León, con las que se trataba de disuadir a los que parecían ya ser los jefes del foco de la revolución.

De estas maniobras, regresaron el capitán Lozano y su columna a la capital el 3 de octubre. Dos días después estalló en toda España la huelga general revolucionaria planeada por el PSOE y UGT con la excusa de la entrada en el Gobierno de tres ministros de la CEDA de Gil Robles, vencedor de las elecciones de noviembre de 1933. El día 6, Lluís Companys proclamaba al tiempo en Cataluña el *Estat Català*. El 12, el coronel Vicente La Fuente Valeztena y Lozano vuelven a marcharse de nuevo de León. Forman

18. Las elecciones tuvieron lugar el 19 de noviembre. Era la primera vez que votaba la mujer y votó el 67,46 por ciento. Ganaron las derechas con 3.365.700 votos, lo que se tradujo en 204 escaños en el Parlamento; el centro, incluida la Lliga, obtuvo 2.051.500 y 168 escaños; y las izquierdas, con 3.118.000 sufragios, 94 escaños.

parte esta vez de una columna gobernada por el general Pedro de la Cerda, que no es precisamente un militar dado a la componenda, sino que tiene órdenes expresas de terminar, como fuera, con los mineros insurrectos. Y las cumple: «Al enemigo es preciso aniquilarle en el auténtico sentido de la palabra».[19]

Lozano, convertido en ayudante de La Fuente Valeztena, era un capitán en el que confiaban ciegamente sus mandos y por ello le encomendaron labores de vital importancia y de reserva y confidencialidad absoluta, sólo atribuibles a personas de la máxima confianza. Así se asegura con toda rotundidad en la causa 436/34.

> El concepto en que lo tenían lo demuestra el hecho de que al estallar los sucesos revolucionarios se le encomendó en la Comandancia Militar servicios de tipo confidencial y reservados propios de dicho Estado Mayor. Después, cuando su coronel marchó a Campomanes y Vega del Rey en Asturias lo llevó consigo y en la delicada situación de aquellas fuerzas actuó como Ayudante del Jefe transmitiendo órdenes a los Jefes de Unidad, lo que acredita el concepto en que sus jefes lo tenían.

Uno de los episodios más conocidos en la historia militar de Lozano se refiere a la conquista del pueblo de Ronzón. En los combates, el grupo de Lozano, que «asiste a los reconocimientos que se verifican sobre los Montes que ocupan los reberdes (sic)», es «intensamente tiroteado»[20] por los mineros del que se hacía lla-

---

19. *La revolución de 1934 en Asturias*, Juan Antonio Sánchez y García Saúco. Editora Nacional, 1974.

20. (...) «el 14 auxilia al citado Jefe en el reconocimiento sobre el poblado de Ronzón, siendo intensamente tiroteado el grupo de reconocimiento y quedando en el pueblo de Vega del Rey hasta el día 18, que a las órdenes del citado Coronel que manda la Columna centro toma parte en la operación y que da por resultado la ocupación de Pola de Lena y Ujo, pernoctando en este último punto y continuando al día siguiente a Mieres (...)», reza en la página 24 de la hoja de servicios de Juan Rodríguez Lozano.

mar, con toda propiedad, Ejército Rojo. Un ejército, si hay que creer al propio Gobierno republicano, que contaba por entonces nada menos que con treinta mil hombres, muchos, muchísimos más que los 2.550 que sumaban las tropas oficiales, incluyendo en ellas las fuerzas de la Guardia Civil y de Asalto.

Aunque el jefe supremo de la revolución era el socialista Ramón González Peña, que incluso se llegó a llamar a sí mismo *Generalísimo*, el auténtico cabecilla, designado incluso jefe del Estado Mayor de la revolución, era un militar de muy baja graduación: un sargento, Francisco Martínez Dutor, que antes de la insurrección trabajaba en la Diputación asturiana. El tal sargento fue asesor técnico militar del Comité Directivo de la revuelta. No es extraño que los militares profesionales como el capitán Lozano ganaran por la mano, pese a la diferencia numérica en las fuerzas, a este Ejército Rojo deshilachado.

Lozano y su jefe La Fuente Valeztena permanecen en Vega del Rey tres o cuatro días. Hasta que el 18, nombrado el coronel La Fuente jefe de la Columna Centro, ocupan Pola de Lena y Ujo. El comportamiento de las tropas de esta columna no fue precisamente ejemplar. En su libro *UHP: La insurrección proletaria en Asturias*, Narcís Molins i Fábrega narra el demoledor saqueo de que son víctimas los habitantes que permanecieron en esas localidades. Asegura Molins que la labor arrasadora de esta columna no se paró en el saqueo; acusa a los militares de enterrar vivos a ocho mineros que habían controlado una pieza de artillería usada, naturalmente, contra las tropas de la República.

Ni en la hoja de servicios del capitán Lozano ni, claro está, en la de su superior La Fuente se recoge particularidad alguna de estos episodios tan poco edificantes. En esa fecha la rebelión estaba ya muy controlada y el afán de venganza era difícilmente sostenible. Lo que sí que aparece, en cambio, incluso en el relato realizado por el propio Lozano, es que «fue en todo momento el oficial de confianza de su Jefe en cuantas misiones se tuvieran que realizar por delicadas que estas fueran».

Hay una anécdota que revela hasta qué punto el Ejército Rojo usó de todos los medios como armas letales contra los regulares; uno de ellos era el burro dinamitero al que se espoleaba, cargado como estaba hasta el rabo de explosivos, contra las líneas enemigas. A este rabo precisamente dedicó Rafael Alberti uno de sus más pésimos poemas en el que cantaba el sacrificio del animal que «expulsa su rabo en forma de cohete».

El obediente capitán del Ejército conquistó Mieres, la capital de la rebelión minera, el 19 de octubre; su jefe La Fuente fue nombrado comandante militar de la plaza. A partir de ese momento, los insurrectos son víctimas de una dura represión que recuerda en sus memorias el comunista Manuel Grossi Mier. Dice Mier, al que hay que hacer el caso justo, que los militares habilitaron como cárcel la casa del pueblo del PSOE. La Fuente y su segundo, Lozano, instalaron también en Mieres dos cárceles más: los sótanos del Ayuntamiento y el colegio de los «baberos», de los hermanos de las Escuelas Cristianas. Los habitantes más viejos del lugar aún recuerdan la dureza con que se trató a los detenidos en «el hachu».

Hay que insistir en que en los primeros días, y en los posteriores también, el coronel La Fuente Valeztena tuvo siempre a su lado al hombre de su total confianza, el capitán Juan Rodríguez Lozano, quien, según reza su hoja de servicios, «le auxiliaba en su carácter de ayudante en las inspecciones que realiza en los pueblos de aquella zona». ¿Qué puede entenderse por inspecciones? En el lenguaje bélico castrense se llama así a las operaciones en las que se detenía a los insurrectos y se les ocupaba todo su armamento y explosivos. El general en jefe de la campaña de Asturias, López Ochoa, dio oficialmente esta explicación al Gobierno de la República que le había nombrado.

La revolución de Asturias se saldó con un trágico balance. Mil ochenta y cuatro muertos. De ellos trescientos militares y miembros de las fuerzas y cuerpos de Seguridad. Y dos mil setenta y cuatro heridos. Son las cifras oficiales que emitió el

Ministerio de la Gobernación en enero de 1935. Lozano permaneció en Mieres hasta el 31 de octubre. Ese día regresó a León.

Pero, sin haberse cumplido tan siquiera un mes de su regreso, el Diario Oficial del Ministerio de la Guerra n.º 271[21] publicó el pase a la reserva de la Octava División en calidad de «disponible forzoso»[22] del capitán Juan Rodríguez Lozano. No se explica esta calificación militar que le lleva a la reserva forzosa, después de tan meritorias acciones en la represión de los mineros en Asturias, de no ser porque apenas una semana antes se había iniciado en su contra el expediente sancionador expuesto a lo largo del presente capítulo debido al descubrimiento de la carta enviada al diario *El Socialista*, ofreciéndose para los servicios citados ampliamente en este capítulo.

El Frente Popular convirtió la comuna asturiana aplastada a sangre y fuego por un ejército en el que había participado activamente el abuelo de Zapatero, en una de sus principales armas electorales. Incluso en la actualidad, la propia página web del PSOE menciona «el fuerte impacto popular causado por la represión de la revolución de Asturias» como una de las claves del triunfo electoral de las izquierdas en el 36. En Mieres, concretamente, el Frente Popular obtuvo nada menos que un 80 por ciento de los votos. Instalados los frentepopulistas en el poder, el 21 de febrero, el Gobierno de la República emitía un decreto ley de amnistía a favor de todos los condenados por delitos a causa de la revuelta.

Rodríguez Lozano ve en el indulto general su oportunidad para recurrir la sanción militar que le tiene apartado de su carrera y sin percibir emolumento alguno del Estado y, el 22 de marzo, presenta un recurso para alcanzar la medida de gracia. El fiscal ju-

21. El 23 de noviembre.

22. Junto con el otro capitán de su regimiento antes citado, Eduardo Rodríguez Calleja.

rídico militar[23] y el auditor de la guerra lo desestiman. Pero Lozano no se rinde. Recurre ante el Tribunal Supremo y, a pesar de que la Fiscalía General de la República informa desfavorablemente sobre la concesión de la gracia por considerar que el decreto ley sólo concede amnistía a los autores de los delitos y no de las faltas militares, la Sala Sexta[24] resuelve que la infracción cometida por Rodríguez Lozano ha de ser reputada como delito y por tanto, el 30 de abril de 1936, falla que se le conceda el indulto del Gobierno del Frente Popular.

El capitán Lozano mantuvo su lealtad a la República después del golpe militar, el 18 de julio de 1936. Fue detenido, juzgado y condenado a muerte por los militares sublevados. El 18 de agosto siguiente, veinte días después de haber cumplido los cuarenta y tres años, fue fusilado[25] a las afueras de la capital leonesa. Un año y medio antes, «en la primera batalla de la Guerra Civil», como acertadamente la calificó Gerald Brenan, el capitán Lozano también había mantenido su lealtad a la República, al servicio del Gobierno de las derechas. Una lealtad que le había costado ser

23. «Concedida la Ley de Amnistía que invoca el solicitante a favor de los autores de delitos políticos-sociales, y siendo el hecho corregido falta no procede aplicar dichos beneficios en este caso ya que el hecho corregido no constituye siquiera una falta común sino una falta grave militar que si por su carácter de falta no está incluida en la ley invocada, su esencia militar la sustrae al aspecto político o social necesario a los delitos perdonados en dicha Ley pues no pueden tener tal carácter los hechos referentes a la vida militar y al Ejército, en cuanto sus fines son nacionales y su base es la disciplina y tales delitos o faltas, al ser realizados por militares o referirse a actos del servicio pierden el matiz político o social que pudo inspirarlos para convertirse automáticamente en delitos o faltas militares porque vulneran la disciplina o vician los fines nacionales para que fue creada la institución militar. Por estos motivos el Fiscal que informa lo hace en el sentido de que no procede conceder los beneficios de la Amnistía a la falta cometida por el fiscal solicitante.» Firmado el 4 de abril de 1936 en La Coruña por el fiscal Hernán Martín Barbadillo.

24. Formada por los magistrados Mariano Gómez, Fernando Abarrategui, José María Álvarez, Isidro Romero Cibantos, Ángel Ruiz de la Fuente, Emilio de la Cerda y Juan Camín.

25. Fue fusilado junto con el capitán retirado Timoteo Bernardo, el delegado de Trabajo, Fernando Morán, Alfredo Barthe, Domingo Fernández y un inspector de Policía apellidado Álvarez.

«intensamente tiroteado» por los mineros izquierdistas en la aldea de Ronzón, aunque salió ileso, cuando acudió a Asturias con su regimiento para aplastar la revolución desencadenada por los dirigentes socialistas.

«Muero inocente, y perdono. Y pido a los míos que perdonen», dejó escrito el capitán Lozano en su testamento. Como glosó el poeta, una de las dos Españas le heló el corazón en 1936. Su tragedia es que la otra ya lo había intentado antes, en 1934.

→ ZAPATERO, OBSESIONADO POR SU ABUELO

María Jesús González, mujer positiva y vitalista donde las haya, entregó a José Luis Rodríguez Zapatero aquel tremendo día del mes de febrero una carta de su hija Irene. La misiva estaba redactada con tinta verde porque Irene —así se lo hizo notar María Jesús al Presidente— aún no había perdido la esperanza en que todos los asesinos —también los que tanto la habían hecho y la hacen sufrir, aunque a estas alturas se desconozca quiénes fueron— pagaran por sus fechorías.

La esperanza era algo que nunca había abandonado a Irene y a su madre. Se consideran incluso afortunadas. Saben que tuvieron más posibilidades de andar que el comandante de Infantería Rafael Villalobos, que el mismo día 17 de octubre de 1991 sufrió al igual que ellas las consecuencias de una bomba lapa adosada también a los bajos de su coche. El artefacto segó cruelmente sus piernas: el comandante Villalobos, en silla de ruedas, nunca volvería a caminar. Y mejor fortuna aún que el comandante del Ejército de Tierra, Francisco Caballar, que cayó muerto a trescientos metros de su casa cuando retumbaron las paredes de su vivienda y ambas escucharon el bombazo minutos antes de que explotara su propio artefacto.

Una de las imágenes que publicó la prensa tras el brutal atentado que la dejó sin tres dedos de la mano izquierda y las dos piernas fue su cuaderno de colegiala manchado con sangre, sobre el capó del coche de su madre convertido en un amasijo de hierros. Catorce años después de aquella sangría terrorista, desde su habitación en el hospital de Sahlgrenska en Suecia, Irene Villa, periodista al fin, no ha dejado de escribir.[26] La carta personal a Zapatero y el artículo que publicó meses después en *El Mundo*, relatan y delatan su estado de ánimo y también su tristeza por no poder acudir a la concentración que las víctimas del terrorismo realizaron el 10 de junio de 2006 en Madrid, la cuarta convocada en dos años. Irene, con una literatura emocional y sentida, se expresaba así en el periódico:

> ¡Qué sensación más extraña! Mi patita ha quedado reducida a la mitad de lo que era y de ella sale ahora un tornillo que puedo mover. Una inyección de morfina me permite conciliar el sueño tres horas seguidas. Después otra. Y otra. Intento aguantar e ir dejando la morfina.

Su madre, que tenía planeado someterse a una operación quirúrgica similar, al ver el infierno de dolor padecido de nuevo por su hija, ha renunciado a ponerse la misma prótesis y prefiere quedarse con la que ya tiene. Sólo pide que los autores de los crímenes cumplan, en justicia, por lo que han hecho, y que el Estado conceda a todas las víctimas la dignidad que merecen.

María Jesús e Irene fueron el primer aldabonazo en las conciencias de todos los españoles. Su atentado había sido prácticamente retransmitido en directo. El mundo entero pudo ver desde

26. En 2004 ha publicado su primer libro, *Saber que se puede*, Martínez Roca, que ha vendido más de seis ediciones y cuyos derechos de autor destinó a la Asociación de Víctimas del Terrorismo, de la que es delegada en Madrid. Entre sus proyectos está acabar otro libro en los próximos meses.

los sofás de sus casas por televisión a aquella madre amputada ensangrentada que intentaba en vano levantarse para ayudar a su hija, tendida a pocos metros boca abajo, yerma, sin piernas. Desgraciadamente, el rosario de víctimas no cesó. Pero el Estado de derecho sí acorraló a los asesinos. Fue con la llegada de José María Aznar al Gobierno, en 1996, en dos legislaturas en las que se puso a la ETA contra las cuerdas y en las que las víctimas, al fin, ocuparon el lugar en la sociedad que tantos años se les había escatimado. Hasta entonces, los anteriores gabinetes de distinto signo no sólo las había maltratado de manera vergonzante, sino que incluso, con Felipe González en el poder, se les negó de forma reiterada hasta las subvenciones para atender sus necesidades médicas, psicológicas, monetarias, etc. Con José Luis Rodríguez Zapatero en La Moncloa, la situación dio un giro de 180 grados.

Nadie mejor que Pilar Ruiz Albisu, madre del jefe de la Policía Municipal de Andoain, Joseba Pagazaurtundúa,[27] para sintetizar el horror que sienten la inmensa mayoría de las víctimas ante la política de Zapatero. Pagazaurtundúa, padre de dos hijos, miembro de la agrupación socialista de Andoain y de la plataforma Basta Ya, y afiliado al sindicato UGT, fue asesinado por ETA el 8 de febrero de 2003 cuando desayunaba un cortado y leía el periódico en el bar Daytona del municipio guipuzcoano cuyo alcalde, y por tanto, su jefe superior, José Antonio Barandiarán, pertenecía a la marca electoral de la misma banda terrorista que desde hacía años le tenía amenazado.

Minutos antes de las diez de la mañana el pistolero entró en el local, a cara descubierta, y esperó tranquilamente a que Joseba se

27. Debido a las múltiples amenazas, Joseba Pagazaurtundúa había solicitado en 1999 al Gobierno vasco continuar en su destino en Laguardia en la provincia de Álava. Aunque desde la consejería se negó, la familia hizo públicas dos cartas dirigidas personalmente al consejero de Interior, Javier Balza, informándole de la situación de desamparo ante los terroristas. El Gobierno vasco desoyó su petición con la excusa de que había una tregua. En las cartas, aseguraba que «cada día veo más cerca mi fin a manos de ETA». Sólo transcurrieron dos meses desde el final de la tregua-trampa y ETA cumplió su amenaza.

quedara prácticamente solo para descerrajarle cuatro tiros a bocajarro —uno de ellos erró— en la cabeza, el estómago y en el hombro. Tras el crimen de *Pagaza* el regidor del municipio tuvo que salir escoltado del pleno por el clamor del pueblo en su contra al negarse a condenar su asesinato. Sin embargo, ETA-Batasuna siguió gobernando en Andoain,[28] aunque estaba en minoría, gracias al apoyo de los «nacionalistas moderados», lo mismo que en otros 17[29] de los 62 municipios controlados entonces por la coalición etarra. Patxi López dijo: «Hay que negarles la legitimidad para intervenir en los asuntos públicos. No la tienen». Y añadió: «Euskadi es el único rincón de Europa donde se mata por las ideas. Es el último reducto del fascismo y de la limpieza ideológica». La situación cambió gracias al Pacto por las Libertades y contra el Terrorismo[30] suscrito en La Moncloa por José María Aznar y el propio José Luis Rodríguez Zapatero al frente del PSOE, fruto del cual fue la Ley de Partidos. Una ley que, al entrar en vigor, dejó fuera de juego a los terroristas de Batasuna mientras no condenaran los asesinatos y se desligaran de ETA. Pero por poco tiempo.

Tres años más tarde, el 6 de julio de 2006, a las 9.30 horas, el mismo secretario general de los socialistas vascos, Patxi López, se sentaba en una mesa negra con los terroristas de ETA-Batasuna. En el hotel Amara Plaza de San Sebastián, le acompañaba el portavoz parlamentario del PSE, Rodolfo Ares. Sus «interlocutores necesarios» eran Arnaldo Otegui, Rufino Etxebarría y la otrora jefa del terrorismo callejero, Olatz Dañobeitia, a pesar de pertenecer a un parti-

28. ETA-Batasuna, con la marca electoral de Euskal Herritarrok, había obtenido 5 concejales, el PNV-EA otros 5, el PSE otros 5 y 2 el PP. Gracias a los nacionalistas «moderados» del PNV y EA se habían hecho con el control del Consistorio.

29. Gatica, Lequeitio, Motrico, Pasajes, Llodio, Elorrio, Anzuola, Zizúrquil, Villabona, Tolosa, Ibarra, Mondragón, Escoriaza, Arechavaleta, Legutiano y Segura.

30. Fruto del Pacto Antiterrorista firmado el 8 de diciembre de 2000, es también la Fundación Víctimas del Terrorismo que engloba a las distintas asociaciones y fundaciones de víctimas. Desde 2004 es presidenta Maite Pagazaurtundúa, hermana del policía asesinado y antes parlamentaria autonómica y concejal por el PSOE en la localidad guipuzcoana de Urnieta.

do ilegalizado por el Tribunal Supremo e incluido en la lista de organizaciones terroristas de la Unión Europea. A la salida de la reunión, el secretario de los socialistas vascos declaró: «La de hoy es una foto inédita que ojalá sea la de un nuevo tiempo». Para Otegui, implicado en el secuestro fallido del diputado de la UCD Gabriel Cisneros, aquélla había sido una «foto histórica». A las puertas del hotel, la madre de Joseba *Pagaza*, junto con otros congregados en memoria de las víctimas, acusó a los compañeros de partido de su hijo asesinado de «traidores» y «sinvergüenzas».

—¿Qué están haciendo?... negociando, traidores —se preguntaba Pilar ante las cámaras de televisión—. ¿Dónde estaba el PSOE cuando mataron a mi hijo? Ahora ya lo sabemos, según Otegui, reuniéndose con Batasuna.

No era la primera vez que Pilar Ruiz Albisu hacía una denuncia pública de la actitud del Partido Socialista desde que Zapatero se había instalado en La Moncloa. Un año antes recordaba en una carta[31] abierta al líder del PSE, Patxi López, lo que había sucedido en el segundo aniversario del asesinato de su hijo.

> Te hablé en público y en privado, Patxi, porque estaba cada vez más preocupada por algunas palabras y gestos de quienes te acompañan en el partido. Soy mayor, Patxi, tengo setenta y tres años y tú eres muy joven, como lo es el presidente del Gobierno. Por eso me atreví a decirte que pensaras en las cosas que son realmente importantes: la vida y la dignidad. La defensa de la vida y de la libertad y de la dignidad es más importante que el poder o que el interés del Partido Socialista. Sabes muy bien que mi hijo pensaba exactamente así. Y desde luego la defensa de nuestra dignidad como personas en las políticas antiterroristas es más importante que el mantenimiento de los actuales aliados del Partido Socialista, te lo digo tal y como lo pienso.

---

31. Publicada en el diario *Abc* el 12 de mayo de 2005.

Te hablé de la traición de los nacionalistas en Santoña en 1937, Patxi, como te hablé de mi infancia y te recordé que el que pacta con los traidores se convierte en un traidor, y tú me dijiste que nada de eso pasaría. Todavía no se hablaba de la palabra mágica, proceso de paz, ésa que va asomando poco a poco, que tanta ilusión provoca en gentes ansiosas de paz, y que cubre las posibles vergüenzas que puede traer una negociación —que no rendición— con los terroristas. A mí me parece que la palabra viste el santo. La negociación es un atajo, no es la solución democrática, Patxi. Quienes lloramos a los muertos hemos renunciado a vengarnos. Como sociedad no aplicamos la pena de muerte, ni la cadena perpetua. Ésta es la prueba de la inmensa generosidad de nuestra sociedad. Lo hemos comentado muchas veces en casa. A veces he pensado que ETA no mata en Francia porque tal vez también influya que allí las penas son más severas y que no tienen esperanza de que el Gobierno francés escuche cantos de sirena. También te lo digo como lo pienso.

Con José Luis Rodríguez Zapatero hablé el 13 de diciembre de 2003. Ahora estamos en el año 2005 y yo todavía tengo voz, y no callaré, pero ahora hay muchos ciegos en España y creo que serán ciegos y mudos ante nosotros. Hay muchos ciegos que serán leales a lo que hagáis, aunque nos traicionéis, porque sólo ven las siglas y éste es el país de Caín y Abel, de unos contra otros, de la política que parece tantas veces un partido de unos forofos contra otros forofos. Y sí, los hinchas que escriben de vuestro lado dirán lo que vosotros no diréis en voz alta, que es lo que ya nos han dicho los nacionalistas: que estamos manipulados por el Partido Popular y por nuestro dolor, y que deberíamos estar callados cuando nos den un abrazo y un homenaje.

ETA no ha dado tregua, pero a veces creo que os ha podido o que está a punto de poderos. A Odón Elorza y a Gemma Zabaleta les escribí el 14 de noviembre de 2004 que para perdonar es necesario que quien ha hecho mal se arrepienta, y ETA no se ha arrepentido de matar, y puesto que no va a reconocer el mal causado, si obtiene algo de vosotros significará por fin que matar ha valido la pena. Me apena —a veces me indigna, si tengo que ser totalmente sincera— veros enredaros en las palabras con que os intenta descolocar el mundo de ETA. Es la dignidad de los muertos inocentes lo que está en juego, y la dignidad de toda la sociedad. Y salvo que deseemos engañarnos, nos consta que Ibarretxe no se ha arrepentido de haber pactado con ETA, ni de romper por la mitad la sociedad vasca. Ibarretxe y la gran mayoría de los nacionalistas —tengan pistola o no— son de los de a Dios rogando y con el mazo dando, y en la negociación irán de la mano con las mismas palabras. Por eso, después de leer a Javier Rojo en el *Diario Vasco*, he pensado en cada muerto y en cada familia rota y en cada uno de sus días y de sus años sin tregua en el dolor. Y he pensado en el sueño de poder llorar a los muertos por haber rendido a ETA. En una paz sin trampas y en llorar, en ese momento, tranquilos y con la conciencia limpia y tranquila. Y cerrar por fin el duelo.

Ay, Patxi, ya sé que no me enseñarás los lugares donde estuve refugiada. Tú me dijiste que mi vida había sido triste. Fui una refugiada de guerra miserablemente pobre, crecí como la hija de un rojo represaliado, no pude votar hasta los cuarenta y cuatro años. Y después vino el calvario de nueve años de ver sufrir a mi hijo, que veía llegar su propio asesinato. Se jugó la vida por defender la libertad, no por lo que parece que viene de vuestra mano, eso que pomposamente se anuncia como un proceso de Paz. Porque, Patxi, ahora veo que, efectivamente, has puesto en un lado de la balanza la vida y la dignidad, y en el otro el poder y el interés del partido, y que te has reunido con EHAK. Ya no me quedan dudas de que cerrarás más veces los ojos y dirás y harás muchas más cosas que me helarán la sangre, llamando a las cosas por los nombres que no son. A tus pasos los llamarán valientes. ¡Qué solos se han quedado nuestros muertos!, Patxi. ¡Qué solos estamos los que no hemos cerrado los ojos!

Naturalmente, la televisión pública y todos los medios oficiales y afines silenciaron sin pudor la carta primero y las durísimas palabras de la madre de Pagazaurtundúa, socialista de toda la vida, a causa de la traición consumada públicamente en la reunión con los etarras de Batasuna. Una traición urdida desde que Rodríguez Zapatero se hizo cargo del partido y que comenzó con la defenestración del secretario general de los socialistas vascos, Nicolás Redondo Terreros, por su firmeza en la lucha contra ETA. A pesar de que el chantaje terrorista continuaba, López, su sustituto, tenía ahora el aval público del Presidente del Ejecutivo, que previamente había hecho una declaración institucional en el vestíbulo del Congreso de los Diputados anunciando que «el Gobierno de España respetará las decisiones que los ciudadanos vascos adopten libremente».[32]

Todo vale para las izquierdas y sus socios nacionalistas independentistas ansiosos de poder a cualquier precio. El cierre de filas con Zapatero resulta clamoroso. La verdad oficial, sorda, ciega y muda ante la victoria de los terroristas el 11-M primero y por la claudicación pactada con Rodríguez Zapatero después, es proclamada a los cuatro vientos por sus representantes de Cámara. Para Santiago Carrillo, el nuevo prohombre de la izquierda gobernante, aquella multitudinaria manifestación ejemplar de las víctimas bajo el sol asfixiante del mes de junio, era sólo un griterío que incitaba al magnicidio. «¡Zapatero asesino!» es la fra-

32. Zapatero se comprometió a «pedir permiso» a la Cámara Baja para el inicio del diálogo con ETA. Aquel compromiso lo transformó después en una simple promesa de «comunicar» al Congreso el inicio de la negociación. Ni una cosa ni otra. Finalmente, el 29 de junio de 2006, sin tan siquiera dignarse a dirigirse a sus señorías, aprovechó el último pleno del periodo de sesiones para montar una declaración institucional sin preguntas ante los periodistas en el vestíbulo del edificio de la Carrera de San Jerónimo y hacer creer así a la opinión pública que cumplía su palabra. No sólo anunció el comienzo de las negociaciones (públicas) con ETA, el Presidente fue mucho más allá: accedió a las exigencias de los terroristas concediéndoles de antemano el derecho «a decidir libremente su futuro», es decir, el derecho de autodeterminación. En aquella comparecencia se comprometió a informar «en septiembre» del curso de las negociaciones con ETA. Tampoco en esto cumplió con la palabra dada.

se que Carrillo oyó, según dijo, con sus propios oídos. El responsable de Paracuellos no tiene la menor duda. Lo único que quiere la derecha es «que en España se siga asesinando», cantinela que repite a lo largo y ancho de la geografía (todavía) nacional por todos los lugares por los que le pasea el PSOE.

Tampoco el Presidente del Gobierno aquella tarde en La Moncloa con María Jesús y las víctimas del terrorismo había tenido el menor lapsus. El sufrimiento por la pérdida de su abuelo, el capitán Lozano, era perfectamente comparable al de María Jesús González, al de su hija Irene y al de las víctimas del terrorismo. Por si cupiera alguna duda, el periodista de confianza del presidente, Luis Rodríguez Aizpeolea, hoy redactor de *El País*, antes miembro del periódico de ETA, *Egin*, lo expone muy gráficamente en su libro encomiástico *Ciudadano Zapatero*:[33]

«En la sensibilidad de Zapatero frente al terrorismo cuenta la memoria familiar, el fusilamiento de su abuelo paterno, el capitán Juan Rodríguez Lozano, por su lealtad a la República, el 18 de agosto de 1936 en el polígono de tiro de Puente Castro. Otro acto de terrorismo, éste de Estado, que tuvo como protagonistas a los golpistas del 18 de julio. Su abuelo fue fusilado después de un juicio farsa en un consejo de guerra sumarísimo».

Nada, pues, de malos entendidos. Para Zapatero, el fusilamiento de su abuelo fue un acto de terrorismo equiparable, con el paso del tiempo, al de Joseba Pagazaurtundúa y el millar de asesinatos cometidos por ETA. Y su dolor, similar al de una madre como María Jesús González —víctima ella y su hija de doce años— y al de los cuatro mil heridos, viudas, huérfanos y sus familiares directos. Desde el punto de vista del Presidente del Gobierno más radical de la democracia, el franquismo y el terrorismo etarra se dan la mano. La memoria histórica de José Luis Rodríguez Zapatero, falsa, manipulada, radical y tan sectaria como la visión de Carrillo de la realidad actual, es materia de próximos capítulos.

---

33. Espejo de Tinta, 2004.

Capítulo 2 La herencia masónica

La última semana del mes de julio de 2006 una intensa ola de calor azotaba la península Ibérica, y media España preparaba las maletas para marcharse de vacaciones. Los periódicos especulaban sobre la Ley de Memoria Histórica que el Gobierno aprobaría el viernes 28 durante el último Consejo de Ministros antes del inicio del periodo estival. José Luis Rodríguez Zapatero prefirió cerrar antes su segundo curso político al frente del Gobierno de España en su tierra de adopción, León.

Allí se desplazó para llevar a cabo una serie de actos, aparentemente relativos a cuestiones de segundo orden. En la clausura de la reunión de los cincuenta y ocho directores del Instituto Cervantes, a la que acudió junto a su ministro de Asuntos Exteriores, Miguel Ángel Moratinos, el Presidente abogó por «la capacidad de la lengua de expresarnos hasta el infinito y la posibilidad de situarse en el lugar de todos los otros». Y concluyó su alegato recordando «a quienes hicieron del amor y el respeto a la lengua su manera de estar en el mundo, a quienes soñaron en la fraternidad de una comunidad vinculada a la magia de las palabras». Lenguaje grandilocuente el de Zapatero con un mensaje final: «España quiere ser ejemplo de paz y de solidaridad». Retórica zapateril en estado puro, nada, en definitiva, que llamara especialmente la atención de los medios de comunicación, ni del resto de los allí presentes. Sin embargo, el Presidente del Gobierno se mostraba especialmente contento y muy pocos, quizá nadie de su Gabinete y mucho menos en el Ministerio de Cultura, podían sospechar las claves de los motivos del júbilo presidencial.

Esa mañana Zapatero había llegado al Hostal San Marcos para acudir a su cita con el Instituto Cervantes y para, a continuación, desplazarse a otro lugar de la ciudad e inaugurar un pequeño museo situado en pleno corazón de la capital leonesa, justo enfrente de la imponente catedral. Con noventa metros de largo, treinta de alto y veintinueve de ancho, la de León había nacido en el siglo XII con la vocación de ser la mayor catedral de la época. Y aunque no lo logró, sí que resplandece como una de las más hermosas del mundo entero y su sutil estilo gótico con remates churriguerrescos define la personalidad de toda la ciudad. Un entorno familiar para Zapatero, que conoce desde niño, ya que vivía en los aledaños de la catedral.

Aparentemente, aquel era un acto cultural más, sin ninguna connotación de carácter personal o político. Acompañado por la consejera de Cultura de la Junta de Castilla y León, Silvia Clemente, y del presidente de la Diputación de León, Javier García Prieto, con cuyos fondos se ha restaurado el museo, se dirigieron a la sede de la Fundación Sierra-Pambley, donde el jefe del Ejecutivo descubrió una placa conmemorativa y firmó en el libro de honor de la entidad. Zapatero destacó el papel de esta institución como «ejemplo, historia y hoy futuro, gracias al trabajo y generosidad de leoneses ejemplares».

citado Capitan, y hace relación el declarante a otra carta escrita por él al Capitan Nuñez en la que le manifestaba que las visitas que el declarante hiciera como consecuencia de su llamada no fueran interpretadas por que fueran de alguna otra gestión es por lo que le rogó que no menudeara en los recados y a ésto es lo que dice el declarante se refiere la carta del Capitan Nuñez.

Hace constar el declarante que tiene el grado de aprendiz en la logia masónica de León.

Preguntado si tiene algo mas que decir: Dijo; que no, que lo dicho es la verdad y leida que fué por si se afirma y ratifica en su contenido y la firma con S.S. de que doy fé. "para", "labor" entre lineas vale, "opinión" tachado no vale.

PROVIDENCIA.- En León a diez y siete de Noviembre de mil novecientos treinta y cuatro. Remitase oficio al Excmo. Señor, General Jefe de esta Comandancia Militar, para que disponga que por la Policia sea extrechamente observado el Capitan Don. Juan Rodriguez Lozano a fin de saberse con que personas conversa y alterna y los sitios que frecuenta. Dicho oficio se enviará reservado y urgente.

Lo manda y rubrica S.S. de que doy fé.

Diligencia.- Seguidamente se pasa el oficio a que se refiere la providencia anterior. doy fé.

Diligencia.- Seguidamente se une a los autos la carta que entrega en este Juzgado el Capitan Don. Juan Rodriguez Lozano relativa al otro Capitan Don, Carlos Nuñez, y que se refiere la declaración del primero. doy fé.

Acta de la constitución de la logia Emilio Menéndez Pallarés.

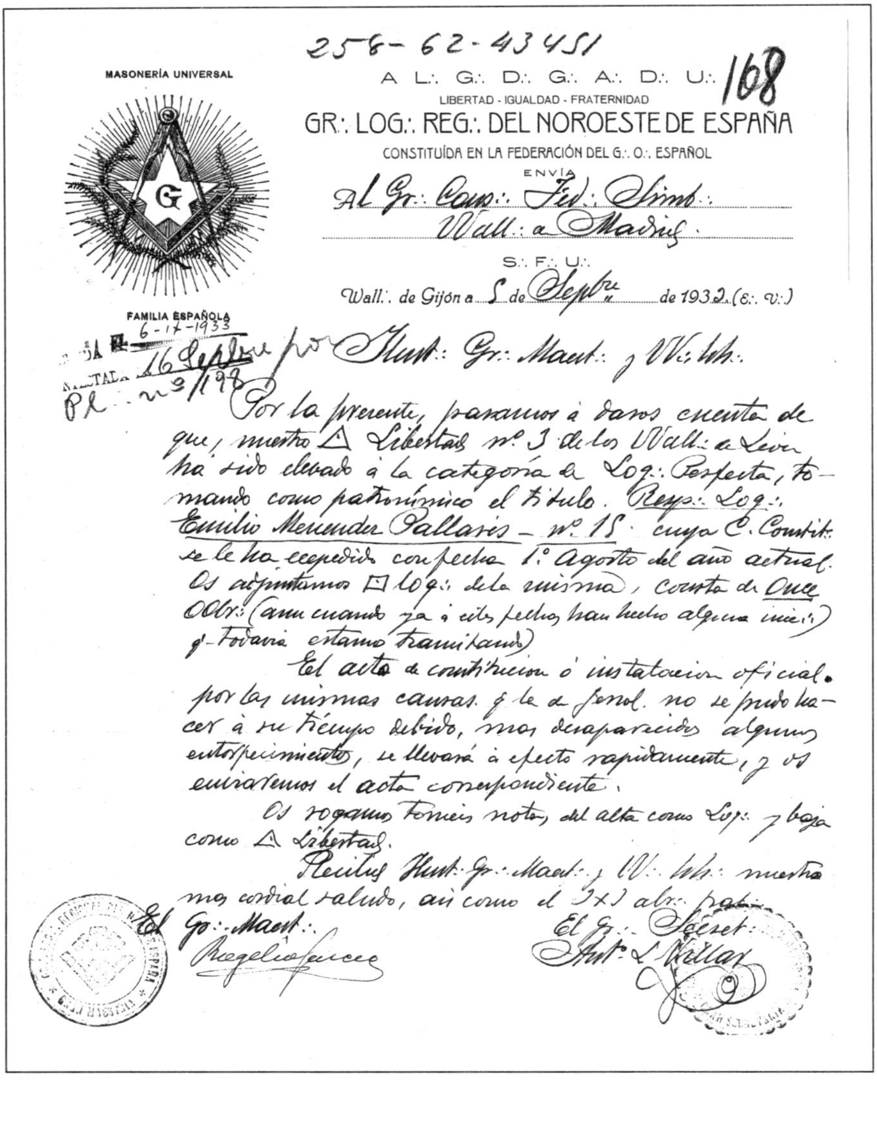

258-62-43451

MASONERÍA UNIVERSAL

A∴ L∴ G∴ D∴ G∴ A∴ D∴ U∴ 168

LIBERTAD - IGUALDAD - FRATERNIDAD

GR∴ LOG∴ REG∴ DEL NOROESTE DE ESPAÑA

CONSTITUÍDA EN LA FEDERACIÓN DEL G∴ O∴ ESPAÑOL

ENVÍA

Al Gr∴ Cons∴ Fed∴ Simb∴
Vall∴ a Madrid.

S∴ F∴ U∴

Vall∴ de Gijón a 5 de Septbre de 1932 (E∴ V∴)

FAMILIA ESPAÑOLA

6-11-1933

16 Septbre

Pl. nº 1198

por Ilust∴ Gr∴ Maest∴ y VV∴ hh∴

Por la presente, pasamos á daros cuenta de que, nuestro △ Libertad nº 3 de los Vall∴ a León ha sido elevado á la categoría de Log∴ Perfecta, tomando como patronímico el título Resp∴ Log∴ Emilio Menéndez Pallarés – nº 15 cuya C. Constit. se le ha expedido con fecha 1º Agosto del año actual. Os adjuntamos ☐ Log∴ de la misma, consta de Once Obr∴ (aun cuando ya á estas fechas han hecho alguna inic∴) y todavía estamos tramitando)

El acta de constitución ó instalación oficial, por las mismas causas y la de personal no se pudo hacer á su tiempo debido, mas desaparecidos algunos entorpecimientos, se llevará á efecto rapidamente, y os enviaremos el acta correspondiente.

Os rogamos toméis nota del alta como Log∴ y baja como △ Libertad.

Recibid Ilust∴ Gr∴ Maest∴ y VV∴ hh∴ nuestro mas cordial saludo, así como el 3×3 abr∴ frat∴

El Gr∴ Maest∴

El Gr∴ Secret∴
Ant∴ L. Villar

Extracto de las diligencias judiciales abiertas contra el capitán Lozano.

Lo que ni Zapatero ni el equipo de propaganda de La Moncloa, ni por supuesto tampoco la Fundación, resaltaron aquella mañana de calor agobiante del 25 de julio de 2006, fue que esa institución era el lugar donde se desarrollaban las tenidas de la Logia Emilio Menéndez Pallarés número 15, precisamente la logia a la que pertenecía el abuelo del Presidente del Gobierno. Antes de entrar en detalles sobre la adscripción masónica familiar, de la que se encontrará constancia documental en las próximas páginas, conviene que repasemos, aunque sea someramente, qué es la Fundación Sierra Pambley y su vinculación a la Masonería, así como el desarrollo y la forma de actuación de la entidad masónica en León.

→ EL TRASFONDO OCULTO DEL PRESIDENTE

La Fundación Sierra Pambley fue creada en 1887 por Francisco Fernández-Blanco y Sierra-Pambley, un aristócrata liberal que destacó por su labor filantrópica. Don Paco, como se conocía a este curioso personaje que fue parlamentario en el Congreso y en el Senado, y que sólo saludaba dando la mano si llevaba el guante puesto, desarrolló toda su labor filantrópica vinculada estrechamente al krausismo debido a su amistad personal con Giner de los Ríos, Gumersindo Azcárate y, en definitiva, a la Institución Libre de Enseñanza. Del legado de don Paco no sólo queda el museo romántico que Zapatero había acudido a inaugurar, después de recibir generosos fondos públicos, sino también unas conocidas escuelas en Villablino, que organizan cursos de verano con la Universidad Carlos III de Madrid, cuyo rector es Gregorio Peces Barba. Adosada al museo, se encuentra la Biblioteca Azcárate, sede de las tenidas masónicas, todo ello perteneciente a la Fundación Sierra Pambley.

La Fundación se rigió desde sus inicios y hasta 1936 por un Patronato del que fueron presidentes el propio Francisco Fernández-Blanco y Sierra-Pambley, *don Paco*, el fundador, Gumersindo de Azcárate, Manuel Bartolomé Cossío y José Manuel Pedregal y Sánchez Calvo, y del que formaron parte en distintos momentos Francisco Giner de los Ríos (que no llegó a tomar posesión de su cargo), Germán Flórez, Juan Flórez Posada, Ricardo Rubio, Pablo de Azcárate, Juan Uña, Leopoldo Palacios y Natalia Bartolomé López Cossío.

Según se inserta en la documentación oficial de la Fundación que transcribimos en su literalidad, en el año 1917 don Manuel Bartolomé Cossío, presidente del Patronato, decidió la construcción de una biblioteca que albergara los fondos donados por los herederos de don Gumersindo Azcárate. Su intención fue constituir con ellos una biblioteca pública cuyos nuevos fondos se unirían a los de la biblioteca escolar que funcionaba desde los comienzos en la escuela de León. El proyecto fue encargado al arquitecto municipal Manuel de Cárdenas, profesor de Dibujo en la escuela desde sus inicios, quien recibió instrucciones directas del presidente del Patronato. Fue también Cossío quien supervisó todos los detalles de diseño y mobiliario de la biblioteca. El resultado se plasmó en una sala de lectura en forma de L, inspirada en las bibliotecas inglesas del siglo XVIII.

La apertura fue un éxito que se incrementó con la creación de una sección infantil. El director de la biblioteca, Antonio Marco Rico, hubo de pedir un auxiliar al Patronato de la Fundación. Se nombró a Pío Segundo Álvarez, hijo del director de la escuela. Tras el cese de Marco Rico, fue nombrado bibliotecario el nuevo director de la escuela, Vicente Valls, continuando como auxiliar Pío Álvarez. El nombramiento constituyó un importante impulso para la escuela y la biblioteca. Esta última se llenó de un público constituido sobre todo por profesionales, si bien no faltaban artesanos y obreros que solían ser antiguos alumnos de la Fundación. La biblioteca cubría sus apetencias lectoras en un tiempo en que las posibilidades de consulta de las grandes obras del pensamiento o la literatura eran escasas. Indicativo del éxito de la biblioteca es el hecho de que en los años treinta los préstamos anuales llegaron a ascender a veinticinco mil.

La situación de Sierra-Pambley, y más concretamente de la Biblioteca Azcárate, sede —reiteramos— de las tenidas masónicas de la Logia Emilio Menéndez Pallarés número 15, da un vuelco radical con el estallido de la guerra y la llegada de las tropas del Ejército Nacional a León. El 28 de agosto de 1936, el gobernador civil de la provincia, en nombre de las nuevas autoridades, ordenó la confiscación de todos los bienes de la Fundación y el nombramiento de un nuevo Patronato, que recayó, de manera provisional, en la Comisión Gestora de la Diputación Provincial de León. Inmediatamente, el jefe de la biblioteca, Pío Segundo Álvarez Rodríguez, fue detenido y acusado de pertenencia a la Masonería y de ocultar una logia en el seno de la Fundación Sierra-Pambley. A causa de esta imputación, y tras el correspondiente juicio sumarísimo, fue condenado a muerte y fusilado junto con el director de la Granja-Escuela del Monte San Isidro, también perteneciente a la entidad. Los miembros del Patronato —José Manuel Pedregal y Sánchez Calvo, Pablo de Azcárate, Leopoldo Palacios Moliní, José Ontañón y Juan Uña—, junto con el resto del personal de la Fundación, en especial el docente, fue investigado y depurado con mayor o menor suerte, grado y cuantía personal.

Las nuevas autoridades encargaron un informe al censor Mariano Domínguez Berruela, que recogió una gran cantidad de libros de ideología socialista y comunista. En 1938, el Ministerio de Educación Nacional nombró un nuevo Patronato presidido por el obispo de León. A pesar del férreo control establecido por el régimen de Franco, la biblioteca, dirigida, en aquel momento, por Antonio González de Lama, se convirtió, sin embargo, en un reducto refugio de la progresía. El director ocultó en una habitación llamada *el infierno* todos aquellos libros censurados por el régimen o que no gozaran de su simpatía y abrió sus puertas a aquellos que quisieran disfrutar de su lectura. Al morir González de Lama en 1969, la biblioteca cerró sus puertas hasta que en 1978,[1] en plena Transición democrática, el Gobierno de Adolfo Suárez restituyó todo su patrimonio a la Fundación Sierra-Pambley.

Desde entonces la Fundación programa actividades regulares y ha ido adquiriendo paulatinamente más influencia en los círculos culturales y políticos leoneses, sobre todo, naturalmente, en los de la llamada progresía. Según han confirmado en distintas fuentes a los autores del libro, el padre del actual Presidente del Gobierno, Juan Rodríguez García-Lozano, está estrechamente vinculado a la Fundación, pero no forma parte oficialmente ni de su Patronato ni de su equipo directivo. Aunque resulte reiterativo, es necesario recordar que en ningún momento, la documentación oficial de la Fundación inscribe en su relato histórico que la sede de la Logia Emilio Menéndez Pallarés número 15 fuera la Biblioteca Azcárate, tal y como demostramos de forma indubitada a continuación.

→ LA MASONERÍA LEONESA

En 1935 estaban instaladas en España no menos de doscientas logias que integraban a un total aproximado de seis mil «hermanos». A ellas pertenecían muchos militares profesionales de todos

1. La orden ministerial del Ministerio de Educación y Ciencia, auspiciada por el senador por designación real y ex diputado republicano, Justino Azcárate, fue publicada en el BOE de 23 de octubre de 1978. Da cuenta del cese de los patronos y encomienda «el gobierno de la Fundación provisionalmente a los miembros del Patronato de la Fundación Francisco Giner de los Ríos, de Madrid, a los que se hará entrega de la Fundación Sierra-Pambley, sus instalaciones, patrimonio y archivo, previas las diligencias pertinentes». Un patronato provisional que debía «proponer luego motivadamente a cien miembros del definitivo Patronato de la entidad con arreglo a la voluntad del fundador».

los grados, pero especialmente los más cualificados: oficiales y jefes también de todas las Armas estaban inscritos en diversas logias provinciales. En un libro imprescindible, *Militares masones en España*, de Paz Sánchez, se recoge una lista, casi exhaustiva, de estos masones vestidos de uniforme: desde generales prestigiosos como López Ochoa, Cabanellas y Aranda, hasta tenientes y capitanes de escaso renombre, todos aparecen en esta relación... todos menos, curiosamente, el capitán del Arma de Infantería Juan Rodríguez Lozano. Lo más probable es que Paz Sánchez tuviera en algún momento de su trabajo que poner coto a la nómina, y sustrajera de ella algunos apellidos en la seguridad de que no aportaban importancia al objetivo de la obra. Eso puede explicar la ausencia del abuelo de Zapatero, que sí estaba inscrito en la logia leonesa Emilio Menéndez Pallarés número 15, una logia que tomaba el nombre de un polígrafo masón no demasiado conocido.

Entre las más de sesenta mil causas abiertas por el Tribunal Especial para la Represión de la Masonería y el Comunismo, tal y como consta en los nueve expedientes números 2, 3, 4, 5, 6, 7, 8, 10, 11, del legajo 762 del Archivo General de Salamanca, en la provincia de León, durante la II República funcionaban, aparte de la citada que aparece en el expediente 2, otras ocho logias. Por orden de expedientes son: Legionense de Apio-Herdonio número 299, Libertad número 3, Luz de León número 57, Pelícano número 85, Razón Libre, Unión Fraternal número 205, Astúrica número 11 de Astorga, e Hijos de la Constancia número 395. Algunos de los documentos de estas logias se conservan en el archivo salmantino; otros, encontrados durante el registro realizado en casa del capitán Lozano, también fueron trasladados al citado archivo. Se salvaron así de la destrucción o la quema en las que desaparecieron textos que hubieran podido resultar de extraordinario interés para reconstruir la trayectoria completa de las logias masónicas leonesas.

La Logia del abuelo de Zapatero estaba formada por once personas, además del capitán Lozano,[2] según aparece en el llamado Cuadro Lógico relativo a la documentación interna de la Logia Emilio Menéndez Pallarés número 15. En León, según esos mismos listados en los que figuran con nombre y dos apellidos, su profesión y el cargo que ostentan en la Logia —si es que ostentaban alguno—, el número total de hermanos masones ascendía a ciento dieciséis.

Respecto a los masones militares, caso del capitán Rodríguez Lozano, según el historiador César Vidal en su libro *Los Masones*,[3] al comienzo de la Guerra Civil el número total de militares pertenecientes en toda España a la Hermandad era de 646, bien es cierto que 92 de ellos no se iniciaron. El abuelo de Zapatero se encontraba entre aquellos cuya adscripción sí les llevó a la iniciación de los rituales masónicos. Ingresó en la Logia el 27 de agosto de 1933, veintiséis días después de que fuera constituida en los Valles de León. Con anterioridad, la logia tenía la consideración masónica de Triángulo Libertad número 3.[4]

---

2. José Mollá Herrero, oficial de Correos y «2º Vigilante»; Pío Álvarez Rodríguez, encargado de la Biblioteca Azcárate y «1er Vigilante»; Alfredo Nistal Martínez, Oficial de Correos y «Orador»; Ángel Arroyo Lezcún, contable y «Secretario»; Germán Martín Gómez, dependiente y «Tesorero»; Julio Marcos Candanedo, maestro y «Venerable Maestro»; Valentín Fernández, empleado; Paulino Pérez Cazal, industrial; Francisco Valdés Casas, abogado y Bernardino Crespo Aguado, industrial y «1er Experto». Según el número de orden del Cuadro Lógico de la Logia perteneciente a agosto de 1933.

3. Planeta, 2005.

4. Ésta es una transcripción del acta en la que se da cuenta de que el Triángulo Libertad número 3 de León ha sido elevada a Logia Perfecta:

«Libertad-Igualdad-Fraternidad
Gran Logia Regional del Noroeste de España
Constituida en la Federación del Gran Oriente Español
Envía al Gran Constructor Federal Simbólico
Valles a Madrid
Valles de Gijón a 5 de septiembre de 1932
Ilustrísimo Gran Maestre y Venerables Hermanos:

Por la presente, pasamos a daros cuenta de que nuestro Triángulo Libertad número 3 de los Valles de León ha sido elevado a la categoría de Logia Perfecta, tomando como patronímico el título Respetable logia Emilio Menéndez

El segundo fue el paso de esta Logia Perfecta a Respetable Logia Emilio Menéndez Pallarés, en nombre de la Gran Logia Regional, dependiente de la Gran Logia de España. Rodríguez Lozano se inició, como es regla en la Hermandad, con el grado de aprendiz, el más bajo en la rígida escala de la institución secreta.

A continuación reproducimos por primera vez la certificación expedida el 26 de marzo de 1946 por José Gómez Hernández, jefe de la Sección Especial de la Delegación Nacional de Servicios Documentales adscrita a la presidencia del Gobierno, y enviada al juzgado especial número uno del Tribunal Especial para la Represión de la Masonería y el Comunismo.

En esta certificación consta dicho ingreso y la atribución del nombre simbólico de Rouseau (sic); igualmente se informa de que con fecha 4 de diciembre de 1933, Lozano «asciende» al segundo grado de la Masonería, es decir, a «compañero». No consta, sin embargo, que alcanzase un mayor grado o que desempeñase cargo alguno; es más, el siguiente apartado del citado documento, que se refiere a la posible exaltación al grado tercero, permanece en blanco.

En otro documento de 23 de abril de 1946, el comisario general político-social de la Dirección General de Seguridad, perteneciente al Ministerio de la Gobernación, refrenda los mismos datos. Este documento, que lleva el membrete oficial de «secreto» y que tam-

---

Pallarés número 15 cuya Comisión constitutiva se le ha expedido con fecha 1 de agosto del año actual.

[...]

El acta de constitución e instalación oficial por las mismas causas que la de Ferrol, no se pudo hacer a su tiempo debido, mas desaparecidos algunos entorpecimientos, se llevará a efecto rápidamente y os enviaremos el acta correspondiente.

Os rogamos toméis nota del acta como Logia y Baja como Triángulo Libertad.

Recibid Hermanos Gran Maestre y Venerables Hermanos nuestro más cordial saludo,

Firmados por el Gran Maestre Rogelio (apellido ilegible) y el Gran Secretario, Antonio L. Villar».

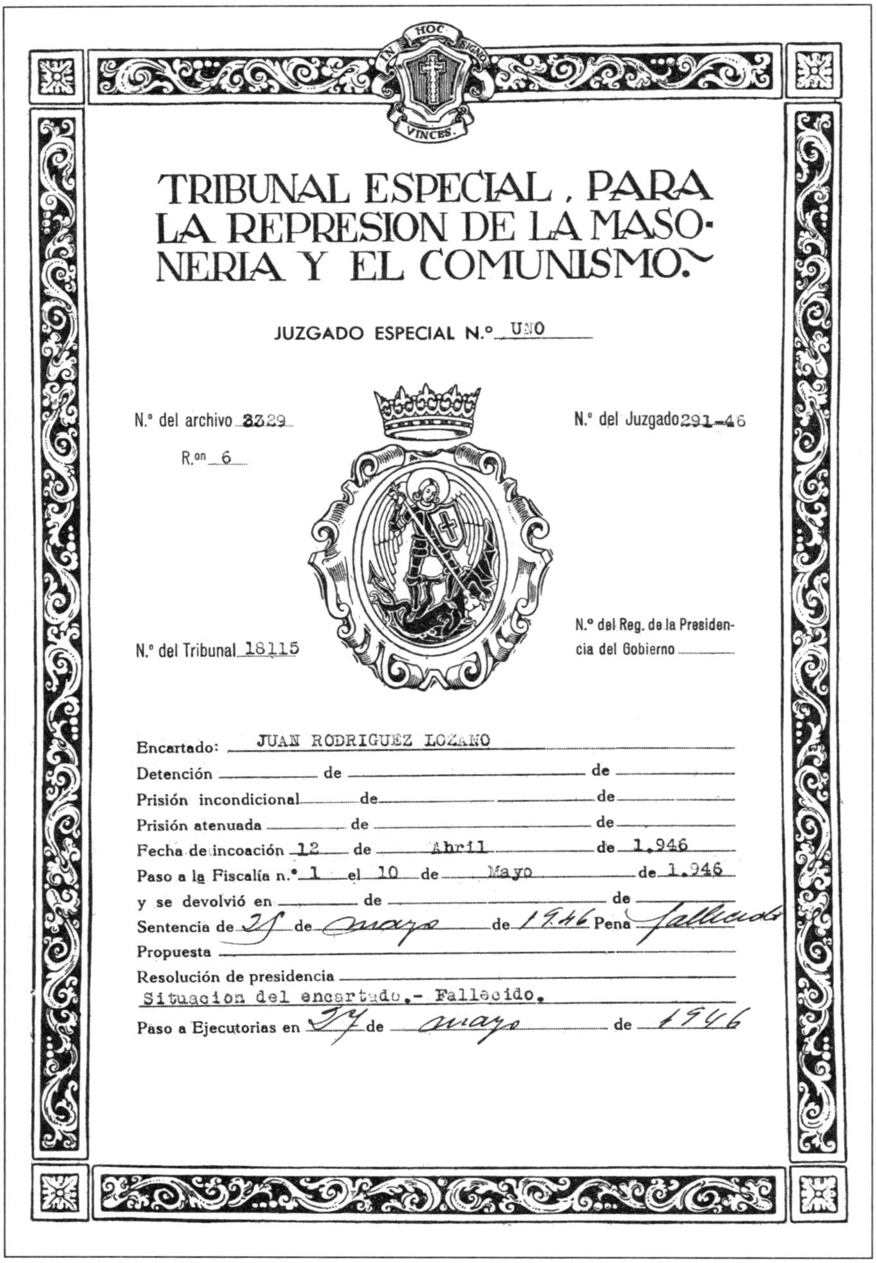
IN HOC SIGNO VINCES

TRIBUNAL ESPECIAL, PARA LA REPRESION DE LA MASONERIA Y EL COMUNISMO

JUZGADO ESPECIAL N.º UNO

N.º del archivo 3329

N.º del Juzgado 291-46

R.on 6

N.º del Tribunal 18115

N.º del Reg. de la Presidencia del Gobierno

Encartado: JUAN RODRIGUEZ LOZANO

Detención de de

Prisión incondicional de de

Prisión atenuada de de

Fecha de incoación 12 de Abril de 1.946

Paso a la Fiscalía n.º 1 el 10 de Mayo de 1.946

y se devolvió en de de

Sentencia de 25 de mayo de 1946 Pena fallecido

Propuesta

Resolución de presidencia

Situacion del encartado.- Fallecido.

Paso a Ejecutorias en 27 de mayo de 1946

Extracto del expediente abierto por el Tribunal de Represión de la Masonería y el Comunismo.

bién reproducimos en el libro, se comunica al «Ilmo. Sr. Juez Instructor N.º 1 del Tribunal Especial para la Represión de la Masonería y del Comunismo» lo siguiente:

> En contestación a lo interesado en el atento escrito de V.I de fecha 12 de los corrientes, sumario 291-946, cúmpleme participarle que en los Archivos Especiales de esta Sección, existen antecedentes procedentes de la Delegación del Estado para la Recuperación de Documentos de Salamanca, de fecha 10 de septiembre de 1940, relativos a JUAN RODRIGUEZ LOZANO, sin más datos de filiación, en los que se consignan que perteneció a la Logia Emilio Menéndez Pallarés número 15 de los Valles de León, existiendo en su expediente dos títulos que le acreditan como aprendiz y como compañero de la expresada LOGIA con el nombre sima.: (sic) de «Rousseau» de fecha 27 de agosto de 1933 y de 4 de diciembre de 1935, respectivamente.
>
> Respecto a los antecedentes político-sociales del reseñado, daré cuenta a ese Juzgado, una vez que se reciban en este Centro los que con esta misma fecha se interesan.

Como se comprobará tras la lectura de los dos documentos, existe una disparidad cronológica singular en la fecha de «exaltación al grado segundo». En el primero de ellos la referencia es de diciembre del 33. Sin embargo, en el segundo, que incluso concreta el día, la fecha exacta es del 4 de diciembre de 1935, dos años más tarde. Ello puede deberse a una mera errata mecanográfica o a una clara disparidad en las informaciones de las dos entidades gubernamentales. Pero si nos atenemos a la declaración formulada por el propio Lozano en el expediente sancionador abierto en el Ejército contra él por haber enviado una carta a *El Socialista* ofreciéndose para colaborar, tal y como se cuenta en el primer capítulo de este libro, su ascenso de grado debió de producirse en 1935, ya que declaró el 17 de noviembre de 1934 que

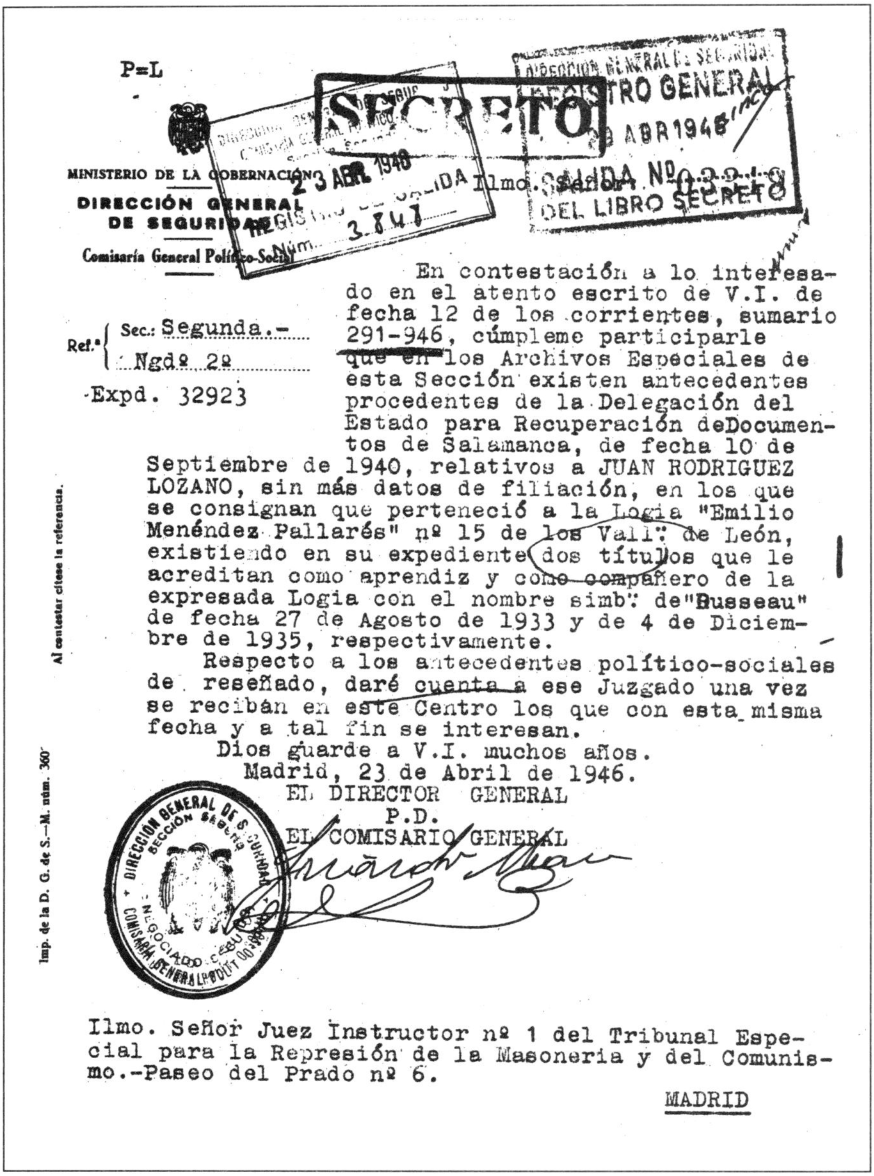

P=L

MINISTERIO DE LA GOBERNACIÓN

DIRECCIÓN GENERAL DE SEGURIDAD

Comisaría General Político-Social

SECRETO

DIRECCIÓN GENERAL DE SEGURIDAD REGISTRO GENERAL 23 ABR 1946

SALIDA Nº 03318 DEL LIBRO SECRETO

REGISTRO DE SALIDA 23 ABR 1946 Núm. 3.841

Ref.ª Sec.: Segunda.- Ngdº 2º

Expd. 32923

Ilmo. Señor:

En contestación a lo interesado en el atento escrito de V.I. de fecha 12 de los corrientes, sumario 291-946, cúmpleme participarle ~~que en~~ los Archivos Especiales de esta Sección existen antecedentes procedentes de la Delegación del Estado para Recuperación deDocumentos de Salamanca, de fecha 10 de Septiembre de 1940, relativos a JUAN RODRIGUEZ LOZANO, sin más datos de filiación, en los que se consignan que perteneció a la Logia "Emilio Menéndez Pallarés" nº 15 de los Vall∴ de León, existiendo en su expediente dos títulos que le acreditan como aprendiz y como compañero de la expresada Logia con el nombre simb∴ de"Russeau" de fecha 27 de Agosto de 1933 y de 4 de Diciembre de 1935, respectivamente.

Respecto a los antecedentes político-sociales del reseñado, daré cuenta a ese Juzgado una vez se reciban en este Centro los que con esta misma fecha y a tal fin se interesan.

Dios guarde a V.I. muchos años.

Madrid, 23 de Abril de 1946.

EL DIRECTOR GENERAL
P.D.
EL COMISARIO GENERAL

DIRECCIÓN GENERAL DE SEGURIDAD SECCIÓN SEGUNDA COMISARÍA GENERAL POLÍTICO-SOCIAL NEGOCIADO

Al contestar cítese la referencia.

Imp. de la D. G. de S.—M. núm. 360

Ilmo. Señor Juez Instructor nº 1 del Tribunal Especial para la Represión de la Masoneria y del Comunismo.-Paseo del Prado nº 6.

MADRID

Otro documento del mismo expediente del Tribunal.

Don JOSE GOMEZ HERNANDEZ, Jefe de la Sección Especial de la Delegación Nacional de Servicios Documentales (antes «Recuperación de Documentos») de cuyo organismo es Delegado-Director General, el Excmo Sr. D. FRANCISCO JAVIER PLANAS DE TOVAR,

CERTIFICO: Que relativos a JUAN RODRIGUEZ LOZANO

obran en estos Archivos los antecedentes siguientes:

Nombre profano: JUAN RODRIGUEZ LOZANO

Nombre simbólico: ROUSEAU

Grado masónico: 2°

Logia...... "EMILIO MENENDEZ PALLARES" nº 15

Población: LEON

Fecha de la iniciación: Agosto de 1933

Idem de exaltación al grado 2.°: Diciembre de 1933

Idem de ídem al grado 3.°:

CARGOS DESEMPEÑADOS

NO CONSTAN

OTROS ANTECEDENTES

Existen en su expediente los Diplomas correspondientes a los grados 1° y 2°, expedidos el 27 de agosto y el 4 de diciembre de 1933, respectivamente, a nombre de JUAN RODRIGUEZ LOZANO, simbolico ROUSEAU, miembro de la Logia "EMILIO MENENDEZ PALLARES" nº 15, de los Vall.·. de Leon.--

Y para que conste se expide el presente en Salamanca a los veintiseis dias del mes de marzo del año mil novecientos cuarenta y seis.

Vº Bº.

DELEGACIÓN NACIONAL DE SERVICIOS DOCUMENTALES — DELEGADO-DIRECTOR en ese momento poseía el grado de «aprendiz» de la Masonería leonesa.

Lo cierto es que Juan Rodríguez Lozano se inició en la Masonería con los ritos y palabras convencionales. La ceremonia de iniciación se regula en el Capítulo III del Apéndice al Reglamento Interior de la Logia.[5] Dice así:

> Iniciaciones.
>
> Art.22. Terminado el expediente de un prof .: que haya sido propuesto, el Del .: lo pondrá en conocimiento del Venerable e inmediatamente le autorizará para que proceda a la Inic.: de aquel cuando no sea posible hacer que se inicie en la Log.: Mas.: procediendo de la manera siguiente.:
>
> 1.º Concertar la manera de que pueda formarse una Lo.: perfecta o sean siete masones.
>
> 2.º Procurar que la Ten.: de Inc.: se celebre a cubierto, valiéndose de todos los medios que le sugiera su ingenio para que no suceda al aire libre.
>
> 3.º No prescindir por ningún concepto de las formas que señala la liturgia, pues no de otro modo puede imprimirse en el Neófito la moral que contienen el simbolismo y las máximas del interrogatorio, así como la gravedad de nuestra aug.: Ord.:
>
> 4.º En ningún caso podrá el Del.: Inc.: a un prof.: sinó (sic) logra ser acompañado por un triángulo K así como sinó (sic) ha recibido la cuota correspondiente, y
>
> 5.º Las demás fórmulas se ejecutarán según lo prescrito en los artículos 40 al 45 inclusive de este Regl.:
>
> Art 23. El Del.: Insp.: pondrá inmediatamente en conocimiento del Ven.: la celebración de una iniciac.: enviándole copia del acta que será trascrita al libro de Arquitec.:

5. Según aparece en el Reglamento de la Logia Luz de León número 57, coetánea de su fraternal Emilio Menéndez Pallarés número 15.

En cuanto al ritual en sí, aparece relatado por Ricardo de la Cierva[6] y refiere el ingreso del que fue jefe del Gobierno y presidente de la República, Manuel Azaña, quien, por cierto, debió de asistir a la logia donde ingresó en aquella sola ocasión. Es probable que a Manuel Azaña aquella liturgia le pareciera tan ridícula como a Indalecio Prieto, quien de forma intemperante contestó así a un hermano masón que le intentó fichar: «Gilipolleces, yo no hago».

En sus memorias Azaña confiesa que tuvo la gran tentación de huir rápidamente de aquel esperpéntico ceremonial.

El relato que hace De la Cierva de aquel acto dice así: «El candidato aguardaba en el vestíbulo del piso —la antelogia—, fuera de la logia, cuyo portón exterior custodiaba, por fuera, el Guardián Exterior o Hermano Terrible con su espada desenvainada. El Venerable Maestro da los toques del Primer Grado —Aprendiz—, que se repiten sobre el portón por el Guardián Interior para comunicárselos al Hermano Terrible. Hay que imaginarse a Manuel Azaña, solo en la antelogia, vestido de oscuro, cuando se le acerca el Guardián Exterior con el rostro velado, le despoja de su chaqueta, chaleco, cuello y corbata, le toma todos los artículos de metal que lleva consigo —monedas, llaves, anillos, reloj—, le desabrocha la camisa y la abre para dejar el pecho izquierdo al descubierto, le enrolla sobre el codo el guante derecho, vuelve la pernera izquierda del pantalón sobre la rodilla, le sustituye el zapato derecho por una zapatilla, le coloca alrededor del cuello un cordón anudado de seda azul con el extremo colgando de la espalda y le cubre la cabeza con un capuchón de terciopelo negro y permite que le llamen "pobre candidato en estado de oscuridad", que le coloquen, ya en el recinto del templo, los pies en ángulo recto, que le doblen la rodilla izquierda y así, a medio vestir, como un adefesio, lo que realzaba su falta de dotes físicas pronuncia el juramento de no reve-

6. *La Masonería en España: La Logia de Príncipe 12*, Fénix, S.L., 1996.

lar los secretos y misterio de los masones (...) Luego el candidato pide la Luz, recibe las tediosas explicaciones sobre el Libro, la Escuadra y el Compás, aprende los Pasos y los Contactos, conoce la palabra sagrada BOAZ. Después de otro sermón masónico ininteligible escucha con atención aparente las explicaciones sobre la Plancha de Trazar el Primer Grado, las Tres Columnas, los Emblemas del Sol y de la Luna, el "dosel celeste" al que se llega por la Escala de Jacob, el pavimento ajedrezado del mosaico».

Por lo que se refiere al juramento, se asemeja por una parte al que realizaban los miembros de las antiguas congregaciones marianas y por otra al compromiso, un tanto traumático, que firman algunos integrantes de sectas más o menos actuales. Dice el juramento: «Juro por Dios y por San Juan, por la Escuadra y el Compás, someterme al juicio de todos, trabajar al servicio de mi Maestro en la honorable Logia, del lunes por la mañana al sábado, y guardar las llaves, bajo la pena de que me sea arrancada la lengua a través del mentón, y de ser enterrado bajo las olas, allá donde ningún hombre lo sabrá».

Por lo que respecta a la celebración de las tenidas, el Reglamento de la Logia hermana y coetánea de la del abuelo de Zapatero, ordena en su Artículo 16 que «celebrará todos los sábados sin previa convocatoria sus tenidas ordinarias». Y añade: «Celebrará también todas las extraordinarias que acuerde el Venerable o sean pedidas por cinco miembros activos del Taller o por tres si fueran de la Ssecc(tri) amb(tri), haciendo la petición por escrito, expresando el motivo al anunciarlo con veinticuatro horas de anticipación». La regulación de las normas de los masones no sólo se refiere al ritual, sino a la conducta y la propia asistencia a las tenidas, que «es obligatoria». Por tanto, «el hermano que por causas ajenas a su voluntad no asistiere, deberá hacerlo saber al Venerable por escrito y acompañando su óbolo para beneficencia. De persistir las faltas de manera que no estén fundadas en razones "irreprochables", será juzgado por la Comisión de Justicia, que dará cuenta al Taller para que resuelva lo que haya lugar».

En realidad, la pertenencia a la Masonería, pese a sus proclamaciones de igualdad, no le cuesta igual a cada hermano. En el mismo Reglamento de la Logia Luz de León número 57, que reproducimos como anexo a la obra, se especifican en el Capítulo Tercero la procedencia de los fondos y la tesorería de la Hermandad. La financiación emanaba de «los derechos que la Logia devengue por iniciaciones, aumentos de salario, afiliaciones, regularizaciones, despacho de certificados y diplomas, cotizaciones mensuales, cotizaciones extraordinarias y donativos gratuitos». De esta manera, por la iniciación con certificado, la Logia cobraba 20 pesetas, la cotización mensual era de 2 pesetas; la iniciación al 2.º grado con certificado, 15 pesetas y al 3.er grado 15; las afiliaciones con certificado devengaban 5 pesetas, las regularizaciones con certificado, 15, el diploma de Maestro, 10 pesetas; cualquier certificado de la Logia, 2,50 pesetas. La adquisición del Reglamente interior, 1,50 pesetas; la Cartilla de 1.er grado, 1,25 pesetas; la Constitución del Gran Oriente Español, 2,50 pesetas, lo mismo que los Estatutos Generales.

Como se refleja en el acta interna que reproducimos a continuación y que corresponde al paso de Logia Perfecta a Respetable Logia Emilio Menéndez Pallarés número 15, en nombre de la Gran Logia de España, se disculpa la asistencia al abuelo de Zapatero, que ya era miembro de la misma, y a otro de sus compañeros. Conviene además destacar que el segundo de a bordo de la Logia es Pío Álvarez Rodríguez, precisamente el responsable de la Biblioteca Azcárate, de la Fundación Sierra-Pambley, el museo perteneciente a la institución que el Presidente del Gobierno inauguró el 25 de julio de 2006.

Libertad-Igualdad-Fraternidad
Asistentes:
Julio Marcos Candanedo
Pío Alvarez Rodríguez
José Mollá Herrero

Rafael Álvarez García
Ángel Arroyo Lescún
Hernán Martín Gómez
Bernardino Crespo Aguado
Valentín Álvarez Fernández
Francisco Valdés Casas

En los Vall.: de León a once de septiembre de 1933 (e.:v.:), en el punto geométrico conocido solamente por los Hijos de la Viuda, celebró tenida extraordinaria la respetable logia Emilio Menéndez Pallarés número 15 dependiente de la Gran Logia Regional del Noroeste de España de la Obediencia del Gran Oriente de España bajo la presidencia del venerable maestro electo Marcos, con la asistencia de los hermanos que se expresan al margen.

Abiertos los trabajos por el Venerable Maestro, discúlpase la asistencia de los hermanos Nistal Pérez Casal y Rodríguez Lozano, que se encuentran ausentes de estos valles y se lee por el secretario el acta de la tenida anterior, que se aprueba. Se da lectura a una plancha de la Gran Logia Regional por la que se autoriza al Venerable Maestro Marcos y a los Hermanos Álvarez y Mollá, primero y segundo vigilantes respectivamente de esta Respetable Logia, para llevar a efecto la instalación en ella en nombre de la Gran Logia citada, cual es el efecto de esta tenida extraordinaria.

Se lee un Decreto de la Gran Logia Regional expedido por la Gran Maestro con fecha 1 de agosto último por el que queda admitida en dicha columna federal la Respetable Logia Emilio Menéndez Pallarés número 15, leyéndose a continuación la correspondiente carta constitutiva de la misma fecha, registrada con el número 15 y seguidamente se lee el cuadro lógico del Taller.

Cubre el Templo el Venerable Maestro entregando el mal.: (sic) al hermano Pío Alvarez, quien concede la palabra sobre la elección de aquel, y reinando silencio, le hace conducir nuevamente al Templo y prestan la promesa de ritual.

Ocupa nuevamente la Presidencia el Venerable Maestro y prestan sucesivamente la promesa el primer vigilante y hermano Pío Álvarez, el segundo vigilante hermano Mollá, el orador adjunto hermano Rafael Álvarez, el secretario hermano Arroyo, el tesorero hermano Martín, el primer experto hermano Crespo, y nuevamente el orador adjunto hermano Álvarez (R) a nombre de los demás hermanos del Taller, después de haber cubierto el Templo, a su vez, sin que se formaran protestas por la elección de ninguno.

A continuación el presidente dice: Pueblo masónico, ¿juráis o prometéis fidelidad al Gran Oriente Español, obedecer su Constitución, Estatutos y Reglamentos generales, sus leyes, decretos y disposiciones? Todos los presentes, unánimemente prometen.

Con lo cual el Venerable Maestro declara legalmente constituida e instalada esta Respetable Logia Emilio Menéndez Pallarés número 15.

Seguidamente el orador hace uso de la palabra, oyéndole el Taller, con gran satisfacción. Se circula el saco de recaudación que produce 4,45 pesetas, en medalla profana, se forma la cadena mística (y se cierra la cadena mística) y se traza esta plancha por duplicado que forman todos los presentes, en cumplimiento del artículo 279 de los reglamentos y se cierran los trabajos a medianoche en punto. Entre paréntesis «y se cierra la cadena mística», no vale (sic).

Firman (los presentes)

Visto bueno La Comisión Instaladora de la Respetable Logia Emilio Menéndez Pallarés número 15. José Mollá, Julio Marcos y Pío Álvarez.

No es de extrañar que Manuel Azaña, conocida su proverbial tacañería, y como muchos otros masones iniciados, se abstuviera, después de soportar el estrafalario ceremonial, de asistir a más «tenidas» y, por tanto, de volver a pagar una sola peseta. Seguramente se le incluyó en el capítulo de los «durmientes» por falta

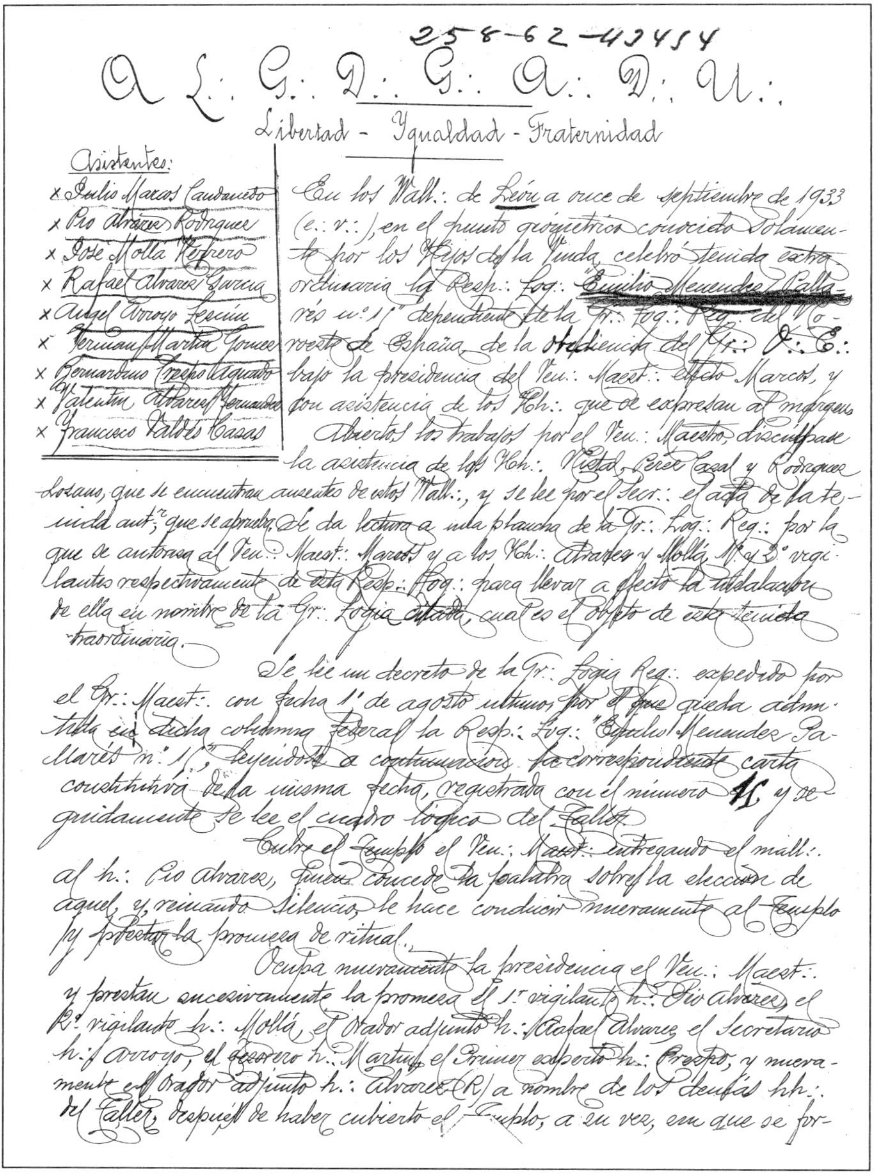
25-62-43454

A L∴ G∴ D∴ G∴ A∴ D∴ U∴

Libertad - Igualdad - Fraternidad

Asistentes:
x Julio Marcos Candanedo
x Pío Álvarez Rodríguez
x José Mollá Herrero
x Rafael Álvarez García
x Angel Arroyo Lescún
x Fernando Martín Gómez
x Bernardino Crespo Aguado
x Valentín Álvarez Fernández
x Francisco Valdés Casas

En los Vall∴ de León a once de septiembre de 1933 (e∴ v∴), en el punto geométrico conocido solamente por los Hijos de la Viuda, celebró tenida extraordinaria la Resp∴ Log∴ "~~Emilio Menéndez Pallarés~~ nº 1" dependiente de la Gr∴ Log∴ Reg∴ del Noroeste de España de la Obediencia del Gr∴ O∴ E∴ bajo la presidencia del Ven∴ Maest∴ efecto Marcos, y con asistencia de los HH∴ que se expresan al margen.

Abiertos los trabajos por el Ven∴ Maestro, discúlpase la asistencia de los HH∴ Nistal, Pérez Casal y Rodríguez Lozano, que se encuentran ausentes de estos Vall∴, y se lee por el Secr∴ el acta de la tenida ant.r que se aprueba. Se da lectura a una plancha de la Gr∴ Log∴ Reg∴ por la que se autoriza al Ven∴ Maest∴ Marcos y a los HH∴ Álvarez y Mollá 1º y 2º vigilantes respectivamente de esta Resp∴ Log∴ para llevar a efecto la instalación de ella en nombre de la Gr∴ Logia citada, cual es el objeto de esta tenida extraordinaria.

Se lee un decreto de la Gr∴ Logia Reg∴ expedido por el Gr∴ Maest∴ con fecha 1º de agosto último, por el que queda admitida en dicha obediencia federal la Resp∴ Log∴ "Emilio Menéndez Pallarés nº 1", leyéndose a continuación la correspondiente carta constitutiva de la misma fecha, registrada con el número 41 y seguidamente se lee el cuadro lógico del Taller.

Entra el Templo el Ven∴ Maest∴ entregando el mall∴ al h∴ Pío Álvarez, quien concede la palabra sobre la elección de aquel, y reinando silencio, le hace conducir nuevamente al Templo y prestar la promesa de ritual.

Ocupa nuevamente la presidencia el Ven∴ Maest∴ y prestan sucesivamente la promesa el 1er vigilante h∴ Pío Álvarez, el 2º vigilante h∴ Mollá, el Orador adjunto h∴ Rafael Álvarez, el Secretario h∴ Arroyo, el Tesorero h∴ Martín, el Primer experto h∴ Crespo, y nuevamente el Orador adjunto h∴ Álvarez (R) a nombre de los demás hh∴ del Taller, después de haber cubierto el Templo, a su vez, en que se for-

Acta de la reunión de la logia Emilio Menéndez Pallarés en la que se acepta la excusa por inasistencia del capitán Lozano.

de pago. Sorprende, sin embargo, que otros personajes igualmente hipercríticos con la realidad y de buenas letras sufrieran parecidas humillaciones y continuaran dentro asistiendo a las sesiones de su logia. En el mejor de los casos, mucha satisfacción interior debe de proporcionar la Masonería o, en el peor, mucha influencia exterior tiene que deparar la pertenencia a una sociedad que posee una liturgia tan extremadamente estrafalaria y grotesca. Juan Rodríguez Lozano, naturalmente, no guardaba en sí mismo un carácter mínimamente hipercrítico, ni era poseedor de «buenas letras», como queda ampliamente reflejado en su carta de ofrecimiento al director de *El Socialista*, Julián Zugazagoitia, llena de errores ortográficos y escrita en una redacción más bien pueril, parvularia.

→ JUICIO A LOS MASONES

La Francmasonería ni es en la práctica tan tolerante ni hace de la solidaridad humana una virtud de obligado cumplimiento. Ejemplos que no hace falta transcribir y que están en la vida diaria certifican esta afirmación. Lo que sí establece la Orden es un nivel de complicidad, de nepotismo universal que teje una potente red de apoyos por el mero hecho de la pertenencia. Para el caso que nos ocupa, hay un dato extraordinariamente significativo.

En el capítulo primero del libro recogíamos la carta de recomendación que se le envía precisamente a Diego Martínez Barrio para que se designara a Rodríguez Lozano el puesto de capitán de los Guardias de Asalto de León en vista de su fervor republicano y socialista. Pues bien, Diego Martínez Barrio había sido desde 1929 hasta 1934 gran maestro del Grande Oriente Español. Sólo cesó en este desempeño cuando en diciembre de 1934 es designado ministro de la Guerra, y un mes después, titular de Gobernación. Martínez Barrio dimite en abril del 35 y su decisión causa una crisis política sin precedentes en el seno de la coalición radical-cedista que entonces gobernaba España. Martínez Barrio se escinde del Partido Radical de Lerroux, constituye en las Cortes el Grupo Radical Demócrata y en él continúa hasta que en las elecciones de 1936 obtiene su acta parlamentaria por Madrid en el seno del Frente Popular. La carta de recomendación para la jefatura de los Guardias de Asalto, se la envían por tanto a Martínez Barrio el mismo día en que es nombrado presidente de la República. Ya se ve que los mecenas del capitán Lozano ni esperaron unas horas para formularle la petición, y ni siquiera se ocuparon en la misiva de darle los parabienes por su designación para la más importante magistratura del país.

La Masonería formuló una precisa y concluyente declaración de adhesión al Gobierno de la República en sus comienzos, y más tarde, y para que no cupiera ninguna duda, escribió una carta el Supremo Consejo del Grado 33 para España a Juan Negrín, presidente del Consejo de Ministros del Frente Popular, en la que decía textualmente: «Seguimos y seguiremos en adhesión íntima al Gobierno de la República y a los principios que defiende y por los que se sacrifica lo mejor de nuestro pueblo. Nuestros afiliados cumplen ejemplarmente en sus puestos de lucha, o de mando, o de técnica, en proporción tal que no se pueden contar excepciones, si no es la inutilidad física total. Nuestros cuadros han dado víctimas en proporción que ninguna otra organización puede superar».

Víctimas, indudablemente, hubo en los dos lados. Y víctimas masones también. Incluso, como no podía ser de otra manera, entre los militares. Los datos más concluyentes apuntan a que en la zona denominada clásicamente «nacional» murieron en total 109 militares masones. De ellos, 73 fueron fusilados y otros 36 fallecieron por causas no bien conocidas. Conviene resaltar que, como en el caso del abuelo Lozano, algunos militares masones fueron ejecutados no por su pertenencia a la Masonería, sino por su adscripción política al otro bando contendiente. Por otro lado, en las regiones controladas por el Frente Popular, seis militares masones fueron fusilados, por encontrar en ellos, se supone, una filiación nítidamente adversa a la República. También murieron otros 26 militares masones por motivos diferentes, entre ellos, desde luego, la represión.

Prueba de que Juan Rodríguez Lozano, capitán de Infantería del Regimiento número 36 y «compañero» en la Logia Emilio Menéndez Pallarés número 15 de León, no fue fusilado por su afiliación masónica es que su ejecución se produjo el 18 de agosto de 1936, es decir, un mes antes de que Franco se apresurara a publicar —su obsesión masónica estaba contrastada— el primero de los decretos contra la institución secreta. En efecto, el 15 de septiembre se publicó en el Boletín Oficial del Estado, que entonces se editaba en Salamanca, el decreto cuyo primer artículo señalaba: «La Francmasonería y otras asociaciones clandestinas son declaradas contrarias a la ley. Todo activista que permanezca en ellas tras la publicación del presente edicto será considerado como reo del crimen de rebelión».

Este decreto fue el embrión de la ley de 1 de marzo de 1940, tras la victoria ya del franquismo, sobre «represión de la Masonería y del comunismo». Esta ley fue auspiciada directamente por voluntad de Franco, quien, paradójicamente, tenía a su lado, luchando por tanto en el mismo bando, a generales masones de la importancia de Miguel Cabanellas, primer presidente de la Junta de Defensa Nacional o Antonio Aranda Mata. Muchos historiadores y analistas del franquismo aún se sorprenden de que el citado texto incluyera a una ideología, un partido, el comunista, y a una institución, la Masonería, que tradicionalmente siempre han aparecido como opuestas, por no decir directamente enemigas. La propia Masonería reconoce que de la represión que sufrió se encuentra aún casi en pañales, porque no se conocen datos definitivos. La Gran Logia de España afirma, sin embargo, que 2.185 «hermanos masones fueron condenados a diversas penas de represión». Otras fuentes, sin embargo, aseguran que muchos masones a los que el alzamiento les sorprendió en zona «roja» se pasaron con armas y bagajes a la zona «nacional», entre ellos ciertos militares que después de la victoria del 1 de abril del 39 continuaron y ascendieron en el escalafón castrense. Naturalmente, olvidaron su adscripción masónica.

→ MÁS LAGUNAS BIOGRÁFICAS

Pocos días antes del estallido de la Guerra Civil, el 14 o 15 de julio de 1936, el capitán Lozano viajó a San Pedro de Luna, localidad de origen de la familia de su mujer y lugar donde se alzaba la casa familiar. Veinticuatro horas después del inicio de la contienda, el 19 de julio, León capital era tomada por los nacionales. Este Ejército no pudo dominar, sin embargo, los parajes de montaña de las comarcas de Laciana, Araya de Luna o Leitariegos, escenarios de encarnizados enfrentamientos con los partidarios de la República. Pero hacia finales de julio Lozano regresó a la capital leonesa. ¿Por qué volvió el capitán Lozano a León si el frente republicano se hallaba a sólo seis kilómetros de San Pedro de Luna y más concretamente en Araya de Luna?

Resulta importante resaltar que los primeros días de la guerra se caracterizaron por un salto continuo de gentes que cambiaban de lugar para acudir a las zonas donde se encontraban sus bandos afines. La opinión de algunos de los que todavía recuerdan aquellos desgraciados acontecimientos, como el republicano leonés Blas Soto Díez, es que Lozano probablemente se entregó a los nacionales con el fin de luchar con ellos, pero no se fiaron de él, le detuvieron y, finalmente, le fusilaron.

Soto, que murió dos años después de la llegada de Zapatero a La Moncloa, narraba a todo aquel que le quería escuchar, que personalmente estaba convencido de que los descendientes del capitán leonés rescribieron a su gusto la historia del abuelo, una historia que, a la luz de hechos como el reseñado, no se tiene en pie. Y no sólo por el sorprendente traslado de Lozano a la capital leonesa, ya nacional, y su no incorporación al frente de los suyos en Araya de Luna, sino por otros gestos de profundo y simbólico calado realizados por su nieto.

Uno de ellos impactó especialmente a Soto Díez y le marcó hasta el punto de que jamás podría olvidar. Cuando Zapatero se hizo con las riendas del partido en León, convocó al aparato de la provincia en el Hostal San Marcos. Soto Díez se dirigió entonces a la capital leonesa desde su pueblo montañés sin conocer el lugar concreto donde se iba a celebrar la reunión. Al llegar a la ciudad y enterarse del sitio elegido por Rodríguez Zapatero, no pudo controlarse y rompió a llorar como un niño. Les dijo a sus compañeros: «Yo no voy». Blas Soto Díez no podía soportar la idea de volver a pisar la cárcel en la que había pasado diecinueve meses de su vida condenado a muerte y sufrido terribles torturas físicas y psicológicas. Los miembros de su agrupación informaron entonces a Zapatero de lo ocurrido y le obligaron a trasladar la comitiva. Y así lo hizo. La cita se produjo finalmente en el instituto público situado en la Plaza de Santo Domingo.

A Rodríguez Zapatero no le conmovió nunca más la natural fobia del viejo militante del PSOE que jamás regresó a la prisión de sus horrores reconvertida en hotel de cinco estrellas. Por el contrario, como se cuenta con detalle en otro capítulo de este libro, desde que consiguió autonomía propia en el PSOE de León, prescindió de los sentimientos de su compañero Soto Díez y eligió siempre el Hostal San Marcos como sede de sus actos políticos a lo largo de toda su carrera política: antes de llegar a la Secretaría General del PSOE, en toda su etapa como jefe de la oposición, y después, ya convertido en Presidente del Gobierno. No cabe duda alguna de que la antigua cárcel franquista sigue siendo el lugar predilecto de José Luis Rodríguez Zapatero para celebrar fechas clave en su vida política, pasando, a sabiendas incluso, por encima del dolor y el desgarro emocional de algunos veteranos del socialismo leonés, probablemente compañeros de cautiverio de su abuelo Juan.

Hay un detalle aún más sobrecogedor, si cabe, que incide en el más que probable rediseño de la historia política y personal a mayor gloria de la familia Rodríguez. Como ha quedado expuesto, el frente republicano resistió fuera de la capital, estabilizado durante los primeros meses de la guerra hasta finales de 1937 en las montañas que dividen León y Asturias. El frente se movía en la zona que abarca Leitariegos, Somiedo, Benzana, Araya, Pola de Gordón, Pajares y La Robla. Algunos de los pueblos de estas comarcas duermen ahora bajo las aguas de los pantanos. Durante el franquismo se construyó el embalse de Barrios de Luna, situado entre Bavia y la zona de la Madalena lorenzana que rodea León y allí quedó sumergido el pueblo entero de San Pedro de Luna, localidad de la que era oriunda la abuela del actual Presidente del Gobierno. Precisamente, como hemos señalado anteriormente, a esta villa fue donde acudió el capitán Lozano, días antes del 18 de julio. Y, con el pantano como telón de fondo, sesenta y dos años después del final de la Guerra Civil, el 8 de septiembre de 2001, José Luis Rodríguez Zapatero, ya convertido en secretario general del PSOE, celebró, acompañado de políticos de la zona, un curioso homenaje.

El 8 de septiembre de 2001 los escarbados y áridos parajes de Araya de Luna, que sirvieron de foco de resistencia a los republicanos ante el ataque de los nacionales, fueron el escenario de la inauguración de un monumento a la figura del capitán Lozano, símbolo y ejemplo, según los organizadores del acto, de todos aquellos hombres que dieron su vida por la II República. Delante de la escultura Zapatero descubrió una placa que reza textualmente: «Homenaje a la dignidad. Muero inocente y perdono, mi credo fue siempre un ansia infinita de paz, el amor al bien y el mejoramiento social de los humildes. Capitán Lozano 1893-1936». La inscripción es el párrafo más significativo del testamento de Lozano.

Curiosamente, el lugar elegido por Zapatero y su comitiva para situar el monolito y rendir tan emotivo homenaje fue Araya de Luna, la localidad donde se situó el frente republicano desde el inicio de la contienda,[7] frente al que nunca se incorporó el capi-

---

7. El enclave es ciertamente simbólico por lo encarnizada y fratricida que resultó la lucha en aquella zona. Tras el alzamiento en julio del 36 el frente se estabilizó de acuerdo con el mapa que publicamos al final del capítulo, entre otras razones porque el bando nacional disponía de pocos efectivos para proceder al asalto de la numerosa, bien armada y aguerrida milicia asturiana, muy ducha en tareas de organización de masas, como ya había demostrado en la revolución del 34. A pesar de que las fuerzas de la República en Asturias eran superiores, en medios y personas, a las de Franco en esa línea, lo cierto es que el frente en ese lugar prácticamente no se movió —también por el duro invierno de la montaña leonesa— hasta que a partir de agosto del 37, y una vez que el bando nacional hubiera conquistado Vizcaya y Santander, se pudieron desplazar estas tropas al frente asturiano.

Aunque tras la caída de Santander y Vizcaya pocas esperanzas podían quedarles a los milicianos asturianos de resistir, sin embargo, decidieron plantar cara y resistir, quizá con la esperanza (propagada por muchos rumores) de que comenzase la guerra europea, y que los países aliados interviniesen en ayuda de la República. Lo cierto es que el frente asturiano (y la frontera con León) se presentaba, por su particular orografía, como un lugar muy duro de conquistar. En el mes de septiembre, al mando del general Solchaga partieron las tropas desde Torrelavega y Comillas por San Vicente de la Barquera y simultáneamente en dirección a los Picos de Europa, y continuaron por Llanes, situándose el frente defensivo de los republicanos en Ribadesella. Al tiempo, el Cuerpo de Ejército Gallego, al mando del general Aranda, junto con las tropas navarras (Brigadas 1.ª y 3.ª) dirigidas por Muñoz Grandes, se concentraron entre la línea que va desde La Robla a Riaño. Estas tropas recibieron también el refuerzo de unidades del Tercio y de Regulares, iniciándose el ataque el 9 de septiembre de 1937, desde la zona de Peñaubiña, desde la que se podía dominar el puerto de Pajares, entrada natural a la cuenca minera asturiana y al centro de la región. Simultáneamente a ese ataque subieron tropas nacionales desde La Robla por la Pola de Gordón, y por San Pedro de Luna, donde se desarrollaron fuertes combates. En el avance de las tropas se produjo el episodio de Peña Lasa, cuya versión, dependiendo de las fuentes, es totalmente diferente.

Los nacionales ya cuentan para estas fechas (19 de septiembre) con las carreteras de Leitariegos y Somiedo y el ferrocarril de La Robla, por lo que el abastecimiento a sus tropas es relativamente sencillo y abundante. Si a eso se le une el bloqueo marítimo, y los frentes por Picos de Europa, Ribadesella y por el Oeste desde San Esteban de Pravia hasta Grado, es evidente que la situación de los milicianos no podía ser peor y el desastre para ellos, un desastre anunciado. A finales del mes de octubre de 1936, toda Asturias estaba ocupada, según los republicanos, liberada según los nacionales, por las tropas de Franco, habiéndose producido una huida en desbandada de los dirigentes republicanos (mayoritariamente socialistas) y de los milicianos y civiles (episodio del embarque de los niños de la guerra) por el puerto de Gijón

tán Lozano, pese a estar situado a sólo seis u ocho kilómetros del pueblo de su mujer, San Pedro de Luna, hoy bajo las aguas del pantano. Por deseo expreso de su nieto, Juan Rodríguez Lozano, el capitán Lozano, tiene erigido hoy su monumento en el lugar del frente en el que nunca luchó.

Aún queda un aspecto más de la biografía oficial del abuelo Juan a la que tanto se refiere Zapatero que a Blas Soto Díez, preso diecinueve meses en San Marcos, nunca le pareció real. Se refiere concretamente a este ya célebre testamento entregado por el capitán Lozano a un presunto fedatario público, Arturo García, que el propio Zapatero hizo famoso al citarlo en su discurso de investidura como Presidente del Gobierno. El viejo Soto pasó mucho tiempo preguntándose cómo es posible que un notario acudiera a la cárcel para registrar la última voluntad de uno de los centenares de presos que permanecieron en aquella cárcel. «¿Cuántos condenados a muerte gozaron de ese privilegio? ¿De dónde surgió ese documento? ¿Qué notario se iba a prestar para este menester arriesgándose a que se le acusara de comulgar con la causa republicana y por tanto a seguir él mismo el camino de los condenados?» Preguntas de difícil respuesta. Lo cierto es que, según la versión ofrecida por los exégetas presidenciales, el registro de las últimas voluntades del capitán Lozano se produjo ante dos testigos y el notario público García, un notario debidamente protocolizado por orden judicial con fecha 17 de agosto de 1936. Quizá este fedatario no fuera en realidad un profesional del no-

---

con dirección a Francia y otros países, dejando detrás cerca de cien mil prisioneros de un ejército de ciento cincuenta mil hombres. Estas conquistas le permiten a Franco la liberación de efectivos, doscientos cincuenta batallones, ciento cincuenta que ha utilizado en el frente asturiano más los cien que serán reclutados entre los simpatizantes de su causa en Asturias, Santander y Vizcaya para destinarlos a otros frentes. La caída del norte industrial dotará a las tropas de Franco de minas, víveres, numerosas fábricas de armamento y municiones, liberando tropas, cañones, escuadrillas aéreas y tropas navales en lo que sin duda constituirá en 1938 una ventaja estratégica que facilitará la victoria en los otros frentes y a la postre la victoria en la guerra.

tariado, puesto que estos profesionales no precisan de autorización judicial alguna para protocolizar los actos de los que dan fe. En cualquier caso, éste es el relato oficial, y las dudas que el anciano socialista mantuvo antes de fallecer y que fueron transmitidas a sus compañeros de partido y amigos quedan en el aire. Que cada cual extraiga sus propias conclusiones.

→ PROCESADO DESPUÉS DE MUERTO

Ya hemos escrito que el capitán Rodríguez Lozano no fue fusilado por su condición de masón. Sí sufrió la incautación de algunos de sus bienes y sobre todo de documentación encontrada en su domicilio tras un registro policial. Pero esa incautación se produjo antes, claro está, de la promulgación del Decreto Ley contra la Masonería, donde, aparte de la reclusión, se establecía la incautación de todos los bienes aprehendidos a los masones. Por lo demás, ningún miembro de la Hermandad podía ejercer en el futuro ningún cargo que tuviera carácter público, ni siquiera trabajar en cualquier empleo de la Administración. La ley discriminaba la cuantía de las penas para los diversos grados masónicos: de veinte a treinta años de prisión para los grados superiores, y de doce a veinte para los cooperadores. De la responsabilidad que marcaba la ley no se libraban ni siquiera los familiares, hasta el punto de que cualquier candidato a un Tribunal de Honor, de los varios que comenzaron a funcionar en distintos ámbitos, era desdeñado por el simple motivo de estar afectado por un segundo grado de consanguinidad con un condenado. El Tribunal para la Represión de la Masonería y el Comunismo estuvo en vigor hasta la creación del Tribunal de Orden Público en 1963. No obstante, el de la Masonería no fue definitivamente suprimido hasta el 8 de febrero de 1964.

Pero si sobre algunas cifras de represaliados aún existe el debate, sobre lo que no parece haber demasiada controversia entre los historiadores es que a Franco y a su régimen se les fue la mano a la hora de instruir sumarios contra hipotéticos masones en el Tribunal para la Represión de la Masonería y el Comunismo. Los expedientes que se abrieron fueron no menos de ochenta mil. Sin embargo, cuando comenzó la Guerra Civil, no había en España más de seis mil «hermanos masones».

Hasta tal punto se exageró el celo en la represión que en muchos casos se incoaron expedientes a los propios muertos. Éste es el caso del abuelo de Zapatero. En la Presidencia del Gobierno, concretamente en la Delegación Nacional de Servicios Documentales, con el número 3341 y la calificación de documento «secreto», se abre expediente a Juan Rodríguez Lozano. Con fecha 26 de marzo de 1946, el delegado nacional informa al presidente del Tribunal especial para la Represión de la Masonería y del Comunismo «que el individuo en cuestión no ha presentado hasta la fecha de la declaración retractación prevenida» (sic). Naturalmente, Lozano nunca se retractó, puesto que había sido fusilado en León el 18 de agosto de 1936, es decir, hacía una década.

A pesar de tan clamorosa circunstancia, el expediente continúa instruyéndose y cuatro días más tarde el secretario del tribunal, Enrique Cánovas, lo remite, en nombre de dicho tribunal, al juez instructor número 1, «a efectos de incoación del sumario». Doce días más tarde, el 12 de abril, el señor juez, de apellido Nieto, «da por recibido el anterior expediente contra JUAN RODRÍGUEZ LOZANO y en cumplimiento de lo ordenado por LA SUPERIORIDAD establece que se eleve a sumario, comunicándolo al Tribunal, Delegación del Estado para la Recuperación de Documentos y Fiscalía para que se persone en el procedimiento». Y añade a continuación el juez Nieto: «Diríjase oficio al Ilmo. Sr. Director General de Seguridad para que se remitan a este Juzgado los antecedentes masónicos y político-sociales del encartado». Y en efecto, el 23 de abril del mismo año, quince días después, el Ministerio de

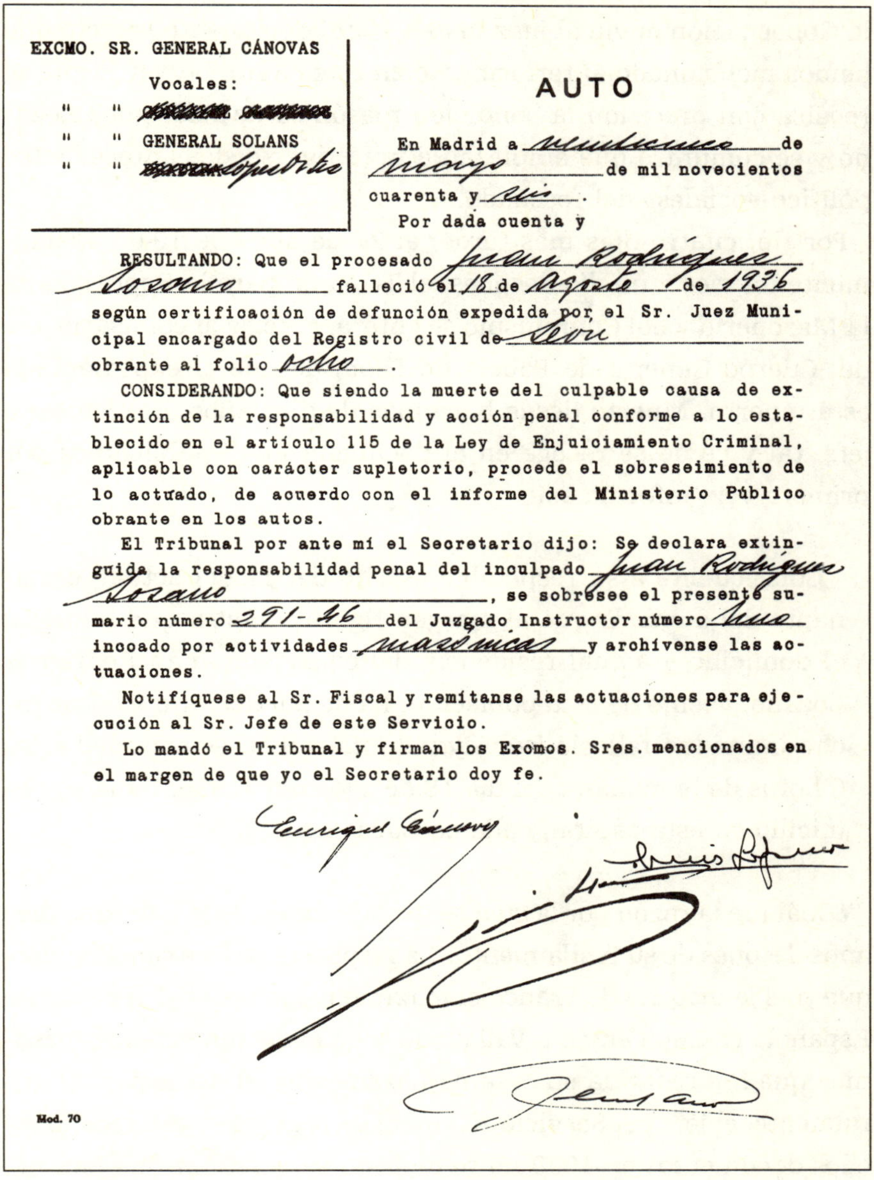

EXCMO. SR. GENERAL CÁNOVAS

Vocales:

" " [illegible]

" " GENERAL SOLANS

" " [illegible] López Ortiz

AUTO

En Madrid a veinticinco de mayo de mil novecientos cuarenta y seis.

Por dada cuenta y

RESULTANDO: Que el procesado Juan Rodríguez Lozano falleció el 18 de Agosto de 1936 según certificación de defunción expedida por el Sr. Juez Municipal encargado del Registro civil de León obrante al folio ocho.

CONSIDERANDO: Que siendo la muerte del culpable causa de extinción de la responsabilidad y acción penal conforme a lo establecido en el artículo 115 de la Ley de Enjuiciamiento Criminal, aplicable con carácter supletorio, procede el sobreseimiento de lo actuado, de acuerdo con el informe del Ministerio Público obrante en los autos.

El Tribunal por ante mí el Secretario dijo: Se declara extinguida la responsabilidad penal del inculpado Juan Rodríguez Lozano, se sobresee el presente sumario número 291-46 del Juzgado Instructor número Uno incoado por actividades masónicas y archívense las actuaciones.

Notifíquese al Sr. Fiscal y remítanse las actuaciones para ejecución al Sr. Jefe de este Servicio.

Lo mandó el Tribunal y firman los Excmos. Sres. mencionados en el margen de que yo el Secretario doy fe.

Enrique Cánovas

Mod. 70

Extracto del mismo expediente del Tribunal para la Represión de la Masonería y el Comunismo.

la Gobernación envía al juez instructor el documento secreto que hemos mencionado anteriormente en este capítulo y en el que se recalca con precisión la condición masónica de Rodríguez Lozano y se comunica que empiezan a investigarse «los antecedentes político-sociales» del reseñado.

Por fin, cuatro días más tarde, el 27 de abril de 1946, exactamente un mes y un día después, el Tribunal para la Represión de la Masonería y del Comunismo se entera, gracias al comisario jefe del Cuerpo General de Policía de León, de que el expedientado está muerto. Muerto desde hace más de diez años. El comisario jefe, tal y como se recoge en el documento que publicamos por primera vez, informa así:

> Consecuente a su respetable escrito del 12 del actual, dimanante del sumario que al margen figura y por el que interesa, el domicilio y actual residencia del encartado Juan Rodríguez Lozano, vecino de esta población; ha de participar a V.I. que dicho individuo falleció (*subraya el falleció*) en esta ciudad a las 6 horas de la mañana del día 18 de agosto de 1936; tenía su domicilio en esta capital, calle de Lucas de Tuy, 10.

¿Cuál fue la razón por la cual se le abrió expediente a Lozano diez años después de su fusilamiento? La respuesta parece sencilla: porque tras la victoria de Franco el máximo responsable de la Falange Española en León envió a Valladolid toda la documentación masónica que fue recogida en casa de Lozano tras su detención. Naturalmente, el jefe del Servicio Nacional de Seguridad que recibió dichos documentos en 1939 no se molestó en acreditar que Lozano, un mes después de su detención y encierro en la prisión de San Marcos, había sido fusilado. Conviene resaltar que en el expediente original manejado por los autores no consta documento alguno al respecto.

Pero el juez Nieto García no se da por conforme con el informe del comisario jefe leonés y tres días más tarde, el 30 de abril de

1946, dicta una providencia para asegurarse de que, efectivamente, Rodríguez Lozano está muerto. Dice así la providencia, que también por primera vez se publica: «Ofíciese al Sr. Juez encargado del Registro Civil de León, interesando remita a este Juzgado Especial partida de defunción del encartado». Si hubiera efectuado esta diligencia un par de meses antes, se habría ahorrado papel, burocracia y oficios varios.

El 4 de mayo de 1946, con enorme presteza esta vez, el juez municipal de León, Ricardo Álvarez Abundancia, certifica a su colega Nieto García que el 18 de agosto de 1936 «falleció» en León el «susodicho encartado» Juan Rodríguez Lozano, nacido en Alange, de cuarenta y tres años, hijo de Sebastián y de Marcelina y de estado «casado». Ahora sí, por fin el juez especial número 1, don Jesús Nieto García, se da por satisfecho. Y en Madrid, a 10 de mayo de 1946, redacta el siguiente auto, que es en definitiva un monumento a la burocracia judicial, un auto que puede recordar, por su comicidad, a aquellos realmente hilarantes que publicaba *La Codorniz* en su exitosa sección «La cárcel de papel»:

> RESULTANDO que instruido este sumario contra Juan Rodríguez Lozano parece acreditado que el encartado falleció en León el 18 de agosto de 1936.
>
> CONSIDERANDO que la responsabilidad penal se extingue por la muerte del presunto culpable
>
> CONSIDERANDO que mediante la unión de la correspondiente partida de defunción, han quedado practicadas las diligencias precisas para declarar terminado el sumario.
>
> En su virtud el JUEZ que suscribe
>
> PROPONE el sobreseimiento definitivo de las presentes actuaciones seguidas contra Juan Rodríguez Lozano.
>
> SE DECLARA terminado el presente sumario que se pasará al Ilmo. Sr. Fiscal a los efectos procedentes y será elevado posteriormente al tribunal.

En consecuencia, el fiscal, Ramón de Ochoa, informa el mismo día de «que, apareciendo acreditado al folio 8 el fallecimiento del encartado y siendo la muerte causa de extinción de la responsabilidad criminal, procede el sobreseimiento definitivo de las presentes actuaciones». Finalmente, los excelentísimos señores generales Cánovas, Solans y López Ortiz, miembros del Tribunal Especial para la Represión de la Masonería y del Comunismo, dictan un auto en el que sobreseen «el sumario 291-46 del Juzgado N.º 1 incoado por actividades masónicas» y decretan el archivo de las actuaciones.

→ ZAPATERO Y LA MASONERÍA

El día 12 de julio de 2005 se declaró en la provincia de Guadalajara uno de los peores incendios forestales que haya sufrido nunca el depauperado paisaje forestal español. Las proporciones del incendio se adivinaron brutales desde el primer momento. En aquel terrible accidente murieron once personas, cuidadores pertenecientes a la protección civil que, por toda España, suele ocuparse de este tipo de devastaciones. Todas las administraciones del Estado intentaron, con distinta suerte, ocuparse del siniestro. Después se ha constatado que no todas actuaron ni con la misma presteza, ni con igual fortuna. El Gobierno de la Nación supo del incendio desde el primer momento. Según declaraciones propias, la ministra de Medio Ambiente, Cristina Narbona, se ocupó personalmente de localizar al presidente Rodríguez Zapatero y de comunicarle las primeras noticias de fuego. Costó algún tiempo que Zapatero supiera, a ciencia cierta, qué estaba ocurriendo en Guadalajara. El Presidente, del que no se conoce una especial afición melómana, estaba escuchando en el Teatro Real, un escenario al que de común no suele acudir, una obra muy querida para él: *La flauta mágica*, de Wolfang Amadeus Mozart. Le acompañaba su esposa, Sonsoles Espinosa, que, ella sí, ha hecho de la música clásica no sólo una devoción artística, sino incluso una profesión.

La flauta mágica es para muchos miles de personas en el mundo algo más que la obra perfecta, la mejor y más conseguida de Mozart. Para los miembros de la Masonería es, sin duda, la encarnación de la «Hermandad» hecha música. Mozart, masón desde que en 1784 le iniciara su admirado maestro Haydin, tuvo al componer la obra, sin embargo, objetivos muy diferentes a los que la Masonería, en su cosmovisión tan etérea, atribuye a *La flauta mágica*. La verdad es que Mozart puso letra a un libro de un empresario amigo suyo con la única intención de que éste se recuperara de una profunda crisis económica. Solidaridad por tanto, sí, pero nada de universal; el fin era más localista, más de favor personal que otra cosa. Pero la Masonería ha elevado a categoría fraternal lo que, probablemente, únicamente fue un favor personal.

La flauta mágica, en todo caso, es el emblema, el icono de la musicalidad masónica, una significación que hasta es posible que conozca Zapatero. Ello puede explicar su presencia en el teatro en aquella tarde tórrida del verano madrileño. Y puede explicarlo siempre y cuando se otorgue carga de verosimilitud a la supuesta militancia del Presidente español en la Masonería.

Y, como se preguntaría un castizo, ¿qué hay de ello? Sólo un historiador, uno de los estudiosos actuales de la Masonería, se ha atrevido a responder positivamente a la pregunta: «Sí —ha escrito Ricardo de la Cierva—, José Luis Rodríguez, Presidente del Gobierno de la Nación Española, es masón». Según el controvertido, enjundioso y prolífico De la Cierva, el gran maestre adjunto de la Gran Logia de lengua española en los Estados Unidos, Arturo Fortún, ha confirmado que Zapatero pertenece a la Masonería y la institución tiene actualmente en gran estima «su contribución (sic) a los cambios sociopolíticos que se han producido en España».

Tras aquella revelación del historiador De la Cierva, que data de otoño del 2005, nadie en las cercanías del Gobierno, tampoco en el Gabinete del Presidente, y muchos menos el propio Zapatero, se ha dignado a confirmar o desmentir la imputación. Sólo en una reunión con un grupo veterano de periodistas, el ministro, entonces de Defensa, José Bono, al que también el historiador había atribuido relaciones directas con la Masonería, se burló directamente de «las cosas de De la Cierva», negó, con más sorna que seriedad, su iniciación en la Hermandad y zanjó la cuestión con un atropellado: «... y por lo que yo sé, no creo que Zapatero sea socio de ese club».

El profesor de investigación de la Universidad de París II, Jean Chalvidant, da carta de verosimilitud, sin embargo, a la posible adscripción masónica del jefe del Ejecutivo, al que califica de «probable fancmasón». Considerado el mejor especialista francés en la vida política española, autor de la obra de referencia en el país vecino sobre separatismo vasco *ETA, la encuesta*, Chalvidant dedica su último volumen, *España, de Franco a Zapatero*, editado en 2005 por la Editorial Atlántica, al retrato de mil personajes políticos donde cita a más de cuatro mil hombres y mujeres relevantes de nuestra historia reciente. Así, Chalvidant escribe de Zapatero: «Se define como "rojo utópico y feminista", el porvenir dirá si las esperanzas situadas en él hacen honor a lo que dice representar o a sus apodos de Bambi o Mr. Bean». Y añade: «Mide 1,84, calza el 42, verosímilmente francmasón, seguidor de El Barça y bebedor de Coca-Cola, lector de Borges y de poesía en genera, practica la pesca y viste trajes demasiado cortos confeccionados por José María Reillo. Un hombre simple que, según Gertrudis Alcázar, su asistente personal, cree en lo que dice, ciertamente situado a la izquierda de Felipe González, conscientemente vengativo, que está por descubrir al punto de que hasta *El País* del 26 de diciembre de 2004 se refiere a él como "el presidente enigmático"».

En la Masonería oficial, o sea, en el Gran Oriente Español, en la Gran Logia de España, no se responde oficialmente la cuestión. Un oficioso representante de la Logia se desmarca de la responsabilidad con el ambiguo y clásico: «Nosotros somos una sociedad discreta», e incluso ciertos y seguros integrantes de un par de logias españolas niegan con toda rotundidad que el jefe del Gobierno pertenezca a alguna de las que actualmente funcionan en España. Admiten, no obstante, que los valores y hasta las palabras que suele utilizar Zapatero «parecen sacadas de nuestros usos lingüísticos, de nuestro propio vocabulario». Alguna de estas palabras, por ejemplo «tolerancia», aparece invariablemente en todas las intervenciones públicas del Presidente, por no decir de las otras aún más clásicas, que vienen de la Revolución Francesa, y que repite Zapatero como si realmente fueran de su invención. «Libertad», desde luego, es una de ellas.

Pero aunque la sospecha de la adscripción masónica de Zapatero se fundamenta, sobre todo, en la tradición familiar y en su propia gestualidad y lenguaje, de la *liason* —ya que hablamos de francmasones— entre la pertenencia del abuelo Juan Rodríguez Lozano a la Logia Emilio Menéndez Pallarés número 15, que funcionó activamente en León hasta la llegada de las tropas de Franco, y la Fundación Sierra Pambley, inaugurada por el nieto del capitán Lozano, no existe duda alguna. Dado el carácter secreto de la Masonería, lo que no está contrastado es que esa vinculación permanezca por medio del Presidente del Gobierno. Sí sabemos, sin embargo, que unos, la Fundación, y otro, Zapatero, callaron totalmente las estrechas relaciones del abuelo del jefe del Ejecutivo, que acudía todos los sábados a celebrar las tenidas masónicas en la Biblioteca Azcárate de la Fundación. Una Fundación que en esta etapa en la que la frecuenta Rodríguez Zapatero ha prestado su sede para cobijar actos de los más radicales y furibundos elementos de la extrema izquierda, como los que pertenecen a una organización que funciona en Internet denominada La Haine.org., la organización del odio, en puro castellano.

La Haine se autodefine como un proyecto de desobediencia informativa internacional extendido por España y América Latina. En uno de los apartados de su página web incluye un manifiesto a favor de «la violencia como forma permanente de lucha política». Su misión, asegura, es «luchar contra el capitalismo y por la justicia, intentando crear un polo de referencia informativa opuesto al de las grandes cadenas mediáticas y mafiosas». Entre otras cuestiones, La Haine, además de ser uno de los lugares más destacados en la Red de apoyo a la dictadura de Fidel Castro, proclama su desprecio a la institución monárquica española, con un artículo, entre otros, que dice: «Los reyes en la baraja, que es donde tienen que estar».

Uno de sus colaboradores más influyentes es el sociólogo Justo de la Cueva Alonso. Este singular personaje, madrileño de nacimiento, empezó su carrera profesional haciendo trabajos de Sociología para diversas empresas farmacéuticas, trabajos que luego insertaba en la revista profesional *Tribuna Médica*, perteneciente a Antibióticos SA, dirigida entonces por Federico Mayor Domingo, padre del ex director general de la Unesco Federico Mayor Zaragoza. De forma inaudita, este personaje abandonó Madrid y se instaló en el País Vasco, donde al poco tiempo reapareció como un furioso defensor del independentismo radical y del activismo etarra. No es extraño, pues, que De la Cueva sea uno de los redactores de ese manifiesto en el que se dice textualmente: «La acción directa violenta no sólo es válida sino también necesaria como complemento de la lucha política». En otro de sus textos expone su teoría sobre «cómo los oprimidos violentados siempre tienen razón cuando responden violentamente y por qué tuvimos que alegrarnos del 11-S». En él justifica el atentado contra las Torres Gemelas de Nueva York diciendo que eran «una tapadera» de la CIA. El mismo texto contiene el siguiente párrafo: «Porque yerran todos los "pacifistas" exangües y acobardados, todos esos que ¡ay! todavía se atreven a llamarse comunistas y andan escondiéndose de su deber y en vez de enfrentarse de cara y nítidamente contra la guerra imperialista enarbolan memas y ambiguas pancartas "contra las guerras". Yerran todos los que se acojonan preocupándose por conseguir que no les llamen VIOLENTOS cuando deberían proclamar a gritos que ellos son VIOLENTADOS QUE SE DEFIENDEN». A personajes como éste cobija sin reparo alguno la Fundación Sierra-Pambley.

Sierra Pambley y La Haine han celebrado diversos actos en los últimos tiempos de manera conjunta y siempre en la sede de la Fundación en León. Por ejemplo, el debate sobre «el papel represivo (sic) de los medios de comunicación». La Fundación también dio pábulo a la presentación del nuevo libelo de la anarquista Confederación Nacional del Trabajo (CNT) de Asturias y León que lleva por cabeza periodística *Acción Libertaria*. Por si quedaba alguna duda sobre el jaez ideológico de la fundación visitada por Zapatero, el 12 y 19 de mayo de 2006 se realizaron en la propia Biblioteca Azcárate las Jornadas Internacionalistas de las Juventudes Comunistas.

Con anterioridad hemos insistido en el carácter de lugar emblemático que Rodríguez Zapatero otorga al Hostal San Marcos de la capital leonesa; ahora debemos resaltar que, de igual forma, ejemplariza en la última semana de julio la reivindicación de su historia política familiar y personal. Hay que recordar que el abuelo Juan Rodríguez Lozano nació el 28 de julio de 1893. Quizá éste sea el motivo por el que Zapatero acude siempre que le es posible por esas fechas a León, y más concretamente a la que fuera la prisión de la que salió para ser fusilado por los nacionales. Así, el 25 de julio de 2000, veinticuatro horas después de ser elegido secretario general del PSOE, se desplaza desde Madrid a León y convoca a la prensa en su primera comparecencia pública en el Hostal. De igual manera, apenas proclamado Presidente, vuelve a elegir la misma fecha y lugar, y reúne allí un Consejo de Ministros, al que nos hemos referido ampliamente en el capítulo anterior y en el que con toda solemnidad aprobó la instalación en León del Inteco.[8]

Precisamente sobre la memoria histórica y los mismos días del mes de julio en los que Zapatero procura no fallar a su cita anual y simbólica de León, la Fundación Sierra Pambley había organizado —el 26 de julio de 2005— un debate en colaboración, claro está, con el Foro para la Memoria Histórica, que se celebró en la biblioteca. El motivo del encuentro se planteó en forma de la pregunta siguiente: «¿Para qué recuperar la Memoria Histórica?». Entre los participantes, asistieron Javier Rodríguez, profesor de Historia en la Universidad de León, Eduardo Silva, del citado foro, Ignacio Casado, del Movimiento Antiglobalización de León y Ana Gaiteiro, periodista de *El Diario de León*.

Exista o no una adscripción efectiva a la Hermandad a través de Sierra-Pambley, o cualquiera de otras de las entidades premasónicas —es decir, las que, como «Triángulo Libertad» en tiempos del abuelo Lozano, sean anticipos de una logia perfectamente constituida— la herencia masónica gesticular y didáctica parece en Rodríguez Zapatero bastante evidente. La mayoría de los gran-

8. Sobre el Inteco, Instituto de las Tecnologías, aún sigue pendiente la resolución de una gran incógnita planteada por el Grupo Popular en el Senado: ¿por qué José Luis Rodríguez Zapatero se ha decantado por instalarlo en el polígono de la Lastra y no en los terrenos que cedían en el parque tecnológico al instituto el Ayuntamiento de León y la Junta de Castilla y León? Por la superficie del polígono de la Lastra ha pagado el Estado un total de 1,4 millones de euros y sin embargo por la parcela del parque tecnológico el Estado no hubiera tenido que desembolsar un solo euro. A este respecto, el alcalde de la ciudad y senador del Reino, Mario Amilivia, presentó en la Cámara Alta varias preguntas con el objeto de esclarecer el criterio del Gobierno en la compra de los terrenos. Resulta a todas luces incomprensible la decisión absolutamente personal del Presidente del Gobierno, que parece favorecer descaradamente los intereses pecuniarios de GELCO, el llamado en León «lobby del ladrillo», que agrupa a una treintena de constructores, la mayoría de ellos cercanos al Partido Socialista. El responsable de GELCO es Ignacio Tejera Montaño. Significativamente, esta agrupación de empresarios de la construcción posee una agencia de viajes y una línea aérea de bajo coste, Lagunair. La agencia organizó y pagó el viaje en mayo de 2006 de una serie de periodistas leoneses que acudieron a La Moncloa para almorzar y departir con Zapatero. Quizá les habló de su proyecto más querido, el proyecto de Ley de Memoria Histórica, que su Consejo de Ministros aprobó dos meses después.

des masones, nos referimos a los que jerárquicamente han ocupado una posición de relevancia en la Hermandad, por su puesto por encima del grado segundo, han dejado escritas páginas en las que se revela su concepto iluminado de la existencia, la absoluta seguridad que tienen de poseer la verdad. En un reportaje hagiográfico publicado en *El País* firmado por Juan José Millás, el Presidente del Gobierno confiesa al escritor que su máximo deseo es, cuando se retire, «dar algunas clases a los alumnos de Políticas, para decirles la verdad sobre este mundo» (sic). Nada menos.

La Verdad es uno de los tres principios fundamentales en los que se fundamenta la Masonería. Una Verdad que no admite debate, porque la Hermandad está convencida de que «las cosas son así». Este argumento está incluido en algunos de los discursos parlamentarios de Zapatero; en esos momentos en que él se cree un artista estelar y, abriendo los brazos, como si fuera a recitar el ite misa est, mira a los bancos de la derecha y dice moviendo afirmativamente la cabeza: «Las cosas, señor Rajoy, son así. O sea, que no admiten más debate».

Otros conceptos como la tolerancia, el respeto y el amor por la democracia, al punto de que él dice que su «lengua materna es la democracia», parecen asimismo recogidos del manual del perfecto masón. Para Zapatero todo lo que no es fraternidad, cariño hacia los pobres, afecto y filantropía, es detestable. Lo contrario, lo que precisamente imputa a sus adversarios, además, es antiguo, propio del capitalismo salvaje, de un localismo provinciano. Él se siente universal, llamado a la «dialéctica de la cosmovisión» (palabra esta típicamente masónica), y no como por ejemplo Mariano Rajoy, del que dice, con su gracejo habitual, que «parece recién salido de un casino de provincias».

Tiene José Luis Rodríguez Zapatero un elevado concepto de sí mismo hasta el punto de que se cree, y así lo reconoce públicamente, una buena persona, y ya se sabe, en la Masonería, según opina su gran maestre español José Carretero Doménech, en el cargo en 2006, «no entran las malas personas para hacerse buenas, entran las buenas personas para hacerse mejores». Además, Zapatero admite que el silencio es su gran aliado; él es la discreción misma. «Cuando algo no me gusta, me callo.» Es decir, que ejerce la prudencia y es dueño, como la Masonería, de sus silencios y sus secretos. A veces apenas amaga con una velada amenaza: «Alguna vez —explica— revelaré unos pocos secretos». En eso, a lo mejor, se distancia de los usos masónicos, que ya se sabe nunca apostarán por desvelar ni uno solo de sus secretos, tampoco ese de la palabra perdida, una cláusula de salvaguardia, porque la Masonería es actualmente una sociedad secreta, aunque, eso hay que reconocerlo, algo más relajada que en otros tiempos. A este respecto resulta curioso que en la sociedad de la información y la aldea global en la que vivimos, hasta la Masonería ha tenido que modernizarse en ciertos aspectos. Así, cualquier curioso puede acudir a Internet y comprobar cómo la Gran Logia de España tiene hasta su propia página web: www.gle.org e incluso una dirección electrónica: gsecretaria@gle.org, a la que se han dirigido los autores para conocer si realmente José Luis Rodríguez Zapatero y su padre Juan Rodríguez García-Lozano han pertenecido o pertenecen a la Hermandad. Claro está que tal búsqueda resultó infructuosa: nunca obtuvimos respuesta alguna.

Si la herencia masónica es clara por parte del abuelo, el capitán Lozano, por lo que se refiere a Juan Rodríguez García-Lozano, padre del Presidente del Gobierno, no existe constancia alguna de que pueda pertenecer a ninguna logia masónica, salvo su simpatía colaboradora con Sierra-Pambley. De hecho, aunque no figura como miembro del Patronato de la Fundación, ni como integrante activo en ninguno de los órganos funcionales que la componen, los autores del libro hemos confirmado en distintas fuentes que Juan Rodríguez García-Lozano, conocido como Juan Lozano en León, acude regularmente a los actos de la Fundación, y que con alguno de sus miembros más destacados mantiene reuniones habituales. Diversas fuentes leonesas afirman en todo caso que al padre de Rodríguez Zapatero no se le conoce ni una sola insinuación sobre la Masonería, ni siquiera se sabe que haya hablado de ella nunca en privado a su círculo de amigos de siempre, en las dos peñas a las que acude con asiduidad. Su discreción podría ser asimilable a la de que hacen gala en todo tiempo y lugar los hermanos masones.

La Fundación Sierra-Pambley está compuesta en su Patronato, entre otras, por las siguientes personas. Presidente: Joaquín López Contreras. Vicepresidenta: Elvira Ontañón, Institución libre de Enseñanza y el Colegio Estudio de Madrid. Patronos con cargo: Antonio Gamoneda (poeta), administrador; David López Valdueza (empresario imprenta Gráficas Celarayn), secretario. Patronos sin cargo: Salvador Gutiérrez (catedrático de la Universidad de León); Eloy del Potro (empresario jubilado); Graciliano Palomo (abogado), amigo personal de Zapatero, preside la Sociedad Estatal de Infraestructuras Agrarias (SEIASA); el pintor Eduardo Arroyo, quien, según él, estuvo exiliado en el franquismo en París y fue recuperado para la causa por el ex ministro de Cultura de Felipe González, Jorge Semprún, al que le debe casi todo (por cierto, sobre la condición de exiliado de Arroyo no existe la menor evidencia, el pintor fue un emigrante como tantos otros al que le interesa la aureola del exilio para triunfar una vez que el general se murió en la cama). Tal y como publicó el diario *Abc*, vendió sus cuadros al Reina Sofía por un valor mayor al de mercado. Y, asimismo, Isabel Azcárate, nieta de Gumersindo Azcárate, hija de Justino Azcárate (éste sí, exiliado republicano y senador que fue de UCD), ex mujer de Mariano Rubio, el que fue gobernador del Banco de España, que tuvo que dimitir por corrupción. Isabel Azcárate es la actual pareja de Eduardo Arroyo.

Por lo demás, en la relación de las 148 logias oficialmente en funcionamiento activo en 2006 en España, entre las que destacan por su número quince en Madrid, trece en Barcelona y siete curiosamente en la localidad alicantina de Javea, no se conoce ninguna en la capital de León, provincia, sin embargo, que como ya hemos dicho tuvo una larga tradición masónica, antes incluso de

© EFE

De izquierda a derecha, García Prieto, Clemente, López, Rodríguez Zapatero, Gamoneda y Mario Amilivia, alcalde de León, inaugurando la casa museo Sierra Pambley el 25 de julio de 2006.

comenzar el siglo XX. Sin embargo, en Valladolid, con la logia Hermes Amistad; en Palencia, con la logia Paz y Conocimiento; y en Gijón, con la logia Jovellanos, están abiertas actualmente tres sedes muy importantes de la Hermandad. En Gijón precisamente es donde en los tiempos infantiles y juveniles el Presidente del Gobierno veraneaba con el resto de su familia. Y allí, en la capital asturiana, es donde asistió José Luis Rodríguez Zapatero al primer mitin del Partido Socialista, mitin del que salió, según sus propias palabras, literalmente «enardecido».

Al fin y a la postre, a pesar de resultar absolutamente imposible de contrastar la posible filiación masónica del Presidente del Gobierno, lo cierto es que cuando Rodríguez Zapatero se interesó en la Biblioteca Azcárate por obras como *Las siete partidas* de Alfonso X el Sabio del año 1576, por el cuadro de *La Anunciación*, procedente de la localidad leonesa de Hospital de Órbigo, y recorrió la sala de los juegos, donde contempló la caja de juegos china y la baraja satírica, la sala de los niños, donde se aloja una vitrina de juguetes antiguos y la sala de música, donde se encuentra uno de los cinco pianos documentados hasta el momento de Vicente Ferrer, de la Fundación Sierra Pambley, muy pocos podían imaginar el enorme trasfondo íntimo y personal que aquella visita encerraba para el Presidente del Gobierno. Ni en aquella ocasión ni en ninguna otra, la Fundación ha reconocido que durante mucho tiempo fue sede de las tenidas masónicas celebradas por la logia Emilio Menénedez Pallarés número 15. Para Zapatero la Fundación representa el símbolo de todos los valores que él proclama y es el icono, incluso, de su propia personalidad política, aunque se hayan encargado de ocultarlo celosamente a la opinión pública.

Capítulo 3 Los curas no tienen nietos →

En el mismo centro de Valladolid, a espaldas de la Plaza de España, está situado el Santuario Nacional de la Gran Promesa, un edificio singular que no desmerece de ninguno de los que forman la poblada y muy rica paisajística monumental de la ciudad. El santuario se construyó en el siglo XVII y fue obra, sin que este extremo sea totalmente indudable, del arquitecto Francisco de Praves. Es una iglesia muy visitada por su contrastado valor artístico, pero no por un legado histórico hasta ahora sorprendentemente muy desconocido.

Apenas finalizada la Guerra Civil, el entonces obispo de Valladolid, monseñor García y García, conoció que en todas las diócesis españolas se preparaban relaciones completas de las personas muertas antes y después de la contienda en el bando nacional. Pidió entonces el obispo a sus colegas españoles cada una de las relaciones provinciales y, una a una, encofradas en álbumes prácticamente idénticos, fueron llegando según testimonio del propio obispo «y depositando (sic) en preciosas urnas de mármol y bronce».

Al parecer, Franco se interesó directamente por esta peculiar colección, y en carta enviada al titular episcopal de Valladolid, le felicitó «por todo lo que ha realizado» y le ofreció «su cooperación personal». El obispo García desmontó en poco tiempo la parroquia de San Esteban y el 20 de junio de 1941 inauguró oficialmente, con mensaje del papa Pío XII incluido, el Santuario Nacional de la Gran Promesa.

Desde entonces, allí, en una alacena, muy cerca del altar mayor, hay recopilados vistosísimos álbumes que encierran una documentación exhaustiva sobre todas las personas que murieron en el curso de la Guerra Civil o que fueron asesinadas en la llamada retaguardia por miembros del bando republicano. Sólo, quede claro, del bando republicano. Los últimos álbumes que llegaron fueron dos, el primero de ellos muy curioso: el 28 de junio de 1948 llegó un tomo con los nombres y apellidos de los ciento setenta y nueve periodistas del bando nacional muertos en la guerra: ciento cincuenta y nueve asesinados (entre ellos el fundador de las Juntas de Ofensiva Nacionalsindicalistas, JONS, Onésimo Redondo) y veinte fallecidos en combate.

	58 PERIODISTAS	Asesinados	Muertos en el frente	Sumas	Notas
1.	**Albacete**			3	
	Diario de Albacete	2			
	El Defensor de Albacete	1			
2.	**Alicante**			2	
	El Día	2			
3.	**Almería**			3	
	Heraldo de Almería	1			
	La Independencia	1			
	La Voz	1			
4.	**Badajoz**			1	
	Hoy	1			

5. **Baleares**			4	
El Bien Público Mahón	3			
El Iris Ciudadela	1			
6. **Barcelona**			10	
El Correo Catalán	3			
Diario de Barcelona	1			
Diario de Comercio	2			
Agencia Fabra		1		
Pensament Mariá	1			
Las Noticias		1		
El Popular	1			
7. **Castellón**			2	
Diario de Castellón	2			
8. **Ciudad Real**			5	
El Pueblo Manchego	4			
Vida Nueva	1			
9. **La Coruña**			2	
El Ideal Gallego		1		
La Voz de Galicia		1		Acto de servicio 1946
10. **Cuenca**			4	
El Defensor de Cuenca	4			
11. **Gerona**			1	
El Diario de Gerona	1			
12. **Granada**			1	
El Corregidor Guadix	1			
13. **Guadalajara**			7	
Flores y Abejas	2			
La Palanca	4	1		
14. **Guipúzcoa**			4	
La Constancia	1			
El Diario Vasco	2			
La Noticia	1			
15. **Huelva**			1	
Odiel		1		
16. **Huesca**			1	
El Cruzado Barbastro	1			
17. **Jaén**			12	
La Mañana	4			
Nuevas	1			
La Provincia Úbeda	4			
El Pueblo Católico	3			

18. Lérida			5	
El Correo	3			
Diario de Lérida	2			
19. Madrid			57	
ABC	17			
Arriba	1	1		División Azul
El Debate	17	1		
Logos	2	1		
Ya	1	1		
El Financiero	1			
Informaciones	5			
La Nación	4			
Nuevo Mundo	1			
El Siglo Futuro	1			
El Universo	1			
Asociación de la Prensa	2			
20. Málaga			6	
El Cronista	2			
Diario de Málaga	1			
La Unión Mercantil	2			
Vida Gráfica		1		
21. Murcia			9	
Cartagena Nueva	3			
Faro de la Juventud	1			
El Noticiero de Cartagena	3			
La Verdad	2			
22. Oviedo			7	
El Comercio Gijón	1			
La Nueva España		2		
El Progreso de Asturias Avilés	1			
Región	2			
La Voz de Avilés	1			
23. Sevilla			3	Uno en Rusia
Fe		3		
24. Tarragona			17	
Avui Reus	5			
Correo de Tortosa	2			
La Cruz	4			
Juventud Valls	1			
Semanario Católico Reus	2			
La Tarde	1			
La Veu de Tarragona	2			

25. Teruel			3	
Lucha		3		
26. Toledo			2	
El Castellano	2			
27. Valencia			3	
El Diario de Valencia	1			
Las Provincias	2			
28. Valladolid			2	
Libertad		1		Onésimo Redondo
El Norte de Castilla	1			F. Santander y Ruiz-Jiménez
29. Zamora			1	
Heraldo de Zamora	1			
30. Tetuán			1	
Gaceta de África		1		
TOTALES	**159**	**20**	**179**	**Son 180**

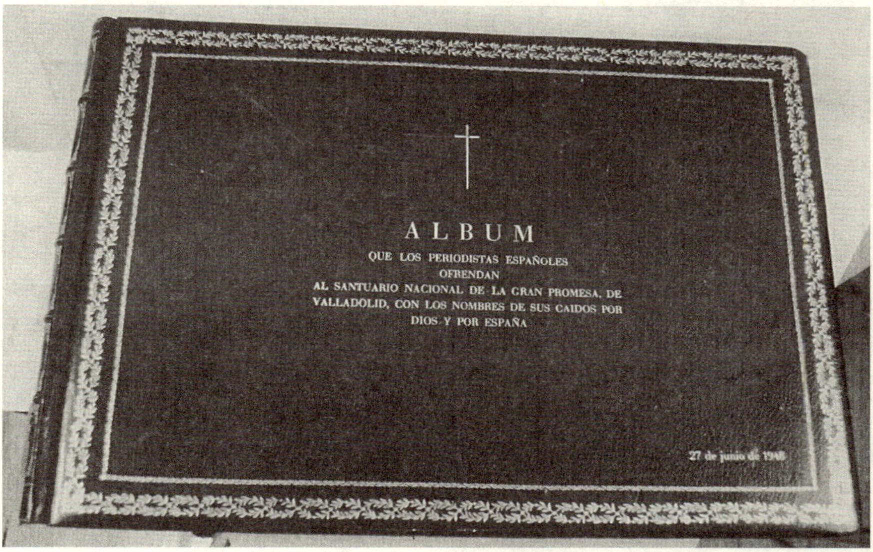

Álbum en el que aparecen, con nombres y apellidos, todos los periodistas del bando nacional muertos en la Guerra Civil.

En 1950, por otra parte, se trasladaron al santuario los álbumes de todos los religiosos asesinados en España.

Las cifras terminantes son éstas: obispos y sacerdotes, 4.106; seminaristas, 244. Total, 4.352. Religiosos de todas las órdenes, 2.289; religiosas, 225. Es decir, que según lo recogido en el santuario, la cifra final, contrastada y por primera vez hecha pública, de miembros del clero muertos en combate o asesinados es ésta: 6.866.

Todo el resto de la documentación está rigurosamente ordenada por provincias (el álbum de León aparece en la posición número veintiséis), e incluso, en algunos casos, por los pueblos de cada de esas demarcaciones provinciales. Por ejemplo, Vizcaya. Y dentro de Vizcaya, curiosamente, Guernica y Luno. Allí fueron asesinados Pedro Ondorica Zugazaga y Andrés Asla, y cayeron en combate otras

Álbum de todas las víctimas de la provincia de León.

Muestra de una de las páginas de la provincia de León.

trece personas, un dato quizá interesante, ya que, nuevamente, los bombardeos sobre Guernica parecen uno de los episodios sobre los que, con mayor nitidez, se ha montado la propuesta de rescate de la Memoria Histórica. En Guernica, como en tantos otros lugares de España, los muertos cayeron en los dos bandos.

En la alacena de la Gran Promesa sólo faltan los tomos correspondientes a cuatro provincias: Ávila, Palencia, Valladolid y Santander, un detalle importante este por lo que luego contaremos.

Un grupo de siete estudiosos, entre los que no faltan algún militar (uno de ellos, el general Esquivias, que salió «sólo» herido tras un atentado de ETA el 7 de mayo de 1981), un empresario norteño, José Antonio Argos, principal promotor de la iniciativa y un historiador reputado, llevan años trabajando sobre este enorme material. Su objetivo es uno: determinar sin posibilidad grande de error cuántas personas murieron entonces, en el frente de batalla o en la retaguardia. Al cabo del tiempo, ya han logrado una gran aproximación a la realidad con una documentación hasta ahora inédita. Según la relación incluida en los citados álbumes, se trata de 119.960 los españoles, digamos genéricamente de derechas, que o fueron asesinados de una u otra forma (el ingenio nacional a la hora de cometer toda clase de crímenes es inagotable) o murieron en el curso de la contienda. Los estudiosos, y más concretamente José Antonio Argos, autor de una ponencia al respecto presentada en el II Congreso Internacional sobre la República y la Guerra Civil, organizado setenta años después de la guerra por el Centro de Estudios Universitarios de Madrid, reconocen, sin embargo, que esta cifra puede haberse quedado corta porque en ella no están insertas las víctimas pertenecientes a las cuatro provincias mencionadas. Esto explica que haya una diferencia de 2.197 personas respecto a las muy fiables (se habla de ellas como las más completas hasta ahora publicadas) que presentó en 1999 y en su libro *Salvar la memoria* (el título no puede ser más adecuado al momento) el sacerdote barcelonés Ángel David Martín Rubio. Este clérigo fija en 122.157 los españoles pertenecientes al bando nacional o muertos en campaña o asesinados, número ligeramente inferior (132.000) al que en su momento estimó el enorme historiador militar (autor, entre otros libros, de la monumental obra *El Ejército Popular de la República*) Ramón Salas Larrazábal, teniente general del Ejército español. En los álbumes están —repetimos— todas las víctimas perfectamente identificadas.

Con todos estos álbumes, sesenta y tres, del Santuario Nacional de la Gran Promesa, el grupo mencionado de investigadores ha construido un cuadro muy sugestivo, un cuadro en el que se anotan todos los muertos nacionales provincia a provincia. Hay que anotar que en este cuadro sí se incluyen las víctimas de las cuatro provincias que no aparecen en la citada relación del santuario. Estos datos corresponden a los trabajos del deán de la catedral de Valladolid y rector del santuario, Emilio Álvarez Gallego, quizá el experto que conoce más a fondo los datos del santuario. Estos investigadores denominan por tanto «lista del santuario» al cuadro que a continuación reproducimos:

RELACIÓN DE LOS NACIONALES MUERTOS EN LA GUERRA CIVIL, CLASIFICADOS POR PROVINCIAS					
1.	Álava	1.196	26.	León	1.157
2.	Albacete	914	27.	Lérida	330
3.	Alicante	982	28.	Logroño	1.088
4.	Almería	688	29.	Lugo	3.581
5.	Asturias	3.358	30.	Madrid	11.756
6.	Ávila	1.647	31.	Málaga	3.175
7.	Badajoz	3.008	32.	Murcia	952
8.	Baleares	1.113	33.	Navarra	4.479
9.	Barcelona	3.114	34.	Orense	2.748
10.	Bilbao	1.912	35.	Palencia	1.713
11.	Burgos	2.843	36.	Palmas, Las	862
12.	Cáceres	3.097	37.	Pontevedra	3.607
13.	Cádiz	1.348	38.	Salamanca	2.488
14.	Castellón	4.240	39.	Santa Cruz de Tenerife	1.823
15.	Ciudad Real	1.984	40.	Santander	1.608
16.	Córdoba	3.657	41.	Segovia	1.185
17.	Coruña	4.342	42.	Sevilla	3.006
18.	Cuenca	838	43.	Soria	1.491
19.	Gerona	1.219	44.	Tarragona	1.475
20.	Guadalajara	1.760	45.	Teruel	2.856
21.	Guipúzcoa	1.913	46.	Toledo	3.470
22.	Granada	975	47.	Valencia	3.309
23.	Huelva	256	48.	Valladolid	1.624
24.	Huesca	1.797	49.	Zamora	1.860
25.	Jaén	2.284	50.	Zaragoza	964
	Suma parcial	50.485		Suma total	113.092
	Obispos y sacerdotes	4.352		Religiosos y religiosas	2.519

Hace muy pocos años, por otra parte, el profesor Santos Juliá dirigió un libro titulado *Víctimas de la Guerra Civil*, en el que un grupo de notables especialistas (Julián Casanova, Josep Maria Solé i Sabaté, Joan Villarroya y Francisco Moreno) realizaron un trabajo sobre «la gran tragedia humana que se desarrolló tanto en una como en otra zona». El libro, no obstante, transpiraba una cierta tendenciosidad. No hay más que transcribir los titulares de cada uno de sus grandes capítulos para asentar esta impresión: «De guerra contra el invasor a guerra fratricida» (Santos Juliá); «Rebelión y revolución» (Julián Casanova); «La represión de los huidos y la guerrilla en la zona sublevada» (Solé i Sabaté y Joan Villarroya); y «La represión en la posguerra» (Francisco Moreno).

Al final de cada uno de los epígrafes, los autores publican un cuadro similar, por no decir idéntico, al que hemos reproducido más arriba. El cuadro es el siguiente:

Provincia investigada de manera completa	**Represión franquista (guerra y posguerra)**	**Historiadores**
ALICANTE	742	M. Ors Montenegro / V. Gabarda
ALMERÍA	373	R. Quirosa
ASTURIAS	5.952	Asociación de Viudas / J. R. Muñoz R. García Piñeiro / M.ª E. Ortega Valcárcel
BARCELONA	1.716	J. M.ª Solé i Sabaté / J. Villarroya
CÁCERES	1.680	J. Chaves Palacios
CASTELLÓN	1.052	V. Gabarda
CÓRDOBA	9.579	F. Moreno Gómez
GIRONA	519	J. M.ª Solé i Sabaté / J. Villarroya
GRANADA	5.048[1]	R. Gil Bracero
HUELVA	5.455	F. Espinosa Maestre
HUESCA	1.519	J. Casanova / Á Cenarro / J. Cifuentes / P. Salomón
LA RIOJA	2.000	A. Hernández García
LAS PALMAS	1.000	J. L. Morales / M. Torres / Obispo Pildain y Zapiain
LLEIDA	452[2]	J. M.ª Solé i Sabaté / J. Villarroya
MÁLAGA	7.000[3]	A. Nadal Sánchez
NAVARRA	2.789	Altaffaylla Kultur Taldea
SEGOVIA	356	Santiago Vega
SEVILLA	8.000[4]	F. Espinosa / Juan Ortiz / N. Salas
SORIA	281	G. Herrero / A. Hernández
TARRAGONA	703	J. M.ª Solé i Sabaté / J. Villarroya
TENERIFE	1.600	M. A. Cabera Acosta / R. García Luis / R. Rivas García
TERUEL	1.340	J. Casanova / J. Cifuentes / P. Salomón / Á. Cenarro
TOLEDO	3.755	J. M. Sabín Rodríguez
VALENCIA	3.128	V. Gabarda
ZARAGOZA	6.029[5]	J. Casanova / Á. Cenarro / J. Cifuentes / P. Maluenda / P. Salomón
TOTAL	71.710 (+817) (25 provincias) = 72.883	

1. Estimados:12.354.
2. Solé añade 300 fusilados *in situ* durante la ocupación de Lleida.
3. 2.537, sólo en la capital, y sólo de 17-2-1937 hasta 1940.
4. 3.028 sólo en la capital, hasta enero de 1937.
5. Luis Germán añade 517 en Libro Cementerio.

Como se ve, es notable el contraste entre uno y otro. Los autores del segundo no explican si en las cifras de la represión se incluyen las víctimas de campaña, aunque lo más posible es que no sea así, dado que al final Santos Juliá y su grupo de colaboradores afirman que los muertos republicanos (para entendernos en el lenguaje habitualmente coloquial) siempre fueron más numerosos que los nacionales. En su momento, Salas Larrazábal, al que siempre se le ha reconocido una extraordinaria honradez intelectual y por tanto histórica, apreció los siguientes datos: 60.500 víctimas del Ejército Republicano muertas en campaña y 35.000 en la represión de la retaguardia. Total: 95.500.

Por su parte, el historiador británico Paul Preston reconoce que «el recuento de muertos es complicado». Pese a ello, Preston no tiene el menor empacho en calificar de «holocausto» la represión ejercida por el franquismo. Preston, que en julio del 2004 pronunció en los Cursos de Verano de San Lorenzo de El Escorial una conferencia titulada muy sugestivamente: «Franco: la venganza del justiciero», afirmó entonces cosas como ésta: «El instinto vengativo de Franco se concentró en exterminar al adversario político; eso explica que los crímenes políticos de Franco fueran muy superiores a los del nazismo». Ni más, ni menos. Es decir, un historiador que admite su incapacidad para fijar el número de muertos en campaña y asesinados en la retaguardia se atreve, no obstante, a precisar que los «crímenes políticos» de Franco fueron superiores a los perpetrados por el III Reich. ¿Cómo lo hace? Sencillo: urdiendo una enorme trampa que consiste en distinguir entre crímenes políticos y raciales. En estos últimos sí, la superioridad de Hitler sobre Franco —dice Preston— es indudable.

En la obra coordinada por Santos Juliá, no se incluyen los datos proporcionados actualmente por el Foro de la Memoria Histórica, una entidad muy activa en Internet que, por su cuenta y riesgo y sin una fiabilidad contrastada, lleva meses recogiendo, uno por uno, una relación de personas presuntamente represaliadas por el franquismo. El número en el caso concreto de la provincia de León varía con enorme frecuencia hasta el punto de que se queda «viejo» de un mes para otro. Ahora mismo, la aproximación que se puede hacer es, para el Foro, de unas mil víctimas. Más o menos. Cifra más o menos cierta, cifra más o menos contrastada, pero que, según otras fuentes, resulta realmente muy exagerada. Martín Rubio, sin ir más lejos, asegura que esta represión puede estimarse entre las veintitrés mil y treinta mil personas. No más. Una cifra, como se ve, que no se concuerda con las que está difundiendo por la Red el Foro, porque si únicamente en la provincia de León, para este Foro, hay catalogadas aproximadamente mil víctimas, ¿cuántas pueden sumar todas las de España?

Martín Rubio las suma y sus estimaciones por ahora —nadie ha sido capaz de contradecirlas— parecen definitivas: entre uno y otro bando, la cifra de muertos por represión y en campaña en la Guerra Civil fue ésta: 233.635 personas.

Éstas son las cifras, éstos son los datos. A partir de aquí pueden hacerse interpretaciones varias y, desde luego, lecturas localistas más o menos finas. En el libro muy citado de Santos Juliá se incluye un epígrafe dedicado a la «Represión y guerrilla en León» en el que se escribe lo siguiente:

> El campo de concentración de San Marcos (*en el que, como hemos escrito, estuvo el abuelo de Zapatero*), una antigua hospedería (*no, era un hospital*), joya indiscutible del plateresco, albergaba por esas fechas ocho mil presos (*la cifra que hemos ofrecido en este libro y que procede de supervivientes, es notablemente inferior*) (...) Los campos de concentración leoneses eran considerados los peores de España. En el de San Marcos se registraron en tres meses ochocientos fallecimientos... Muchos de los muertos fusilados se publicaron en la Prensa (*caso de Juan Rodríguez Lozano*). Los fusilamientos se llevaban a cabo en el Polígono de Puente Castro... Desde finales de 1937 hasta abril de 1939, los enfrentamientos entre los huidos y fuer-

zas encargadas de reprimirlos fueron constantes... Varios sacerdotes de la Diócesis de Astorga fueron ejecutados, probablemente por su colaboración activa con las autoridades.

El historiador Javier Rodríguez, autor del libro *León bajo la dictadura franquista: 1936-1951*, escribe a este respecto lo siguiente: «Las deficiencias de control de los centros operativos explican en gran parte el carácter de la represión (republicana), que afectó a personas que apoyaban la sublevación, siendo el clero una de las grandes perjudicadas». En realidad, esas particulares «deficiencias de control» son una fórmula eufemística que el autor utiliza para disimular no ya la anarquía que existió en el aparato militar del bando, digamos, «rojo», sino la escasa voluntad que tuvieron los mandos para impedir las represalias, las sacas y, en todo caso, los asesinatos.

Rodríguez reconoce, por lo demás, que el clero fue «uno de los grandes perjudicados». Poco más o menos como Juliá y sus colaboradores. Hay que presumir que, naturalmente, la imputación de los autores («fueron ejecutados probablemente...») no sea un acto justificatorio de la muerte de alguno de los dieciséis sacerdotes y siete seminaristas pertenecientes precisamente a la diócesis de Astorga y que fueron asesinados. Hay que, por lo menos, presumirlo; lo demás sería algo más que una alteración de la historia: sería una complacencia pasiva con los crímenes. Los «varios» fueron realmente veintitrés. Alguno de ellos —es el caso del cura Ignacio Gutiérrez Díez— puede traer al Presidente del Gobierno actual un cierto recuerdo personal, porque este sacerdote fue asesinado sólo unos días de agosto después de que el abuelo Juan fuera ejecutado en León y porque, además, el padre Gutiérrez murió en Vegacervera, un paraje que, según la hagiografía alpina de la familia Rodríguez, era el lugar preferido para las frecuentes excursiones montañeras del padre y de los dos hijos Rodríguez. Otros curas igualmente muertos a manos de diferentes grupos del bando republicano fueron, entre otros, los canónigos de la catedral de León

Corral Urtueta y Amaro Rodríguez. Y los presbíteros Miguel Garde Serrano, Ricardo Barredo, José Rodríguez Borregón, Ovidio González Bandera, Constantino Bayón, Francisco Galiante, Ignacio Gutiérrez Díez, José Álvarez Álvarez, Constancio Villalba, Ángel Alvarado y Manuel González Álvarez. Con toda seguridad que alguno de los parientes de estos sacerdotes, al fin y al cabo paisanos de ejercicio, ya que no de nacimiento, de Zapatero, podrían agradecer ahora alguna consideración como la que, por fin, el abuelo Juan tendrá gracias a la Ley de Memoria Histórica. Todos ellos murieron, como el abuelo Juan, por una causa en la que creían; alguno, además, en condiciones de tortura aún peores que las del antepasado del Presidente. Es el caso, sin ir más lejos, de uno de ellos, al que se considera eclesialmente «mártir», que murió en Santander a manos de un comisario célebre por su extremada crueldad que asesinó al sacerdote después de inferirle toda serie de vejaciones. Éste es el relato de un superviviente de aquella fiera que vivió en las cercanías aquel crimen:

> La actitud del padre desconcertó hasta tal punto al comisario, que llegó éste a amenazarlo. «De hoy no pasa usted. A mañana no llega». Y añadió una blasfemia. El padre, con un acento que se metía en el alma, le recriminó y la ira del comisario llegó a tal punto que después de abofetearlo e insultarlo y darle patadas allí donde podía, le dijo: "Usted no se me escapa; voy a hacer un escarmiento por su insolencia". Después fue bárbaramente martirizado (*eso lo describe con pelos y señales el* Diario de Palencia). Entre risotadas y escarnios le cosieron la boca para que no gritara y fue arrojado al mar.»

Uno de los apoyos que ha tenido el Gobierno del PSOE para reeditar la susodicha memoria histórica ha sido, curiosamente, el ex secretario general del Partido Comunista de España, Santiago Carrillo. Carrillo, que durante la Transición mantuvo la tesis del olvido o, por lo menos, como él mismo se apresuraba a señalar, la de «no desenterrar ninguno de los muertos de aquella tragedia» (*Diario 16*), sustenta ahora la tesis contraria, hasta el punto de que anima constantemente a Zapatero, al que considera «correligionario» —porque «en las últimas elecciones voté al PSOE»—, a que, de una vez por todas, «haga justicia y repare los desmanes del franquismo». Pero Carrillo, como está suficientemente demostrado, no es el personaje más adecuado para reclamar venganza, a no ser que se exponga a sufrir en sus carnes similar tratamiento. En el libro de Félix Schlayer (*Un diplomático en el Madrid rojo*), el cónsul de Noruega en Madrid durante la guerra, cuenta, de forma ya incontrovertible, las sacas de Paracuellos, pero existe otro libro ahora prácticamente descatalogado: *La persecución religiosa en España*, del que fue autor Antonio Montero Moreno, que dedica su capítulo decimocuarto a los tremendos sucesos de Paracuellos. Narra el libro que un sepulturero reclutado entre los «fascistas» de los pueblos cercanos conoció un documento suscrito por el compañero de Carrillo, Serrano Poncela, en el que se reconoce que había mentido en cuanto al número de ejecutados en sólo dos horas del día 28 de noviembre; habló únicamente de dieciséis víctimas, pero fueron cuarenta y seis los sacerdotes que fueron acribillados en las fosas tercera y cuarta del término municipal madrileño de Paracuellos. La fosa cuarta medía ciento sesenta metros de longitud por cuatro de anchura. ¿Cuántos cuerpos fueron sepultados en ella?

El historiador que con más precisión se ha acercado a determinar el número total de las víctimas de Paracuellos ha sido el general Casas de la Vega, antiguo director de la Academia de Caballería y un perito meticuloso que, ahora mismo, tiene clasificados, también provincia por provincia, los muertos nacionales de la guerra. Y no sólo los tiene clasificados, sino que hace una distinción inédita en todas las demarcaciones, entre los que fueron asesinados en la retaguardia y los que fallecieron en combate. Pues bien, Casas de la Vega ha estimado que en Paracuellos fueron enterrados cerca de ocho mil personas sacadas todas de diferentes cárceles habilitadas en Madrid. La cifra, no obstante, es controvertida: José Manuel de Ezpeleta, historiador y vicepresidente de la Asociación de Víctimas de Paracuellos, aminora los datos del general Casas. En el número de agosto de 2006 de la revista *Razón y Fe* afirma textualmente: «En la actualidad yo no paso de los 4.150 fusilados», pero a continuación añade: «Con toda seguridad esta cifra es mayor a la mencionada, aunque de momento, y pienso que así será, nunca se sabrá el número real de fusilados en Paracuellos».

¿Querrán Carrillo y Zapatero que se reabran también estas fosas con los restos de estos miles de fusilados? Otros ya han respondido en otra dirección muy diferente por ellos dos.

La Asociación para la Recuperación de la Memoria Histórica está promoviendo una investigación, a su juicio enormemente rigurosa, que le ha llevado a afirmar que en España «hay al menos setecientas fosas comunes». Es de suponer, dado el cariz ideológico de la citada asociación, que entre estas setecientas fosas no se cuenten, por ejemplo, las citadas de Paracuellos; ésas no interesan a los muy ajustados investigadores.

En la guerra todo fue un dislate. No hay forma de hacer distinciones cualitativas, según pretende la iniciativa gubernamental de Zapatero, entre la crueldad de uno u otro bando. En otro capítulo hemos relatado los padecimientos que los presos de San Marcos sufrieron en su cautiverio. Muchos de ellos —entre ellos el abuelo de Zapatero— salieron de allí para ser ejecutados, «pasados por las armas», se escribe en la pequeña reseña publicada en *El Diario de León* del día 18 de agosto de 1936: «Condenados a la pena de muerte por los tribunales militares, esta mañana fueron ejecutados: don Alfredo Barthe (Delegado de Trabajo), el capitán de Infantería señor Lozano, el capitán retirado don Timoteo Bernardo, el joven Domingo Fernández y el inspector señor Álvarez». Los fusilamientos siempre entrañan la ejecución de un acto cruel en sí mismo, de eso no puede caber la menor duda: las torturas que terminan en muerte encierran aún mayor ferocidad, un más sofisticado salvajismo. De ello tampoco cabe la menor duda. Dudas, y muchas, existen, sin embargo, a la hora de cuantificar el número de víctimas que el franquismo causó en León apenas tomada la capital y, posteriormente, la provincia. Otro historiador, Secundido Serrano, fija en 1.018 los muertos acreditados en el cementerio municipal de León, pero el mencionado Santos Juliá en su libro conjunto no aporta dato alguno de esta provincia. Hay que pensar, por tanto, que no hay ninguna estimación mejor que la de Serrano.

Líneas más arriba, por lo demás, hemos destacado el hecho lamentable de que en el santuario vallisoletano de la Gran Promesa no se encuentren ya los álbumes correspondientes a cuatro provincias de la antigua Castilla La Vieja. Uno de ellos es el de Ávila, ciudad donde vivía hasta 1936 el guardia civil Gregorio Díaz, abuelo materno de la esposa del actual Presidente del Gobierno español, Sonsoles Espinosa. «El otro abuelo de la Moncloa» (así le llamaba el diario *El Mundo* en un reportaje publicado en marzo de 2005) falleció accidentalmente cuando a un compañero de la Benemérita se le disparó un fusil mientras limpiaba el arma. En Ávila —recuérdese— la Guardia Civil recibió de los alzados franquistas una encomienda muy concreta: incautar a toda prisa las armas y explosivos que, previsiblemente, pudieran ponerse a favor de los republicanos. En esa labor estaba el guardia Díaz cuando desgraciadamente recibió un tiro mortal. Díaz se había sublevado bajo el mando de su teniente coronel Almonera, cuya primera decisión fue desobedecer fehacientemente las órdenes llevadas a la capital por un diputado socialista singularmente sectario y también insensible: Felipe García Muro, que quería armar al pueblo. Precisamente por culpa de uno de esos fusiles que no llegaron a los paisanos abulenses murió Gregorio Díaz. Sobre él se han contado muchas fantasías: la principal, que fue asesinado por los «rojos»; no es cierto: Díaz murió por accidente.

Como no existe el tomo citado de Ávila en el santuario de la Gran Promesa, no podemos saber si en la lista de las 1.647 personas que, según Emilio Álvarez, cayeron víctimas de miembros del bando republicano figura Díaz. Lo más probable es que sí, pero el dato, que hubiera tenido gran relevancia, permanece incógnito.

Sí podemos aportar la relación completa de los religiosos, incluidos seminaristas, que murieron en Astorga y León, dos diócesis diferentes, en los años en que duró la Guerra Civil. Unos fueron asesinados y otros fallecieron en la propia campaña. En la diócesis de Astorga están perfectamente catalogados dieciséis sacerdotes y siete seminaristas; en la de León, trece sacerdotes y siete seminaristas. A esta última relación hay que añadir los catorce curas que fueron ejecutados por el bando republicano fuera de León. Por primera vez, se publica el número total de estas víctimas y asimismo la que se recoge en el álbum dedicado a la provincia de León: 1.157 personas que fueron sacrificadas por su pertenencia a las fuerzas o la ideología que encarnaba el franquismo. León, si observamos con algún detenimiento el primero de los cuadros que insertamos en este capítulo, no fue de las provincias con mayor número de caídos, por usar, también en este epígrafe, una terminología perfectamente comprensible para todos. Como se verá, fue naturalmente Madrid, con 11.756 víctimas, la provincia con mayor número de damnificados, seguida de Navarra, con 4.479 muertos y, sorprendentemente, Castellón, que contribuyó a la lista general con nada menos que 4.240 personas muertas. Por lo que se refiere al cómputo general de las víctimas de la persecución religiosa en toda España, existe una pequeña disparidad entre los datos extraídos de los álbumes del Santuario Nacional de la Gran Promesa, 6.871 víctimas, y los que en su momento aportó Antonio Montero: 6.832. Datos contrastados en uno y otro caso.

Los cincuenta y cuatro religiosos de León han tenido, hasta la fecha, muy diverso tratamiento. En algunos casos, pocos, sus nombres y apellidos han figurado durante años, decenios incluso, en la tétrica relación que, tras la victoria de Franco, se colocó en las fachadas de las iglesias. Otros, sin embargo, ni siquiera tuvieron ese consuelo póstumo. Como caso curioso, anecdótico y un tanto chusco, el premio Nobel de Literatura, Camilo José Cela, narraba la suerte, mala suerte habría que decir, que corrió un pariente suyo no muy lejano que ejerció la clerecía en un pueblo leonés norteño. Uno de los autores de este libro le escuchó a Cela, de viva voz, el siguiente relato:

«Mi primo fue perseguido por una cuadrilla de rojos exaltados hasta el campanario de su iglesia. Desde allí fue lanzado al suelo, de modo que cuando los persecutores bajaron le encontraron no muerto pero sí en franca agonía. Uno de ellos le conminó:

—Abjura de tu fe —le dijo.

El pobre cura levantó lo que pudo la sanguinolenta cabeza y le respondió:

—¿Sabes lo que te digo? Pues que no me sale de los cojones».

No hay constancia de que el feraz ingenio de Cela llegara al punto de inventarse esta historia.

León, a pesar de que fue tomada por el Ejército nacional en fecha muy temprana, sufrió la enorme enemiga de unos y de otros. Nadie, como en ninguna otra parte de España, puede declararse inocente de aquella barbarie, ferocidad que, por lo demás, no afectó solamente a las personas físicas, sino también a centros relacionados, de una u otra forma, con los bandos contendientes. Ahora que la Masonería ha pedido —lo reclama urgentemente y es de suponer que también para la leonesa logia Menéndez Pallarés a la que perteneció Juan Rodríguez Lozano— la reposición de todos los bienes que le fueron incautados por el franquismo, debe recordarse la ira con que fueron tratadas las posesiones de la Iglesia católica. En la provincia de León sucedió lo siguiente: fueron totalmente arrasadas, destruidas, cinco iglesias; parcialmente atacados, saqueados y profanados ciento treinta dos templos de culto; el ajuar litúrgico, muchas veces de un indudable valor artístico y religioso, fue deshecho en ciento cuarenta y tres iglesias. En resumen, un dramático expolio al que ahora, al parecer, no es correcto referirse; desde luego, no figura entre las preocupaciones de la iniciativa legal planteada por el Gobierno de Zapatero. La Iglesia católica no ha tenido la misma suerte que los partidos políticos que, desde que se instauró la democracia, han recibido en restitución y compensación de los males causados un total de 27.839.134 millones de euros, bien por acuerdos de diversos Consejos de Ministros, bien por resoluciones jurisdiccionales varias. Los sindicatos, UGT y CNT, por su lado y por los mismos conceptos, se han beneficiado con un total de 26.396.451 millones de euros. Bien es cierto que la UGT (24.905.941 millones de euros) supera con creces a la CNT (1.490.510 millones de euros) en este generoso regalo.

Algunos sacerdotes de León fueron asesinados en circunstancias —según hemos visto— mucho menos cómicas que las del pariente de nuestro premio Nobel de Literatura. Ahora, el propio Presidente del Gobierno es el adalid de la denuncia de la represión franquista. Nadie se atreverá a restarle importancia, pero nadie, asimismo es de esperar, debería condenar al silencio a los familiares de las víctimas que aquí estamos reseñando, como si ellas, como en la célebre y clásica información de *Abc,* «fueran afortunadamente muertos de tercera». Los familiares de aquellas víctimas empiezan, desde luego, a no resignarse. Es el caso, por ejemplo, de los descendientes de los cinco integrantes de la familia Fernández Cabrera López de la Torre, asesinados, según rezaba en su momento una esquela funeraria en el diario *El Mundo*, sólo tres días antes, el 15 de agosto, de que fuera ejecutado en León el abuelo Juan Rodríguez Lozano. Cinco miembros de esa familia aparecieron en una esquela que terminaba con esta petición: «Su familia ruega una oración para que intercedan ante Dios nuestro señor por España y por todos los españoles». Esquelas como éstas se vienen publicando diariamente, ello indica que los deudos de las víctimas están dispuestos a replicar con su propia memoria a Zapatero. Esta consideración debería hacer reflexionar al Presidente del Gobierno.

Es curioso: casi todas las familias de los citados no habían insertado en publicación alguna una esquela recordatoria así en muchos, muchísimos años. Ahora, según parece, la iniciativa de Zapatero les ha hecho reaccionar; a ellos y a otros muchos sucesores de víctimas del «otro lado», que no habían creído oportuno hasta ahora despertar ningún recuerdo, aunque se tratara de la tremenda rememoración de un quíntuple asesinato acaecido hace nada menos que setenta años.

Y es que en España, excepto Zapatero, que siempre ha manifestado que tiene una deuda pendiente con su propio abuelo, no existía, ni siquiera existe en este momento, ni mucho menos, un clamor generalizado, sobre el particular. Las tres encuestas que se han realizado hasta la fecha son de índole privada: una la publicó *El Mundo*, otra *El País* y una tercera el diario digital *El Confidencial*. Pues bien, en esta última el 71 por ciento de los consultados opinaba que no se debe rendir tributo particularizado a aquellas víctimas del bando republicano. Sólo el 15 por ciento se manifestaba en sentido contrario. La realizada por el Instituto Opina para el diario del Grupo Prisa deparaba un dato, sin embargo, esencialmente diferente, ya que, según este instituto, el 64 por ciento de la población pedía que se investigara la Guerra Civil y que, en consecuencia, se rehabilitara a las víctimas.

Por lo demás, se viene insistiendo muy recientemente en que los muertos del bando nacional ya tuvieron en el franquismo su reconocimiento. Hace escasos meses lo escribía el aún secretario general del Partido Comunista de España, Francisco Frutos, para quien «no todos los muertos son iguales». Efectivamente, no parecen serlo: entre los cincuenta y cuatro religiosos muertos o asesinados en León por el mero hecho de ser miembros de la Iglesia, algunos de ellos están declarados oficialmente mártires y canonizados o en proceso de canonización. Naturalmente, no dejaron descendientes, no tuvieron nietos que tantos años después se dediquen a revitalizar la memoria de sus abuelos y a confrontarla con la de otros desaparecidos. En León, tampoco aquellos curas tuvieron nietos y para la izquierda que se erige setenta años después en justiciera, sencillamente, son ignorados y despreciados.

Hugh Thomas, que en los años postreros del franquismo fue considerado un icono del progresismo histórico por su libro sobre la Guerra Civil, y que ahora despierta reticencias sin cuento en las presuntas izquierdas, escribió hace escaso tiempo un artículo que era una auténtica declaración de principios sobre lo que debe ser, de serlo, una verdadera Memoria Histórica. Escribía Thomas: «Lo que se necesita ahora por encima de todo es un auténtico monumento en memoria de los caídos en la Guerra Civil o a consecuencia directa de ella. Debería recordarnos el Yad Vashem de Jerusalén, un monumento sencillo y emotivo en honor de los que murieron en el holocausto de los años cuarenta. Los nombres deberían estar grabados en piedra, por orden alfabético. Deberían incluir a los que fueron muertos en Guernica, y a aquellos de Paracuellos. Deberían figurar asimismo los nombres de los clérigos asesinados junto a los de los masones, José Antonio junto a Companys». Los álbumes del Santuario de la Gran Promesa favorecerían la iniciativa de Hugh Thomas.

Esta idea, se excusa decirlo, no ha recibido ni un solo apoyo por parte del Gobierno. Para Zapatero la Guerra Civil es su abuelo; los curas asesinados por el bando en el que militó el capitán Juan Rodríguez Lozano no tuvieron nietos.

Rodríguez Zapatero, sin embargo, sí que tuvo un abuelo. Él es su guía y su mito, también su coartada, hasta el punto de que para él entre el final de la Guerra Civil en 1939 y su llegada al poder en el 2004, existe una inmensa laguna que él está llamado a rellenar. A los españoles que vivieron entre 1939 y 1975, año de la muerte de Franco, Zapatero les llama ni más ni menos que «apátridas», según relató en su momento Pedro J. Ramírez. O sea, que ni siquiera existieron los españoles durante esos casi cuarenta años. ¿Es una fantasía, una visión alocada de la realidad o una sencilla estupidez? Para llenar la laguna él necesita recuperar los supuestos valores de la República por los que, según su propia versión de la historia, hasta ahora comúnmente aceptada, luchó su admirado abuelo, al que no tuvo ocasión de conocer. Entre esos supuestos valores no es el menos importante el del laicismo radical.

No ha podido, porque tampoco es un suicida, adoptar medidas tan clamorosamente antirreligiosas como las que tomó la II República apenas fue proclamada en 1931. Su táctica, más taimada pero igualmente constatable, ha sido ir profundizando en el laicismo al tiempo que sobre todo hacía proclamaciones hipócritas de amistad duradera con la Iglesia católica. Su política de claro acoso a la religión mayoritaria en España no puede, sin embargo, disimularse. Los obispos, desde luego, no admiten la estrategia del palo y la zanahoria. El primado de España, monseñor Cañizares, cardenal de Toledo, no dudó en definir esa política como de nítida «persecución». En síntesis, y desde antes de llegar al poder, Zapatero había diseñado un plan de choque contra la Iglesia basado en la eliminación de la simbología religiosa en todos los lugares públicos. El Partido de los Socialistas Catalanes, el PSC, se adelantó al plan (había llegado antes al poder) y suprimió de un plumazo toda esa simbología. Miquel Iceta, secretario de Organización del partido, lo justificó así:

—Eso significa la pervivencia de la España más negra y nacionalcatólica.

Pero antes que él, el propio Zapatero, en una de las intervenciones más celebradas por los sectores más antirreligiosos del país, los que pululan alrededor del Grupo Prisa, sentenció con una gracieta adolescente:

—Más gimnasia y menos religión.

Apenas llegado a La Moncloa, Zapatero se dispuso a hacer más gimnasia, a triunfar en el deporte en el que siempre había sido un mediocre apuntador, el baloncesto, y a perseguir contumazmente el uso de la religión católica, porque, eso sí, su Gobierno demuestra todo tipo de consideraciones al islam. Tras la ardorosa defensa realizada por el Ejecutivo para que las aulas escolares no sean el lugar donde impartir religión, en noviembre de

2004, la directora general de Asuntos Religiosos del Ministerio de Justicia, la diplomática Mercedes Rico-Godoy, anunciaba que en adelante los colegios públicos de Madrid, Barcelona, toda Andalucía y Levante ofrecerían a los alumnos que lo desearan la enseñanza de la religión islámica, porque los padres (también lo hacen los católicos) la exigen como si fuera una disciplina académica más de cada curso.

Esta decisión del Gobierno de Zapatero confirmaba que no está en contra de que se impartan clases de religión, sino, específicamente, de la religión católica. Además, esta prelación de la religión islámica sobre la católica es, aunque sólo sea desde el punto de vista cuantitativo, un auténtico disparate. Resulta obvio que no se puede comparar en modo alguno el número de fieles que profesa o se siente cercano a la Iglesia católica con el de quienes se confiesan seguidores de Mahoma. Puestos en este trance, y ya en el terreno de lo absurdo, ¿por qué no establecer también una similitud numérica con la Iglesia de la Cienciología a la que pertenece Tom Cruise? A mayor abundamiento, y tal y como denunció la Confederación Católica de Padres de Alumnos (CONCAPA), con esta iniciativa el Gobierno apoya una religión radicalmente contraria a la igualdad entre el hombre y la mujer, que margina brutalmente a ésta, que admite la poligamia y que, incluso, admite la violencia física contra las mujeres siempre y cuando no queden marcas. El versículo 38 de la asura IV del Corán no deja sombra de duda: «A aquellas mujeres de quienes temáis la desobediencia, amonestadlas, confinadlas en sus habitaciones, golpeadlas».

Como se ve, la fobia de Zapatero hacia la religión es ciertamente selectiva. La política laicista que dice defender no es más que un desdén y un ataque frontal al catolicismo. En uno de sus primeros Consejos de Ministros desalojó todos los contenidos religiosos (católicos) de la Ley Orgánica de Calidad de la Enseñanza que había aprobado el Partido Popular. El gran inspirador de esta política laminadora fue entonces y sigue siéndolo ahora un socialista de antigua extracción democristiana, Gregorio Peces Barba, al que apenas en el poder Zapatero rescató como alto comisionado para las Víctimas del Terrorismo, una labor en la que Peces fracasó rotundamente. Peces le dijo a Zapatero que había que formalizar el deseo que los socialistas tuvieron cuando se aprobó la Constitución y que entonces no pudieron cumplir por ausencia de mayoría:

—Convertir a España en un estado radicalmente laico en el que la religión no tuviera privilegio alguno y en el que su práctica se limitara al uso privado, siempre, eso sí, con la anuencia del Estado.

La idea de Peces Barba, que rápidamente acogió con entusiasmo Zapatero, estaba copiada en realidad del Artículo 25 de la Constitución de la II República, que afirmaba textualmente:

«Las manifestaciones públicas de culto habrán de ser, en todo caso, autorizadas por el Gobierno».

Peces Barba, un declarado erasmista, superior, según propia creencia, en sus análisis intelectuales, ha gozado siempre de la estima parvularia de Zapatero. Por eso —también, claro está, por propia convicción— todas las disposiciones anticatólicas de Zapatero han contado siempre con el aplauso de este mentor. Para Zapatero, además, la Transición fue un trágala en el que los progresistas tuvieron que soportar actitudes e incluso concreciones legales inadmisibles. Antes de su triunfo de 2004, en una charla con periodistas del *Crónica*, advirtió:

—El compromiso de los que no hicimos la Transición no radica en respetar todo, sino en cambiar lo que no nos gusta.

Lo que más le puede exasperar es que alguien ponga en duda el papel preponderante de la izquierda —singularmente del Partido Socialista— en el advenimiento de la democracia, por eso él y sus leales reaccionaron con auténtica fiereza cuando el arzobispo de Pamplona, monseñor Fernando Sebastián, escribió lo siguiente:

«Ahora parece que fue la izquierda la que trajo la democracia y no es verdad; la democracia la trajeron una serie de personas desde dentro del franquismo y desde fuera de las instituciones políticas, la democracia la facilitó y la impulsó también la actitud de la Iglesia y de la mayoría de los obispos».

Monseñor Sebastián ha sido, como se ve, uno de los más aguerridos pastores de la Iglesia a la hora de denunciar las medidas legislativas del Gobierno como «profundamente equivocadas y perjudiciales para el bien común no sólo de la Iglesia, sino de la sociedad española en su conjunto». Sebastián, claro está, ha sufrido por reacciones como éstas la enemiga del PSOE y de sus portavoces, hasta el punto de que uno de ellos, incógnito porque no se atrevió a ofrecer su nombre y apellido al supuesto digital «plural» que dio pábulo a su declaración, llegó a decir tras estas manifestaciones del obispo: «¡Que se meta con Dios y que nos deje a los demás en paz!». Todo un ejemplo de talante.

Y es que ¡hasta ahí podía aguantar el nuevo socialismo!, el socialismo anticlerical que, en realidad, se parece, como una gota de agua a otra, al de la II República. Gentes como el secretario de Organización, José Blanco, y sobre todo el presidente del Parlamento Europeo, José Borrell, se lanzaron a la carótida del arzobispo. Borrell, tras recordar el papel colaborador que la Iglesia tuvo con el «franquismo criminal», llegó a decir:

—En materia de derechos humanos, Dios es un converso reciente.

Tan grande e inusitada fue la reacción que Ramón Jáuregui, veterano diputado socialista, pidió a sus «compañeros» que «renunciaran al anticlericalismo desfasado». Pero pocos le escucharon.

Al revés, Zapatero continuó «tocándole los costados» (frase que dijo a Bono el cardenal Álvarez) a la Iglesia y se dispuso a promover una serie de leyes contrarias absolutamente a la doctrina de la Iglesia: desde la ampliación del aborto hasta convertirlo en prácticamente libre, hasta la aprobación del matrimonio homosexual, el Gobierno de Zapatero concibió una serie de iniciativas que, una tras otra, fueron acogidas entre los católicos como una afrenta, o más bien como una provocación permanente a la Iglesia. Esta institución, sin embargo, siguió conversando con el Gobierno a pesar de los reiterados desmanes que el propio Presidente en persona urdió contra el papa Benedicto XVI durante su estancia en Valencia con ocasión del Encuentro Mundial. Zapatero se negó a asistir a la misa final del Encuentro y un sacerdote de Valencia, especialmente implicado en la organización de todos los actos, interpretó así el desaire:

—Quiere que la Iglesia se irrite aún más contra su Gobierno, pero no sabe que la Iglesia ha soportado durante más de dos milenios a gobernantes aún más impertinentes que él.

El propio monseñor Sebastián ya citado, y que en los últimos tiempos es uno de los obispos más críticos con el llamado, no se sabe por qué, «nuevo socialismo» de Zapatero, aconseja calma, en la seguridad de que, como dijo Jesucristo:

—Mis palabras no pasarán.

Tampoco las palabras de la Iglesia pueden pasar desapercibidas. El choque más rotundo entre esta institución y el Gobierno se produjo a raíz de la aprobación de la nueva Ley Orgánica de la Educación, una ley presentada por una ministra de Educación, María Jesús San Segundo, que, curiosamente, al día siguiente de pasar la ley el fielato del Parlamento, fue destituida por Zapatero. La ley sumó más de tres millones de firmas en su contra y provocó una manifestación multitudinaria cuyos organizadores nunca fueron recibidos por el Presidente del Gobierno. Otra muestra más de su talante. El texto encierra para los obispos y para todos los católicos en general un enorme peligro: «Que, por fin, la clase de Religión quede crucificada, tras el calvario que empezó con la LOGSE». La frase pertenece al cardenal Rouco Varela, arzobispo de Madrid, cuya derrota para la Presidencia de la Conferencia Episcopal Española mereció esta reacción por parte del portavoz del Gobierno:

—A partir de ahora nuestro entendimiento con la Iglesia será más fácil.

Pero no fue así. El nuevo presidente, monseñor Blázquez, ha seguido insistiendo en la inadecuación de la LOE a la realidad social y religiosa española y, con ocasión de la estancia del Papa en Valencia, recordó que «esa ley nunca podrá ser bendecida por la Iglesia española». O sea, que de paz, nada de nada.

Porque Zapatero está dispuesto, como dice la vicepresidenta Fernández de la Vega, «a poner a la Iglesia en su lugar», lo cual es tanto como atacarla allí donde más pueda afectarla, «do más dolor había», y ese lugar no es otro que la percepción económica. Zapatero llevó en su programa el fin de las subvenciones, «cosa del casposo pasado», según su ministro de Trabajo, Jesús Caldera, y quiere cumplir con su compromiso ante los anticlericales al precio —nunca mejor dicho— que sea. Este precio no es otro que urgirle a la Iglesia a que en un plazo superior a los cinco años se financie por su cuenta, algo que en opinión de un destacado miembro de la Masonería española «entra en las generales de la Ley». No es extraño que algunos obispos crean a pies juntillas que esta iniciativa del Gobierno de Zapatero es, en realidad, una sugerencia precisamente de la «Hermandad». El obispo de Segovia lo dijo bien claro:

«Se ha analizado si ciertas iniciativas o actuaciones del Gobierno no proceden de la obediencia a determinadas organizaciones no precisamente políticas ni sociales».

Verde y con asas.

Pero, aunque se lo pida el cuerpo y su sectaria formación (por denominarla de una forma graciosa) biográfica, lo previsible es que Zapatero no termine por enfrentarse frontalmente con la Iglesia. El sentido común de algunos —pocos— de los que le rodean no le aconseja una cosa así. Su táctica es la de la «gota malaya», el poco a poco hasta terminar en tiempo razonable con lo que los socialistas más anticlericales llaman «los insoportables beneficios de la Iglesia». Perseguir abiertamente curas ya no está de moda, por más que, en privado, a algunos zapatistas les cause esta labor gran emoción. En todo caso, está comprobado que la Iglesia y los católicos se van a defender: ya no forman parte de aquella grey dócil, dispuesta a dejarse matar al grito reconfortante de «¡viva Cristo Rey!». Hoy la Iglesia tiene una estructura de enorme resistencia y como ha demostrado en manifestaciones multitudinarias, un poder de convocatoria que puede aguantar la embestida de cualquier Zerolo. Y desde luego, de José Luis Rodríguez Zapatero.

Capítulo 4 La revancha histórica →

José Luis Rodríguez Zapatero, de 43 años, se instaló en La Moncloa el 17 de abril de 2004. Y adoptó tres decisiones. La primera, anunciada sin concreciones ya durante la campaña electoral, fue retirar las tropas españolas de Irak, lo que produjo una enorme conmoción internacional y un regusto inenarrable en la parroquia que le había aupado al poder. No esperó, como había prometido, a la correspondiente Resolución de las Naciones Unidas, ni siquiera a la formación de su Gobierno. Cesarismo y mentira clamorosa por incumplimiento, nada más empezar. La segunda, de acuerdo con su ministra de Medio Ambiente, Cristina Narbona, fue cargarse de un plumazo, por un decretazo, el Plan Hidrológico Nacional. Una decisión que después de años de pertinaz sequía, que diría Franco, ha dejado a España prácticamente sin agua. Y la tercera, ni estaba entre lo prometido en su campaña electoral ni nadie salvo él y quizá su padre y hermano la habrían podido entrever.

La propaganda monclovita, entonces en manos del secretario de Comunicación Miguel Barroso, vendió a bombo y platillo que el Gobierno se reuniría en sesión extraordinaria en León, la ciudad de acogida, que no de nacimiento, de Rodríguez Zapatero. Dicho y hecho. Lo que aparentaba ser un reconocimiento de gratitud personal a León era, sin embargo, una martingala destinada a cumplimentar una casi venganza personal, la revancha familiar del Presidente del Ejecutivo.

Había elegido una fecha simbólica. Se cumplían los cien días de su llegada al poder. Así, el 22 de julio, adelantándose una jornada al avión que transportaba al resto de los miembros de su Gobierno, hacía su entrada triunfal en la capital leonesa. Antes de visitar a su familia, el Presidente acudió al Hostal San Marcos, joya, escriben los cronistas capitalinos, «de la filigrana plateresca». Zapatero conocía más por referencias parentales que por ilustración adquirida la historia del Hostal. Había elegido el monumental hotel, amueblado, según se dice, por el ministro de Información, Manuel Fraga, cuando se inventó la «reconstrucción turística» de España con aquella frase: «España, un paraíso a su alcance», precisamente por haber sido sede del Acuartelamiento de la Remonta Militar, y, después, auténtico «campo de concentración» de presos republicanos.

Ésa era la clave. Para Zapatero, el lugar perfecto de desagravio íntimo y personal a su abuelo. Un auténtico desquite. El sitio preciso, la prisión de San Marcos, donde el capitán Lozano había pasado sus últimos días de su vida con sólo cuarenta y tres años —los mismos que tenía ahora su nieto, convertido setenta años después en Presidente del Gobierno—, tras ser detenido el 20 de julio de 1936. Desde allí, como se ha contado en el anterior capítulo, tras un consejo de guerra sumarísimo, fue conducido el 18 de agosto al citado polígono de tiro de Puente Castro para ser fusilado junto con otros cuatro republicanos.

En la celda número uno el capitán Lozano escribió de su puño y letra el testamento hológrafo que recoge en su libro *Zapatero, presidente a la primera* Óscar Campillo. El sexto apartado de este legado testimonial es quizá el más sugestivo, y sobre todo, contribuye a explicar el comportamiento de Zapatero apenas es elegido Presidente del Gobierno y tiene la posibilidad de cumplir con lo que su abuelo pedía: «Que cuando sea oportuno, se vindique su nombre y se proclame que no fue traidor a su Patria y que su credo consistió siempre en su ansia infinita de paz, el amor al bien y el mejoramiento social de los humildes». Frase ésta referida a la paz que obsesiona de manera permanente a Zapatero, hasta el punto de que la utilizó como colofón en su discurso de investidura.

En la Remonta, en San Marcos en definitiva, la prisión del abuelo de Zapatero, se había tejido la resistencia popular de los «rojos» cuando el franquismo decidió hacerse con la ciudad, y más tarde se concentró a un gran número de detenidos que, en opinión del periodista y escritor Victoriano Cremer, sufrieron allí el «más abominable de los infiernos». Cremer relata torturas mil, las «torturas del lavadero», entre las cuales las más crueles resultaban ser los «fusilamientos de mentira», que Cremer describe de esta forma: «... volvíamos a las celdas muertos, sabiendo lo que era morir de noche, porque nuestros guardianes jugaban a matarnos con fingimientos espectaculares. Nos fusilaban de mentira contra los tapiales del patio».

Cremer, que conoció al abuelo Juan de Zapatero y aún vive, habla de los tormentos que padeció el capitán Juan Rodríguez Lozano en «aquel sumidero humano» y asimismo de los de su esposa, Josefina, «una mujer de San Marcos», que era —según narra el autor— como las otras mujeres de presos: «Titánicas mujeres, muertas guardianas de la muerte, llenando la mañana de alaridos cuando algunos de sus hombre habían sido "sacados", corriendo alocadas hacia las tapias de los cementerios». Espeluznante descripción sobre la que, con todo el respeto, no se puede formular otro comentario que la emoción sobrecogida.

Aquel Consejo de Ministros[1] estuvo, por tanto, básicamente ocupado en redactar el decreto de creación de la Comisión Interministerial para el Estudio de la Situación de las Víctimas de la Guerra Civil y el Franquismo, y no era sino la revancha privada del Presidente por la vía de la inclusión del decreto en el Boletín Oficial del Estado. En aquel verano del 2004, el PSOE aún se relamía de gusto por un triunfo electoral que nadie preveía, y el PP se lamía a su vez las heridas por una derrota que ni siquiera sus penosos estrategas de campaña hubieran podido sospechar, aunque mucho trabajaron para que, aun descontando el atroz atentado del 11 de marzo, su partido pasara a la oposición.

En Ferraz, la iniciativa del jefe de Gobierno pareció la culminación de un proceso tímidamente apuntado por algunos radicales en la Transición, retomado por Zapatero en 2002. Sólo unos pocos socialistas individualmente, como Enrique Múgica, defensor del Pueblo, se atrevieron a insinuar su disconformidad:

—Ésta no es la mejor idea que se nos puede ocurrir —dijo, en confianza, después de recoger un premio para juristas en un acto festivo de un colegio profesional.

Como él, otros, en silencio pusilánime, pensaron entonces y siguen pensando ahora que, efectivamente, aquélla no era «la mejor idea que se nos puede ocurrir».

1. Zapatero, en la rueda de prensa ante más de doscientos periodistas acreditados por la expectación que había creado su primera comparecencia como Presidente tras un Consejo de Ministros, anunció un espectacular paquete de medidas con inversiones y plazos concretos de los que, dos años y medio después, al cierre de este libro, no se tiene noticia alguna en la capital leonesa. El maná gubernamental prometido por Zapatero en su pueblo está por llegar.

→ LOS COMUNISTAS TOMAN LA PALABRA

En noviembre de 2002, el PP era un partido más despistado que descuartizado; también acosado. A José María Aznar, presidente, le habían hecho una huelga general política en primavera, y en otoño, un barco pirata, el *Prestige*, se había encallado frente a las costas gallegas. El PSOE de Zapatero, el de la oposición amable y el talante a flor de piel, creyó encontrado su momento y en las Cortes se dispuso a tender una trampa para osos; la trampa del franquismo.

Dicho y hecho: el secretario general del PSOE y el inefable jefe de los comunistas, Gaspar Llamazares, se llegaron hasta el Registro del Congreso de los Diputados, y presentaron cinco proposiciones no de ley, o sea, las iniciativas que, por reglamento, corresponden a la oposición. En la primera, Izquierda Unida urgía al «reconocimiento moral» de todos los «hombres y mujeres» (¡faltaría más!) que «padecieron la represión del régimen franquista»; en la segunda, alentada directamente por Zapatero, el PSOE exigía la «reparación» de las «víctimas de la Guerra Civil»; en la tercera, otra vez Zapatero solicitaba, aquí de mejores formas y con lenguaje más concesivo, el «desarrollo de una política de Estado con los exiliados», como si quedaran muchos; en la cuarta, Izquierda Unida de nuevo se pronunciaba por la «exhumación de las fosas comunes de la guerra». Algo materialmente insólito y hasta imposible por cuanto la «exhumación» siempre ha sido —según se ha creído hasta ahora— de cadáveres; las fosas no pueden ser «exhumadas», sólo modestamente abiertas. Llamazares, médico nefrólogo por Cuba, no debía de recordar en aquel momento una sola línea de la clínica forense. Aún se presentó una quinta proposición: la firmaba el exiguo y ambiguo Grupo Mixto, y presionaba para que se devolviera la «dignidad a los fusilados y a sus familias», una iniciativa realmente compleja de practicar dada la condición de los muertos y la heterogeneidad y dispersión de sus descendientes.

Felipe Alcaraz, más famoso ya por ser padre de un notable entrenador de fútbol, Lucas Alcaraz, que por su militancia pertinaz en el comunismo y su invisible papel como parlamentario, se lució en la defensa de las proposiciones de su grupo, mientras Llamazares, que suele creer que, desde Aznar, no ha habido en el país otro orador tan docto y brillante como él, le miraba entre ensimismado y envidioso por no tener protagonismo en el trance. Alcaraz, en ocasiones morigerado, en otras altisonante, pidió, incluso compasivamente, «que se recupere de nuevo la memoria», contó anécdotas sangrantes —no podía ser de otra forma— de ancianas, viudas sempiternas de fusilados por Franco, y rogó literalmente que en aquella fecha (20 de noviembre del 2002) en que se «conmemora (éste debió de ser un lapsus) la muerte del señor Franco» (los diputados rieron la denominación porque nunca habían escuchado llamarlo así) «hagamos un ejercicio de memoria unánime incluso en nombre de la España constitucional». Fue la última vez que Alcaraz, represaliado luego políticamente por su jefe Llamazares, se hizo notar en el estrado.

Y llegó el turno de Guerra. Alfonso Guerra González, uno de los artífices, según la hagiografía socialista, de la Transición y ponente clandestino, con el ucedista ya fallecido Abril Martorell, de muchos artículos de la Constitución, se dijo preocupado «desde hace muchos años» (cosa en la que nadie había recaído hasta entonces) por los depurados, muertos y exiliados de la Guerra y, muy práctico, pidió no sólo una reparación «moral», sino también una «atención material» para los perjudicados y sus familias. Poca retórica más utilizó la «víbora roja», como lo llamaba Tierno Galván, en su turno. Guerra respondía a tan amable alusión con otra aún peor intencionada: «víbora con cataratas» le apodaba al viejo profesor. El socialista sevillano, en aquella intervención, sabía que todo estaba ganado de antemano y ni siquiera perpetró maldades para agitar las conciencias del Partido Popular. Por cierto, a Tierno Galván su partido, el PSOE, siempre le negó la autoría del Prólogo de la Constitución, pero fue suyo, algo que nunca reconocieron sus compañeros de partido y sí la generosidad frecuente del ponente constitucional Manuel Fraga Iribarne.

Los *malditos conservadores* seguían en su escaño soportando la sesión y, como era de esperar, aquel partido, a la sazón acomplejado por ser la derecha (los comunistas, ante la prensa, la habían acusado de «ser directamente heredera de Franco y sus crímenes»), se sumó, con más tibieza que resistencia, a las iniciativas. A Zapatero, nada conmiserativo con un Aznar que, encima, no iba a presentar apelaciones, se le escuchó sentenciando en los pasillos del Congreso: «Todo lo que hace el señor Aznar es franquismo puro». El ministro Arias Cañete, unos días después, se expresó así ante los periodistas a los que había invitado a almorzar opíparamente (todo en Cañete es opíparo): «Nos han mentado la bicha y nos la hemos tragado».

Y se la tragó el PP, en cuyo seno, por lo demás, moraban aquel día, y siguen morando, una pléyade de demócratas nada comprometidos con el franquismo, por lo menos tan poco comprometidos como algunos muchos parlamentarios del PSOE, hijos y nietos de empresarios del régimen dictatorial, de alcaldes falangistas o incluso de gobernadores especialmente rigurosos en la aplicación de la censura y la represión. Apellidos hay para todos los gustos.

En consecuencia, si hay que fijar una fecha formal para el inicio de la reconstrucción memorística de España, aquella de noviembre del 2002 puede ser la más indicada. Ese día nació oficialmente la memoria histórica para las izquierdas revanchistas capitaneadas por el nuevo secretario general del Partido Socialista.

Meses después, un cercano colaborador de Zapatero, luego ungido con altas responsabilidades en la fontanería monclovita, apostillaba la intervención de su jefe en un grupo periodístico de cronistas veteranos, con estas palabras: «José Luis es el inventor de este término». Ya se ve que los asesores de ZP atribuyen a su admirado mecenas ingenio suficiente para patentar las más eficaces denominaciones. En otra ocasión, Pepe Blanco, tobillero mayor del Ejército zapatista, dijo:

—La Alianza de Civilizaciones, que es un diseño universal e histórico de José Luis Rodríguez Zapatero...

Y no es verdad; la tontería tiene muchos padres, pero el que parece más reconocido es Robert Garaudy, católico progresista francés que, evolucionando, evolucionando, se alió tanto con el islam y terminó convirtiéndose a su fe. No hay que esperar, sin embargo, que Blanco acepte en Garaudy la primogenitura de la sandez; su devoción al jefe no admite este tipo de generosidades en la atribución de patentes y marcas.

Pero éstas, al fin, y como escribiría Madariaga, son las cosas de España, país donde la mentira y la envidia son característica principal de biografías y currículos.

En cualquier caso, y por decirlo todo (como se ve en algún otro capítulo de este libro), José Luis Rodríguez Zapatero no ha dejado de pensar en la memoria histórica desde que, avanzada la pubertad, empezó a tener uso de razón: el recuerdo de su abuelo Juan, fusilado por los nacionales, y las charlas familiares de su padre agrandaron su afición. Por eso, tras suceder lo que sucedió, o sea, el triunfo del PSOE en las más insólitas elecciones de la historia democrática de España, Rodríguez Zapatero se apresuró a extraer del baúl de sus sentimientos sus mejores, aunque fueran peores, recuerdos, para plasmarlos negro sobre blanco, y para conseguir, ya que la fortuna le había situado en el lugar exacto y en el momento oportuno, que la memoria histórica de su abuelo Juan fuera la decantación alquímica, emblemática, de la memoria de todos los republicanos vencidos por Franco. Un abogado leonés, ya entrado en años, que ha solicitado fervientemente anonimato, suele decir al respecto:

—... y es que Zapatero tiene más obsesiones que ideas.

Porque en León, como en cualquier otra capital próspera pero escasa de población de España, «todos nos conocemos hasta en los calzoncillos», como afirma el ex ministro de Sanidad de UCD Manuel Núñez Pérez. Por tanto, al Presidente del Gobierno también se le conoce, aunque no parece que acopie amigos por doquier, pese a su simpatía natural, reconocida por todos los que han aportado aconteceres a este libro.

→ EL «PERDÓN VERGONZANTE»

Queda claro, pues, que una cosa es que Zapatero, al que se dibuja como un personaje especialmente duro con todos los que, a su juicio, le han hecho una faena, decidiera, ya presidente, tomarse el desquite en nombre de su abuelo, y otra cosa bien diferente es que se le pueda imputar la iniciativa, como hemos dicho, de una revisión histórica que se inició —éste es el dato incontrovertible para todos los historiadores, de todas las tendencias— apenas aprobada la Constitución de 1978. Por tanto, el discurso crítico con la gran palabra, el descubrimiento, de entonces, de la Transición, la reconciliación, la posición crítica en que está instalado José Luis Rodríguez Zapatero, empezó a asomar en España antes de finalizar la prodigiosa, por tantas cosas, década de los setenta. En aquel momento, no es que se hablara abiertamente de la memoria histórica, pero sí de la memoria «necesaria». El cambio de adjetivos tampoco aquí altera el producto.

Empezó a hablarse asimismo del «perdón vergonzante» y de la amnesia. Sólo algunos izquierdistas no acomodados denunciaron el «enjuague de la Transición». Lo hicieron también los supuestos líderes de las pequeñas formaciones ultraizquierdistas, el Partido de los Trabajadores de España y la Organización Revolucionaria de Trabajadores, de José Sanroma, el camarada Inchausti en la clandestinidad, y Eladio García Castro, líder de la Organización Revolucionaria de Trabajadores, ORT. De Sanroma, extremadamente asténico como un fraile cartujo siempre a régimen de acelgas, recordaba recientemente José Luis Balbás, expulsado del PSOE tras el episodio madrileño de Tamayo y Sáez, que posteriormente se convirtió en un privilegiado asesor de Zapatero, hasta el punto de que alguno de sus amigos le decía, recordando épocas de su militancia prochina:

—Joder, Sanroma, antes estabas tan delgado que parecía que te había pillado la cara una puerta, ahora parece que te la has llevado entera y de madera noble.

Lo cierto es que Sanroma y tantos otros provenientes de la extrema izquierda han prosperado sobremanera, pero en aquel entonces eran auténticos barreneros de la Transición. Es decir: fueron los primeros críticos del «perdón vergonzante», de la claudicación ante la derecha franquista. El resto de la izquierda, comunistas y socialistas incluidos, comulgaron con el molino de la reconciliación por unos años, entre otras cosas porque, como entonces declaraba Luis Solana, presidente luego de Telefónica y director general de Radiotelevisión Española, por los pasillos alfombrados por la Real Fábrica de Tapices en las Cortes Generales: «Aquí estamos todos hasta las pelotas de hablar de la dichosa Guerra Civil».

Pero, aunque ahora proclamen cosa diferente los desmemoriados o los ignorantes, en aquel tiempo nadie selló pacto de silencio alguno. Felipe González, por ejemplo, se hartó de denunciar a los franquistas y a su victoria y, además, hizo algo que luego ha copiado clónicamente Zapatero: inventarse una historia del socialismo comprometida invariablemente con la democracia. Aquel: «Nosotros, a diferencia de ustedes (y señalaba a la UCD), no tenemos nada que ocultar», es un anticipo de las diatribas que en el instante actual suele construir Zapatero cuando se refiere al Partido Popular. Entre el comportamiento de González y el de Zapatero, existe, en todo caso, una enorme distancia; la que media entre un acuerdo para no romper nunca la estructura constitucional y una acomodación a las «oportunidades del momento» (Rodríguez Zapatero, sic) para variar el marco legal existente. Aunque, como veremos en próximos capítulos, sólo después de dejar el poder hasta el mismísimo ex jefe del Ejecutivo sevillano justifica su propia falta de revisión histórica con argumentos absolutamente inverosímiles.

La revisión del «perdón vergonzante», apellido que se debe por cierto a Letamendia, el parlamentario independentista que casi se ahoga en su huida el 23 de febrero del 81, empezó, por tanto, en aquella época, pero no rebrotó hasta los primeros años de los noventa, cuando se comenzó a temer que la derecha pudiera ganar en las urnas. Los comunistas, con los cuales ya no estaba Santiago Carrillo, se ocuparon de manifestar por escrito, como acostumbra a hacer siempre la izquierda, que «fue un error primar la unidad de la oposición a la movilización». Lo que era, en realidad, un auténtico lamento: nadie le había agradecido al Partido Comunista tamaño sacrificio. Al tiempo, desde la izquierda socialista, se escuchó la queja sostenida porque el Partido, con mayúsculas, había cedido, sin apenas resistencia, a la principal imposición constitucional: la forma de Estado.

→ UN RADICAL DE IZQUIERDA

Tampoco es Zapatero, por tanto, nada original. Es un radical de izquierda que matiza su ultraísmo con un talante que, como ya se ha visto desde que es presidente, es totalmente artificial. Sus devaneos republicanos, su amor declarado por la II República, sus declaraciones sobre la «plena vigencia» de los «objetivos y aspiraciones» de aquel régimen y aún más: su personal apuesta por el entronque de nuestra actual democracia con las instituciones de Azaña o Prieto, en resumen, la encarnación de toda esa «memoria histórica», ya se pregonaba, ya se alentaba aunque sólo fuera por unos pocos extremistas, apenas aprobada nuestra Constitución. La Carta Magna al completo, incluido el Título II referido a la Corona. Al Rey —se reconozca o no se reconozca—

se le tenía escasísimo aprecio en el PSOE. Una anécdota sintetiza lo dicho:

Cuando don Juan Carlos acudió en el invierno de 1978 al Parlamento para recibir de manos de todos los miembros de las Mesas del Congreso y el Senado una bandeja de plata con sus firmas en recuerdo del refrendo de la Constitución, campechanamente, como suele ser costumbre en él, se dirigió al grupo de socialistas que, entre carioacontecidos por prestarse a la ceremonia y ciertamente ufanos por haber contribuido al alumbramiento de la democracia, comentaban, entre ellos, la trascendencia del trance. El Rey, sin más, agradeció al más veterano, el presidente del PSOE, obrero industrial por señas, Ramón Rubial, que su partido se hubiera conformado con un voto formal en favor de la República, como modelo de Estado, sin hacer de ello una exigencia de imprescindible cumplimiento. Rubial, incómodo con la situación, le respondió textualmente:

—El mismo interés que hemos puesto en que se recuerde nuestro republicanismo, pondremos en lo sucesivo para derrocarle a usted.

El Rey se quedó de una pieza y, ya con el gesto contraído, se alejó, como hacen los Borbones: dando ostensiblemente la espalda, pero haciendo que se notara el disgusto.

En la Transición, y desde el primer momento, el Rey trató de ganarse el sueldo. Con una gran pero no única preocupación: no terminar como su abuelo. Cuenta el historiador Ricardo de la Cierva que, tras jurar él como ministro de Cultura en uno de los gobiernos de Adolfo Suárez, don Juan Carlos le hizo un aparte, y le dijo textualmente:

—Tu abuelo tenía razón el 14 de abril, mi abuelo no. Yo he aprendido muy bien cómo terminó aquel reinado. Tu abuelo tenía razón. Yo no entregaré jamás el trono por las buenas. Si alguna vez vienen aquí me podrán sacar con los pies por delante, pero nunca de otra manera.

Un aviso para navegantes que, más tarde, pudieron comprobar personalmente los tripulantes de aquel sórdido buque golpista que fletaron en 1981 generales, tan monárquicos en apariencia, como Miláns del Bosch o Armada, y que por las trazas podrán constatar, si llega el caso, algunos de los apóstoles del renacimiento republicano. Esta Monarquía de ahora, que todavía sufre sólo un discreto acoso y derribo, ya no es la «monarquía de bicarbonato», como la apodaron los socialistas de la Transición. Es decir, la que únicamente valía, y así la utilizaban, para digerir la salida de la dictadura. La Corona está reforzada en el pueblo español, cosa de la que no acaban de enterarse ni los republicanos a cara descubierta, como los integrados en el Foro por la Memoria, ni los taimados que, desde la legalidad, quieren, sencillamente, mandar al exilio a don Juan Carlos.

Los primeros tienen incluso redactada la Constitución de la III República, que, como seña más espectacular, reconoce el derecho a la autodeterminación de los pueblos que «actualmente componen el Estado Español» y que, como objetivo declarado, han pergeñado un texto que es contrapunto, es todo lo contrario, al que ahora rige en España. Al fin y al cabo, es lo mismo que pretende Zapatero. Hace años, en marzo del 2001, en la antesala de la guerra de Irak, el entonces jefe de la oposición se despachó en un discurso en el Parlamento, con un párrafo de esta guisa:

—Cuando nosotros lleguemos al Gobierno, y no duden ustedes (miraba sobre todo a Aznar) que eso sucederá en la próxima legislatura, haremos exactamente lo contrario de lo que han hecho ustedes. No lo duden.

La tarde de aquella profecía crujieron de risa incontenible los escaños del Partido Popular. Hubo hasta un diputado del PP (que en las actas mecanográficas aparece como de imposible identificación) que le gritó festivamente:

—¡Tonto, más que tonto!

Pues bien, tres años después es Presidente del Gobierno y ha cumplido, ésta sí, con su promesa, su obsesión: hacer todo lo contrario a lo que hizo el Partido Popular. Y además, culminar lo que en tiempos de Aznar empezó con la ayuda inestimable de la paupérrima Izquierda Unida del sin par Llamazares. Y es que el rencor de Zapatero a todo lo que significa franquismo no está basado, como dice uno de los socialistas históricos de su partido, en un «entendimiento racional de la Dictadura»; es un odio de oídas, es una revancha familiar largos años asentada.

En León, su padre, Juan Rodríguez García-Lozano, como ya se escribe en otro lugar de este libro, apareció siempre como un leal colaborador de todos los alcaldes del franquismo. Nadie puede afirmar sin faltar a lo cierto que su trabajo en el Ayuntamiento como asesor jurídico estuviera presidido por el afán de venganza. Su cambio de personalidad empezaba en casa; allí se relajaba con sus hijos y ejercía su particular y terrible (habían fusilado a su padre) memoria histórica. De ella recogió José Luis el horror y rencor contra todo lo que él, luego, de forma más o menos elemental, considera derecha. Incluso en momentos en que el país habla de otra cosa, él habla de Franco. Así sucedió, por ejemplo, cuando, en un atentado que el Gobierno nunca quiso aclarar, apareció destrozado el negocio de un concejal de la Unión del Pueblo Navarro, en Barañain. Horas después, Zapatero, en un acto público, ni siquiera realizó la menor mención al suceso, ocurrido en pleno alto el fuego. ¿De qué habló? De la odiada derecha y, naturalmente, de Franco. De la primera dijo: «La derecha nunca se atreverá a derogar las leyes de la izquierda». Sobre el dictador contra el que nunca luchó: «... tampoco se atreverá a devolver las estatuas de Franco a su pedestal».

Pero en su obsesión Zapatero nunca ha caminado solo. Es indicativo que cuando el PSOE intentaba apoyarse también en los votos de Izquierda Unida para lograr su apoyo parlamentario en el debate de investidura, lo primero que exigieron Joan Herrera y el citado Llamazares, como si ésa fuera la gran prioridad del país, es que el Gobierno de ZP retirara las subvenciones a la Fundación Francisco Franco.

Diego López Garrido, procedente de la derecha clásica española, y Alfredo Pérez Rubalcaba, hijo de un mecánico de Aviación que hizo la guerra con Franco y después, tras sucesivos ascensos, llegó a comandante de Iberia, se apresuraron —consulta incluida al propio Zapatero— a conceder la condición sine qua non para el voto positivo. Después, apenas ganada la investidura, la ministra de Cultura de Zapatero explicó que «el Estado ya nunca dará un euro más a una fundación opaca que persigue objetivos inconstitucionales, como el elogio de la Dictadura franquista y del dictador». La Fundación Francisco Franco, desde luego, no está para alabar los logros discutibles de la II República, realmente está para casi nada. Los investigadores, sin embargo, la tienen en gran estima... documental porque en ella residen (duermen, mejor) casi treinta mil documentos, muchos de los cuales parecen imprescindibles para interpretar la historia que durante una treintena larga de años protagonizó Franco. Si ese fondo documental se aja, los técnicos perderán una posibilidad de oro para aclarar momentos decisivos de la trayectoria del régimen autocrático de Franco. Sólo un ejemplo: la familia del almirante Carrero Blanco está segura de que en la Fundación del que fue jefe de su padre y abuelo existen legajos suficientes como para conocer exactamente las circunstancias en que el entonces presidente del Gobierno fue asesinado por ETA, un crimen sobre el que aún persisten algunas incógnitas; sin ir más lejos, el hecho absolutamente sorprendente de que el ministro de la Gobernación que no impidió el magnicidio fuera elevado posteriormente a la Presidencia del Gobierno.

Este raro asunto y muchos otros más del franquismo pueden tener acomodo en la documentación que existe en la Fundación que ahora preside la hija del general, Carmen Franco. La historia, en ningún país democrático del mundo, está reñida con la política del pasado; antes bien, contribuye a aclararla. Eso, al parecer, importa muy poco a Zapatero y menos aún a su peculiar ministra de Cultura, Carmen Calvo.

Pero Zapatero se ha marcado una cruzada personal, se considera elegido para ejercer la gran revancha. Está convencido de la deficiente calidad democrática acuñada en la Transición. Tiene una visión sectaria y muy pueblerina de la existencia, pertenece, en definitiva, a esa índole de personas que explican los sucesos en función de cómo le ha ido a él o a su familia en su desarrollo. León es para ZP el paradigma donde se puede explicar la Guerra Civil.

Algunos de sus opositores socialistas que él ha ido dejando en el camino: Alfonso Guerra, Francisco Vázquez, José Bono o Juan Carlos Rodríguez Ibarra, suelen asegurar que él fue el principal responsable de que, apenas ocurrida la moción de censura que dio al traste con el gobierno del PSOE en el Ayuntamiento de León, los concejales obedientes a ZP propusieran rápidamente y como primera iniciativa que el Ayuntamiento, y por tanto toda la ciudad de León, sufragara un monumento en homenaje a los represaliados del franquismo. El alcalde del Partido Popular, Mario Amilivia, antiguo amigo de Zapatero, compañero suyo como ayudante de Derecho Constitucional en la Facultad correspondiente, tuvo que escuchar a un edil socialista que decía: «Ya veréis cuánto va a gustar esto a Zapatero». Pero Zapatero supo de antemano lo que se cocía en el Ayuntamiento de León; la iniciativa, directamente alentada por él, era otro bastión más para restaurar la memoria de los leoneses fusilados, represaliados, hemos escrito, o exiliados por Franco.

Sobre este punto, Zapatero se fía sin ambages, sin discusión alguna, de las cifras, de los datos que, por ejemplo, le ha suministrado el Foro de la Memoria. Este Foro, que se mueve por Internet con especial eficacia, resuelve el gran tema de los represaliados leoneses de esta forma: «Hubo entre dieciséis mil y veinte mil leoneses sometidos a juicios sumarísimos», pero un abogado de León que, es cierto, siempre estuvo comprometido con el régimen franquista, pero que presume, y con razón justificada, de «ser amigo de todo el mundo», responde que si esta cifra fuera cierta, «la provincia casi se hubiera quedado sin gente». El abogado en cuestión, José María Suárez, ex diputado de Alianza Popular y hermano del que fue vicepresidente (él todavía lo está lamentando) en el último Gobierno de Franco, Fernando Suárez

González, no es que presuma infantil y fatuamente, es que tiene amigos en todos los lugares de León; tanto que uno de sus compañeros de «peña» y cuadrilla gastronómica es el propio padre de José Luis Rodríguez Zapatero. Ambos pertenecen a un grupo de veteranos que se apodan a sí mismos «los chacales» y lo justifican infantilmente así: «Porque mordemos».

Últimamente, en todo caso, se ha conocido la tesis doctoral de Javier Rodríguez González, dirigida por un catedrático de reputado prestigio, Francisco Carantoña. La tesis inscribe detalles realmente espeluznantes sobre las condiciones en que se celebraban aquellos juicios sumarísimos, algunos, no todos, de los cuales terminaban en un pelotón de fusilamiento. Dice Rodríguez González: «Se convirtieron (los juicios) en una auténtica aberración jurídica porque los acusados eran quienes habían permanecido fieles a las leyes y los jueces eran los que habían roto con la legalidad. Se condenaba no por auxilio a la rebelión (caso del abuelo Juan de Zapatero) sino por no seguir, sencillamente, la causa de los sublevados». Pero, en suma, ¿cuántos muertos causó en León la denominada represalia franquista? El investigador ya citado corrige al historiador Ramón Salas Larrazábal, que se quedó en estos datos: 1.409 personas fallecidas, de las cuales 624 lo fueron en aplicación de sentencias judiciales (caso del abuelo de Zapatero) y 785, producto de asesinatos irregulares, los famosos paseos, pero esta vez de la derecha a la izquierda. González Rodríguez asegura que el número fue mucho mayor y se basa en que sólo desde San Marcos, donde estuvo preso Juan Rodríguez Lozano, salieron para ser fusilados nada menos que 1.018 personas. Un dato que, sin embargo, no tiene, aún en estos momentos, comprobación técnica alguna.

Pero los relatos son espantosos. Un superviviente incógnito de aquellas sacas cuyo testimonio está recogido en los documentos que aporta la Asociación por la Recuperación de la Memoria Histórica, y que afirma haber coincidido con el abuelo de Zapatero, asegura que en «San Marcos nos humillaban hasta la extenuación, nos maltrataban y torturaban a su manera. Nuestra sangre corría como si fuéramos animales; los falangistas miraban las torturas». Lo cierto es que muchos descendientes de estas personas crecieron con el pertinaz relato de cruentas vejaciones de este estilo; hay, por tanto, que suponer que José Luis Rodríguez Zapatero también estuvo próximo a estos relatos.

La citada asociación, por otra parte, tiene un crédito limitado desde que, por ejemplo, el 1 de septiembre de 2003 el diario *El País* informara a toda página de que, en un barranco granadino, considerado por esta entidad como una gran fosa de la Guerra Civil, se habían hallado restos humanos. Se estimaba además por parte de la asociación que podría haber entre dos mil trescientas y cinco mil víctimas. Meses después de la publicación de la noticia, el mismo periódico insertaba el 4 de mayo de 2006 un pequeño suelto que rezaba textualmente: «Los forenses dicen que los restos óseos de Órgiva son de origen animal». El rotativo no se atrevió a titular que eran, sencillamente, huesos de perro.

Ello explicaría, quizá, su afán de revancha histórica, si no fuera porque narraciones de este jaez pueden escucharse asimismo desde la otra orilla leonesa. Y no sólo en narraciones más o menos comprensiblemente subjetivas; existen datos. El general Casas de la Vega, un peculiar militar del Arma de Caballería, e historiador eficiente y sumamente riguroso, está a punto de finalizar el más completo estudio que se haya realizado nunca en España sobre los sacerdotes, religiosos y religiosas asesinados antes de la guerra, y durante la propia guerra, por los llamados genéricamente «rojos». Pues bien, el número total y en toda España de curas, monjas y hermanos que o bien fueron pasados por las armas o bien recibieron castigos similares a los descritos por el superviviente de San Marcos asciende a 6.847. En León, el dato es éste: 1.157. Con nombres y apellidos y diócesis por diócesis, la relación completa, absolutamente completa, de todos estos mártires (¿o no lo son?) está escrita, como recogemos en otro capítulo de este libro, en legajos que pertenecen al pequeño Monasterio de la Santa Presencia, en la provincia de Valladolid, una fuente documental que, salvo el general Casas y otros curiosos personajes pertenecientes al Ejército (retirado) y también al mundo empresarial, nadie se ha molestado nunca en consultar. Por su lado, el postulador ante la Congregación para la Causa de los Santos, José Francisco Guijarro, se ha quedado solo en una exigencia a Zapatero: que se investigue todo, «cuanta más memoria histórica, mejor —dice—, pero memoria histórica de todos y para todos, ¿eh?».

Sin embargo, a Zapatero poco le interesa esta parte de la historia. Tan penosa una como otra, pero historia al final. Su perspectiva es que las víctimas del franquismo fueron doblemente sacrificadas: cuando padecieron la represalia y cuando, ya durante la Transición, el consenso, el maldito consenso, las olvidó o las marginó. Para Zapatero, la primera Transición, la que ha acarreado, sin muchas dudas, la mejor época de la historia global de España, trajo una democracia de baja calidad, insuficiente en sus objetivos. Ahora se trata de cancelar los silencios, que los vencidos se tomen la revancha porque los otros, los vencedores, aunque fueran asesinados en Paracuellos, ya «tuvieron —lo ha escrito Luis Solana— su homenaje». Zapatero, como los epígonos que le siguen en esta revancha, ignoran, porque casi lo ignoran todos, que, como decía Max Weber —aunque no le suene al «indigente intelectual», según una calificación que ha hecho fortuna—, «ponerse a buscar —desde la perspectiva del político— después de perdida una guerra quiénes son los "culpables" es cosa propia de viejas; es siempre la estructura de la sociedad la que origina la guerra».

Pero esto poco le interesa a una izquierda revanchista que sigue creyendo encontrar en el «Alzamiento» la razón última de su legitimidad. Llamazares, que nunca da un paso sin que le preste la muleta el Partido Socialista desde que José Luis Rodríguez Zapatero es secretario general, presentó en enero del 2006 una Proposición de Ley en la que se pedía, literalmente, la declaración del «18 de julio como día oficial de la condena de la dictadura franquista». Firmaba la tal proposición el propio Llamazares y su adosado Joan

Herrera —nacido Juan de nombre y de primer apellido Herrera— y se trataba de un alegato político que ni siquiera insertaría en sus momentos más revolucionarios *Mundo Obrero*, el órgano oficial del Partido Comunista de España, en el que se explicaba la idea básica. ¿Cuál era ésta?: «La concepción de exterminio del adversario político se concibió ya desde el principio de la Guerra Civil (una vez fracasado el golpe militar de Estado) hasta bien entrados los años cuarenta». Lo escribía, aparte del citado Joan Herrera, nacido Juan, un Llamazares que nunca, nunca en su vida, ha condenado la laminación letal, el genocidio sin precedentes que perpetró Stalin en la «querida Unión Soviética» (apelación literal de los comunistas españoles durante muchos años), y tampoco más reciente el «exterminio ideológico» que ha realizado, realiza, y si la Biología se lo permite, realizará en el futuro Fidel Castro, el gran ídolo del actual coordinador de Izquierda Unida, Llamazares.

Para sorpresa de muchos, al Gobierno de Rodríguez Zapatero le entró entonces un repentino, y no repetido, átomo de razón, y tras mirar a sus propios escaños, donde moran —afortunadamente, porque la cronología nos ha mezclado durante décadas a todos los españoles— muchos hijos y nietos de gentes del franquismo, no tomó en consideración la iniciativa de los comunistas, verdes y demás allegados, con lo cual a Llamazares, en su habitual tono enfático, le cupo el honor de sentenciar que Zapatero y su Gobierno no estaban dispuestos a «suturar (al fin y al cabo es médico) las heridas que Franco produjo en la izquierda española». ¿Y de las que se causaron al revés? ¡Ah!, de ésas no se habla, Llamazares, en esto sí concuerda con Zapatero, piensa que ya fueron suficientemente pasadas por el lenitivo de los cuarenta años de franquismo.

Tras proposiciones como la apuntada, lo más sensato que se dijo en el año de celebraciones de la Memoria Histórica, lo escribió un académico de la Lengua, Francisco Rodríguez Adrados, que pidió un debate nacional sobre la referida Memoria si es que, de verdad, se quería realizar una aportación historiográfica notable a dos periodos tan importantes del siglo XX español como son la misma Guerra Civil y, desde luego, los treinta y seis años de franquismo (no fueron cuarenta, las cuentas son las cuentas), en los que, desde luego, no primó la piedad hacia los vencidos en la horrorosa contienda del 36-39. La casualidad quiso que la atinada observación de uno de los pocos intelectuales españoles que crean opinión, Rodríguez Adrados, coincidiera con el anuncio de que el Ministerio de Cultura, presidido por la andaluza Carmen Calvo, pretendía celebrar un homenaje por todo lo alto al «bando republicano», o sea, al bando gubernamental, nada más y nada menos que en la propia sede de los padres dominicos de Almagro, la villa manchega famosa, entre otras cosas, por sus encajes y por su prestigioso Festival de Teatro en su corral de comedias. El obispado de Ciudad Real reaccionó rápidamente y se opuso. «¡Ah! —opinaron los «progres» del lugar—, ya está otra vez la alianza entre la Iglesia y los fascistas!»

La razón, la verdad era otra; era que el vicario de la diócesis, Miguel Esparza, se limitó a recordar cómo murió (es decir, cómo fue asesinado) en 1936 el obispo de la provincia y cómo, desgraciadamente para el obispo y los religiosos muertos, el hecho luctuoso, que diría un cronista de necrológicas, aconteció precisamente en el domicilio de los dominicos donde ahora se pretendía homenajear a los lapidadores del obispo. La diócesis actual —perdónese la licencia— debió de pensar algo tan castizo como: «... encima poner la cama».

Pero, claro está, el juicio que a Rodríguez Zapatero le merece la Iglesia católica es muy cercano al que poseen los organizadores del acto de Almagro. Si algún libro figura en la cabecera del presidente, es *León bajo la dictadura franquista*, los treinta y seis años referidos, alguno de los cuales tuvo la oportunidad de vivir Zapatero. En la obra, la Iglesia no sale bien parada: la clave es ésta: «La Iglesia tenía que participar en la guerra que había creado». Los niños «republicanos» de la posguerra, antes de la generación de Zapatero e incluso los de su propia generación, tuvieron que soportar estupideces del franquismo tan ridículas como la supresión del carnaval o la censura de los bailes o de los trajes de baño, pero ésa no fue una medida unilateral aprobada contra los pobres inocentes que tenían como todo pecado la pertenencia, caso Zapatero, a la causa de los vencidos, sino una extensión que afectó a todos por igual. Sin embargo, para justificar —lo cual no hacía falta— el papel preponderante de la Iglesia en la instalación de tan estultas medidas, el autor del libro referido culpa directamente a la Iglesia de ampararse en su defensa del «núcleo recto familiar» para explicar las bobadas. Si es cierto que en estos núcleos el padre era responsable y máxima autoridad, ¿no lo es menos que, como ha escrito Oscar Campillo, el biógrafo de Zapatero, la influencia de su padre fue determinante en el cuajo de la personalidad del Presidente?

Si en alguien es seguro que la «biografía marca los comportamientos», en Zapatero mucho más. Un informador de León del que respetamos la identidad suele decir que el padre de Zapatero, Juan Rodríguez, impecable hasta más allá de la neutralidad en su trabajo como asesor jurídico de los sucesivos gobiernos municipales que designó el franquismo, siempre fue otro en el «pequeño ateneo» de su domicilio, donde no sólo recordaba a su familia, a sus hijos, Juan y José Luis (el primero todavía en sus comienzos mucho más radical que el segundo), la tremenda peripecia del fusilamiento del abuelo, sino que les instruía en política y en ideología.

Con la recuperación eufemística de la memoria histórica, lo que ha terminado es aquel sueño que en la Transición describió muy sugestivamente un diputado comunista, Abad Camacho: «Hemos enterrado —dijo entonces— nuestros muertos y nuestros rencores». Ahora, los promotores de la parcial exhumación han calculado, sin detenerse en mayores averiguaciones, que en España hay, por lo menos, setecientas fosas comunes, la primera de las cuales se abrió ya, según se cree, por el año 2000 y en la cual aparecieron trece republicanos ejecutados extrajudicialmente en 1936.

Este dato, que en su momento aportó la Asociación para la Recuperación de la Memoria Histórica, no ha sido contrastado y se ha admitido como dogma de fe, hasta el punto de que forma parte del grueso informe enviado a los grupos parlamentarios del Congreso de los Diputados, como fundamento de la ley aprobada el 5 de julio del 2006, que consagró este año como, precisamente, el de la «Recuperación de la Memoria Histórica». El seguimiento que se hizo de esta ley está lleno de anécdotas, e incluso de manipulaciones. Sirva, a modo sólo de ejemplo, que en la página web de la cadena Ser —ya se sabe el «imperio Prisa», el «imperio Polanco», al que tanto contribuyó, sin reconocimiento posterior alguno, el ex presidente Aznar— se ofrecía noticia de la buena nueva parlamentaria dando por supuesto que así se hacía justicia «a las quinientas mil personas que murieron en España sólo durante la Guerra Civil».

Hoy día, sin embargo, pocos historiadores con calificación de rigurosos elevan a esa estruendosa cantidad la cifra de muertos en la contienda. El millón de muertos, concesión literaria de Gironella para José Manuel Lara, queda reducido notablemente hasta los trescientos mil, número que, en todo caso, expresa, sin necesidad de exageración alguna, el horror de aquel espantoso y sanguinario conflicto civil que Salvador de Madariaga, republicano y liberal hasta las entretelas, denominó justamente el «trágico disparate».

La Ley del Parlamento, que exigía posteriores desarrollos, ha terminado no sólo con la aspiración de los hombres de la Transición, ya abiertamente considerados, como dijo una vez el ministro Caldera, «protagonistas de la componenda», sino con un deseo muy querido por quien en la propia Transición fue considerado, según el titular de la revista *Cambio 16* que tanto éxito tuvo, «el motor del cambio»: el rey don Juan Carlos. De todas las frases que en sucesivos discursos y declaraciones ha pronunciado el Monarca, se recuerdan, por su compromiso con la democracia, únicamente unas pocas. Nadie quiere acordarse de una, que al comienzo de los ochenta, cuando ya se había iniciado (lo hemos señalado ya) la reivindicación histórica de la «derrota republicana» y cuando ya se escuchaban los primeros rumores de involución, pronunció el Rey en un cierto y solemne momento: «No quiero —dijo— que los vencedores de la Guerra Civil sean los vencidos de la democracia». El Rey estaba hablando de reconciliación. Ahora prima la *memoria*, una memoria parcial y aviesa utilizada como arma política partidista, letal para la convivencia democrática y que precisamente busca el enfrentamiento y fractura de España, justamente lo contrario de lo que pretendió la Transición.

Capítulo 5 Un enorme disparate

Franco se murió en la cama. Y dejó muchas nostalgias, dolores de una y otra parte, y también recuerdos. Algunos, sólo unos pocos, en forma de joyas, los intentó sacar ilegalmente de España, rumbo a Filipinas, la hija Carmen, ya duquesa de Franco, pero en la aduana la detuvieron y provocaron por ello uno de los episodios más chuscos del momento. La heredera se dejó fotografiar con las joyas y llegó a afirmar que las enviaba para que su amiga, la entonces presidenta de Filipinas, Corazón Aquino, tuviera un buen recuerdo de ella.

Entre sus bienes más discutibles figuraba un yate: el *Azor*. Durante toda la gobernación franquista, ningún español albergaba la mínima duda sobre la propiedad del *Azor*, del que sólo se sabía, verano a verano, que «Su Excelencia el jefe de Estado ha embarcado en el *Azor* para pasar unas breves jornadas de descanso». Así que cuando Franco murió causó una cierta sorpresa que

Patrimonio Nacional se hiciera cargo del buque: todo el mundo daba por sentado que «ésa» era una herencia de familia.

Un día de mayo de 1976, apenas seis meses después del fallecimiento del jefe de Estado, a la Agencia Logos, perteneciente a la Editorial Católica —ambas ya desaparecidas hoy en día—, se le ocurrió preguntar inocentemente al Gobierno de Adolfo Suárez:

—¿Qué va a ocurrir este verano (primer verano sin Franco) próximo con el yate *Azor*?

El Ministerio de Marina respondió escuetamente:

—El yate *Azor* se encuentra a disposición del Rey y preparado para lo que se puede necesitar de él.

Pero don Juan Carlos lo usó una sola vez. Y oficialmente. Fue para pasar revista a la flota. Una vez nada más. Quizá el barco de Franco no le traía buenos recuerdos; allí se cumplimentaron las entrevistas de su padre, el conde de Barcelona, don Juan de Borbón, para muchos monárquicos Juan III, y allí, en una de ellas, tras discutir sobre la formación del príncipe, Franco empezó a pensar en que don Juan no podía, no debería ser nunca su sucesor. Probablemente por todo aquello, el Rey no utilizó jamás el *Azor* como yate de recreo.

Durante años, el *Azor* se aburrió en las dársenas del Patrimonio. En perfecto orden de revista «y preparado para lo que se pueda necesitar de él». En nueve años, desde 1976 hasta el 1985, «nadie necesitó de él». Ni Adolfo Suárez primero, ni Leopoldo Calvo Sotelo después, sintieron la más leve tentación de embarcarse en el buquecillo que Franco usó durante veintiséis años ininterrumpidos y en el que departió con amigos, mantuvo entrevistas políticas y, sobre todo, pescó... pescó todo lo que le pusieron a tiro de anzuelo sus bien adiestrados expertos marinos. Una vez incluso, la propaganda oficial, absolutamente desmadrada y ridícula, lanzó la especie, vía Cifra —la agencia oficial de noticias para asuntos nacionales—, de que Franco había avistado una ballena y ayudado a que sus colaboradores expertos la capturaran, pero a la censura del tiempo le pareció demasiada hazaña para ser creíble y, previa consulta al organismo competente, el «teletipo» se retiró de la circulación.

Así que el *Azor* estuvo anclado nueve años hasta que en julio de 1985, Felipe González, que llevaba ya tres años de presidente del Gobierno, decidió subirse a bordo para darse un paseo por las costas portuguesas. El paseo pasó desapercibido, pero, como siempre, una indiscreción, probablemente de algún deslenguado, facilitó el conocimiento de la noticia. Aun así, los servicios de información del régimen felipista supieron parar su difusión. Ése fue el error, porque, confiados Felipe González y su entorno en que podían hacer lo que les viniera en gana en aquella situación de abrumadora mayoría absoluta, un mes después, volvió a encaramarse por la vieja escalerilla del *Azor*, esta vez con toda su familia a bordo. La escandalera no fue parca. Los escasos medios de oposición bramaron contra el comportamiento «franquista» del nuevo César (así le llamaron Amando de Miguel y José Luis Gutiérrez en un libro de gran éxito) y hasta el desdichado y antiguo epígono de Franco, Eduardo Haro Tecglen, censuró el periplo de su nuevo dueño político. Años más tarde, ya en febrero del 90, el propio Haro defendió así el comportamiento megalomaníaco de González:

—Alguien debió de aconsejarle mal, o quizá fue su deseo de asumir el pasado.

Lo cierto es que, ya a toro pasado, la justificación sonó aún peor que la conducta del presidente. Haro escribió un torpe artículo en el que, encima, atribuía al propio Franco el bautizo del barco con una denominación francamente carroñera: «Azor», el ave rapaz, de ágiles y taimados movimientos que, al parecer, era la preferida del entonces jefe del Estado. Escribió así Haro: «Quizá el nombre del barco, correspondía al ave de presa que pintaba (Franco) con minuciosidad y cuidado».

Haro, como tantos otros pregoneros del socialismo, siempre justificó los actos de González, incluso se empeñó en asegurar que éste no había podido acometer la tarea que la izquierda le reclamaba: la revisión del pasado, porque la Transición estuvo condicionada siempre por lo que en su momento se llamaron los «poderes fácticos», una forma eufemística y elegante de referirse al miedo al Ejército que venía del franquismo. Es curioso sin embargo: el miedo inconfeso no le impidió al propio González adoptar comportamientos similares a los de Franco. Los dos periplos del *Azor* fueron en ese aspecto reveladores, incluso componentes de una cierta provocación hacia los militares que aún consideraban las «cosas de Franco» (entre ellas, el *Azor*) como «intocables». Siempre para disculparse, González ha contado después que el más moderado de los militares de entonces, el vicepresidente Gutiérrez Mellado, le pidió en una ocasión, delante del mismísimo Adolfo Suárez, que la izquierda renunciara a revisar la historia «hasta que muera toda nuestra generación».

Definitivamente en todo caso, si Felipe González no eligió el mejor yate, ni el más adecuado para gozar de sus vacaciones, lo cierto es que lo hizo porque le vino en gana. Tal utilización lo que deja claro es que la justificación que se han sacado de la manga el propio González y gran parte de la izquierda transcurrida más de una década de que entonces no se revisó la memoria histórica por miedo al golpismo no sólo es falaz, sino que es absolutamente absurda a la vista de la utilización «caudillista» del yate por parte del sevillano. De haber tenido ese temor, evidentemente, no hubiera «provocado» a los militares de esa manera. Claro está que recibió, sin embargo, espaldarazos. Los tuvo de quienes apostaron porque el presidente manejara todos los instrumentos de poder que la democracia le otorgaba, y los tuvo, curiosamente y casi de rondón, por parte de quienes susurraron que la idea de que González abordara el *Azor* no fue suya; vino «de más arriba»: del propio Rey. Algo naturalmente incomprobable.

Después de aquel episodio, el *Azor* no ha necesitado de ninguna ley zapatista para caer en el olvido; tras alguna peripecia no bien contada, el *Azor* ha terminado expuesto en el único restaurante de un pueblo burgalés que lleva por nombre Cogollos.

Es, al parecer, el atractivo máximo del establecimiento que regenta el propietario, el fin del periplo del otrora inabordable *Azor*.

Por insólito que resulte, diez años más tarde del abordaje felipista sobre el *Azor*, nuevamente se atribuyó al propio Don Juan Carlos la iniciativa de «ofrecer» una casa de vacaciones al presidente del Gobierno Rodríguez Zapatero: La Mareta, en la isla canaria de Lanzarote. La casa fue un regalo personal de uno de los soberanos árabes a los que el Rey español —y recíprocamente— suele llamar «primo»: el fallecido Husein de Jordania. Cuando se conoció el obsequio inmobiliario, la Casa del Rey transmitió oficiosamente —pocas veces la Casa redacta una nota oficial— esta explicación: «Se trata —explicó— de un regalo exclusivo para la Familia Real».

Así fue: durante años únicamente la Familia Real disfrutó de aquel lugar paradisíaco. El Rey no ha regresado allí desde que en enero de 2000, y en pleno descanso de Navidad, su madre doña María de las Mercedes falleció de repente cuando el resto de la familia estaba almorzando. Sí han estado en una breve ocasión, los príncipes de Asturias, don Felipe y doña Leticia.

Un antiguo colaborador de Aznar y de su Gabinete en tiempos de Presidencia ha negado a los autores de este libro que, en los ocho años en que José María Aznar fue presidente del Gobierno, recibiera incitación alguna por parte de la Zarzuela para utilizar La Mareta. Aznar veraneó siempre en edificios cedidos por algún amigo personal, aunque, eso es cierto, sí usó regularmente dos fincas pertenecientes al Patrimonio Nacional: Doñana, en Huelva, y Quintos de Mora, en la provincia de Toledo. A La Mareta nunca fue.

Zapatero, quizá, ha querido permanecer dos estíos continuados en este lugar no ya para asumir ninguna clase de pasado, sino para hacer honor a ese «rey republicano» con el que él confiesa estar «extraordinariamente a gusto». Él, que aprovecha todas las ocasiones para afirmar su fe republicana. El 1 de mayo de 2006 dijo, por ejemplo, en el Parlamento: «La España de hoy mira a la España de la II República con enorme reconocimiento y, sobre todo, con satisfacción y orgullo por lo que hemos sabido hacer entre todos en esta etapa constitucional».

O sea, lo que ahora intenta destruir.

Si alguna vez el Rey vuelve a deleitarse con el regalo de su «primo» ya desaparecido, Husein de Jordania, se encontrará con que, efectivamente, le han cambiado la casa y sus alrededores. Patrimonio Nacional, en el que está inscrita regularmente La Mareta, ha realizado en ella obras por valor, que se sepa, de 272.000 euros, para que Zapatero, su familia y sus amigos se hallen definitivamente a gusto allí. Quedan lejos los tiempos de austeridad (la «austeridad» que exigía Zapatero en su primera comparecencia como presidente) de Almería, de la Garrocha, y más todavía los momentos felices, pero muy escuetos de confort, que los componentes de la familia Zapatero pasaron otros veranos en el piso segundo izquierda del Edificio «Caudillar» (también tenía guasa el nombre) de Porto do Son, en Pontevedra. En ese estrecho apartamento no efectuó el hoy presidente obra alguna porque con seguridad que era muy costosa para su pecunio; sí la ha hecho por cuenta del Patrimonio, en La Mareta; por cierto, que el Ayuntamiento de Teguise, pueblo donde está localizada la finca, aún está esperando a que se le pida la correspondiente licencia de obras, mientras tanto, aunque sea a nivel administrativo y local, las susodichas obras tienen la calificación de ilegales. Claro está que quién se atreve a pleitear con Patrimonio Nacional. Apenas lo hizo Berlanga en su celebérrima película.

Como hemos escrito, Felipe González no estuvo en todos los años de su mandato presidencial, que fueron trece, por retirar de la circulación cualquier símbolo que recordara al dictador; más bien por lo contrario. Ni el *Azor*, ni ningún otro. Y eso que durante su etapa al frente del Gobierno cuando tenía la mayoría absoluta hubo dos aniversarios que le hubieran venido como anillo al dedo: el cincuenta aniversario del comienzo de la Guerra Civil y el cincuenta aniversario del final de la misma. Ni tan siquiera hubo entonces exaltación de las víctimas o unas palabras hacia los exiliados. Tampoco ningún ministro de González explicó lo imprescindible que resultaba terminar con cualquier vestigio del pasado franquista, con frases como la que, muchos años después, en agosto de 2006, utilizó el ministro de Defensa de Rodríguez Zapatero, su antiguo compañero de pupitre José Antonio Alonso, con ocasión del «alzamiento» de la estatua de Franco en la Academia General Militar:

—Estaba —dijo— vinculada a acontecimientos de muy ingrato recuerdo.

Alonso llegó al Ministerio de Defensa con dos obsesiones de urgente y rápido cumplimiento: la primera, conocer cómo era, y es, la casa, el «pabellón» se dice en lenguaje oficial, que posee el ministerio para residencia de sus titulares. Alonso, o mejor dicho su segunda esposa, vivía confortablemente en el piso del Ministerio del Interior, y el cambio de ministerio de su marido no quería que afectara a su comodidad familiar. La mujer de Alonso, cuando supo que su marido iba a ocupar la cartera de Interior apenas ganadas las elecciones, se trasladó con urgencia al palacete del Paseo de Castellana 5, y, delante del antecesor en el cargo, Ángel Acebes, dijo:

—Quiero, cuanto antes, conocer la casa en la que vamos a vivir.

No deseaba, la buena señora, dar puntada sin hilo. No consiguió en todo caso que la mujer de Acebes le mostrara personalmente el piso. La segunda obsesión de su esposo era, digamos, más política: acabar de un plumazo con los rescoldos de connivencia con el pasado (religioso y social) que había presentado su correligionario —al menos en teoría— José Bono. Bono no fue partidario, en los dos años en que gobernó Defensa, de revisar símbolo alguno. Lo justificaba así:

—No sería bueno utilizar los símbolos para dividir; nuestros enemigos de hoy no son los muertos.

O sea, plena coincidencia con su sucesor y con su jefe político Zapatero.

Pero Alonso, apenas llegado, se empecinó en desarrollar sus obsesiones. Ya lo hemos dicho. Por eso se propuso, adelantándose a cualquier iniciativa parlamentaria, a cualquier ley, terminar con la simbología que todos los ministros de Defensa, desde la muerte de Franco, no se habían atrevido a terminar. La única preocupación de Alonso fue hallar el momento. Y lo halló.

En pleno verano y en el funeral recordatorio de las víctimas militares de Afganistán, en agosto de 2005, el ministro ordenó suprimir dos ritos religiosos que para los militares eran, hasta ese momento, sagrados: el responso y el canto de un himno fúnebre que a toda la profesión castrense le pone los pelos de punta: «La muerte no es el final». Un antiguo jefe de Estado Mayor del Ejército reaccionó así ante los autores, al conocer el detalle:

—Es un agravio gratuito, una ofensa que ningún militar va a olvidar.

Y añadió:

—Claro está que tampoco va a olvidar que quienes han tragado con esto, el jefe de Estado Mayor de la Defensa y el jefe de Estado Mayor del Ejército, son unos mierdas.

Literalmente.

Alonso siguió con su excitación rupturista. Hasta el punto de que creyó encontrar el instante oportuno para hacerle un enorme favor a su patrocinador político, el Presidente del Gobierno. Zapatero había pasado un verano horrible, lleno de incidencias a cual más negativa para su imagen de gobernante eficaz: huelgas salvajes en aeropuertos, incendios devastadores en Galicia, advertencias de la Comisión Europea a su política energética, continuas arribadas de inmigrantes a las costas canarias... De todo. Y ése fue el momento.

Sin previo aviso, el 24 de agosto, el mismo día en que Zapatero regresaba a Madrid procedente de su sin par Mareta, Alonso ordenó descolgar la estatua del general Franco de la Academia Militar General de Zaragoza porque —ya está escrito— «estaba vinculada a muy malos recuerdos». Como aplique esta torpe máxima al dedillo, día llegará en que Zapatero mande cortar de cuajo las estatuas de los reyes visigóticos que orlan la Plaza de Oriente de Madrid; tampoco de alguno de ellos se guardan «buenos recuerdos».

Por lo demás, es probable, sin embargo, que el ministro ignorase que la estatua de Franco rezongante y a caballo no fue erguida por la condición de dictador y jefe del Estado de Franco, sino por haber sido el primer director de la Academia durante la dictadura de Miguel Primo de Rivera, con la que, sin ir más lejos, una gran parte del Partido Socialista colaboró estrechamente. Francisco Largo Caballero, sin duda el personaje socialista más radical de la II República, fue en aquel tiempo consejero de Estado de Primo de Rivera. ¿Sabía esto Alonso? Para el caso, es lo mismo. Como afirmaba en un editorial el periódico *El Mundo*: «EL PSOE no debería empeñarse en ganar la guerra del 36. Porque lo que no puede ser no puede ser y además es imposible». Lo dijo, el primero, un torero, Rafael *el Gallo,* del que Alonso probablemente tampoco tendrá noticias. El ministro se quedó encantado vengándose con un «alzamiento» de estatua del Alzamiento de 1936, y la Asociación de Militares Españoles le contestó:

> Más valdría que en vez de mover estatuas, se dedicara vigilar la seguridad de los militares españoles que están fuera de nuestro país y no precisamente en misiones de paz.

Pero a José Antonio Alonso la opinión de la asociación castrense le importa un bledo. Él sigue con su cruzada antirreligiosa, uno de cuyos episodios más difíciles de tragar para los militares será la supresión de la misa en la ceremonia de entrega de despachos a los nuevos oficiales de las academias. Ya ensayó la jugada Alonso en Marín, con ocasión de la salida de la Academia de los guardiamarinas que habían terminado sus estudios. Alonso exigió al militar que había preparado el acto que suprimiera del mismo el oficio de la misa:

—Éste es —le ordenó— sólo un acto cívico.

Semejante respuesta, plena de incultura, rebeló incluso al Rey, antiguo alumno en Marín; don Juan Carlos medió en el trance advirtiendo:

—Ministro, esto es así, se celebra así en la Marina desde hace centenares de años.

Pero Alonso y su jefe y condiscípulo de pupitre Zapatero continuarán impertérritos con sus objetivos y, desde luego, antes de que su ley entre en vigor. Sin embargo, tienen, no obstante, muy difícil derribar las estatuas y bustos de Franco que hay repartidos por cinco capitales españolas: Santander, Melilla, Cuenca, Santa Cruz de Tenerife y La Coruña. En esta última ciudad, el que fue sempiterno alcalde socialista, Francisco Vázquez, fue demoliendo, una a una, todas las iniciativas de su partido en Galicia para que se retiraran los recuerdos de Franco, no solamente una estatua, sino toda una calle. Vázquez afirmó en una ocasión en que fue preguntado por este menester:

—Aquí, en La Coruña (él siempre dice La Coruña y no «A Coruña»), tenemos todas las grúas ocupadas en la construcción; no dan para otros trabajos.

Con su sorna gallega habitual.

Pero, para cumplir con la nueva ley aprobada por el Consejo de Ministros, los símbolos serán en el porvenir atacados de frente y por derecho. Zapatero cumplirá, esta vez sí, con su palabra de hacer «impensable que en un país europeo existan recuerdos en ámbitos públicos de dictadores». Lo dijo en París, delante de Chirac, que está harto de contemplar como toda Francia está repleta de monumentos, estatuas o recuerdos a reyes (Luis XIV: «El Estado soy yo»), no precisamente demócratas, y a políticos que, como Petain, colaboraron directamente con regímenes totalitarios y fascistas.

En un principio, Zapatero prometió a todos sus socios, básicamente a Esquerra Republicana de Cataluña y a Izquierda Unida, derribar cualquier vestigio del pasado. Sin encomendarse a la Historia, y mucho menos al sentido común, porque, desde esos inicios, se le recordó (o se le advirtió, dada su ignorancia) que ninguna ley estatal podría inmiscuirse en competencias, por ejemplo, municipales. Es decir, que ni Zapatero ni sus iconoclastas seguidores tendrían capacidad legal para borrar del callejero de Santander la vía dedicada al general Mola, o extirpar, a golpe de decreto, la coletilla «de Franco» que figura aún en la denominación de un pueblo zamorano: Ribadelago de Franco. Este municipio fue destruido casi por completo en el año 1958 como consecuencia de la rotura de la presa del río Tera; Franco se empeñó personalmente en su reconstrucción y, en agradecimiento, los naturales colocaron esta coda en el nombre del nuevo pueblo. ¿Puede eliminarla Zapatero?

No, como tampoco podrá impedir, con o sin ley, que otros siete municipios españoles continúen apodándose «del Caudillo» si ello les viene en gana.

Llanos del Caudillo, en Ciudad Real; Gévora y Guadiana del Caudillo, en Badajoz; Guadalacín del Caudillo, en Cádiz; Benuleza del Caudillo, en Córdoba; Águeda del Caudillo, en Salamanca; Alberdera del Caudillo, en Toledo, y Bárdena del Caudillo en Zaragoza, son pueblos que conservan la denominación compuesta, a pesar de que la mayoría de ellos pertenecen a comunidades autónomas gobernadas casi siempre por el Partido Socialista. Este partido no ha podido evitar la opción de los habitantes de estas villas, del mismo modo que no ha logrado retirar los nombres de algunos generales famosos de las calles de Santander, aunque la presión del PSOE, aliado con los regionalistas de José Antonio Revilla, han intentado en varias ocasiones lograr el abatimiento de las placas situadas en sus calles. En Madrid, lo que no ha podido realizar Zapatero, y ni siquiera intentaron los alcaldes socialistas Tierno Galván y Juan Barranco, sí ha corrido a cuenta de unos exaltados mozalbetes pertenecientes a la Coordinadora Antifascista, una organización de corte radical. Nadie, sin embargo, les ha afeado la conducta.

Madrid, en todo caso, no ha sido la única capital española que ha sufrido este tipo de atentados a la legalidad, porque legales son las placas y legales son las calles con sus actuales denominaciones. En otras capitales, como la Santander citada o Salamanca, ha sucedido algo parecido. En la capital de Cantabria, además, y aprovechando el verano y sobre todo las obras que la Autoridad Portuaria realizó en Cabo Mayor, la Delegación del Gobierno, sin previo aviso y con total nocturnidad, eliminó las leyendas escritas en la Cruz de los Caídos, dos simples y escuetas inscripciones que rezaban así: «Caídos por Dios y por España» y «Presentes». Una estaba situada en la propia cruz y la otra en el pedestal. Este monumento fue alzado en 1941, obra del arquitecto Lavín del Noval y del escultor Villalobos, y recuerda la defenestración de presos franquistas que en los años 1936 y 1937 se realizaba prácticamente a diario. El sobrino de una de estas personas tan horrorosamente ejecutadas lo recuerda así:

—Desde allí, muchas veces se arrojaba al mar a los detenidos, no sin antes atarles con una soga al cuello una piedra de enormes dimensiones. Así murieron muchas, muchísimas personas.

El padre Martín Rubio, al que ya hemos mencionado en otro capítulo de este libro, sugiere, sin embargo, que las tétricas historias del faro de Cabo Mayor en Santander pueden no ser ciertas. Al parecer, el farero de entonces declaró en la causa general abierta después de la Guerra que él no había visto que ninguna persona fuera arrojada al mar desde el alcantilado. Pero en Santander, según han podido recoger los autores, la verdad que circula es muy otra: hubo abundantes asesinatos y la prueba de ello es que apenas llegadas las tropas nacionales a la ciudad, comenzó una peregrinación constante al faro que duró muchísimos años. La explicación que las familias de las víctimas encuentran a la declaración del farero es que éste se había trastornado psicológicamente tras soportar aquellos horribles espectáculos.

En todo caso, episodios como los de la supresión de las inscripciones de Santander no son gratuitos, ni, mucho menos, impensados; forman parte de la táctica del Gobierno de Zapatero de ir derribando símbolos sin sembrar mucho escándalo, sin ruido, subrepticiamente. Hay que tener en cuenta que en el Proyecto de

Ley se ha suprimido la facultad que podría poseer la Administración Central de levantar cualquier icono o representación que pudiera recordar al régimen de Franco, porque esa capacidad corresponde únicamente a los ayuntamientos. El Gobierno no ha respetado ni siquiera su ley, se ha adelantado a ella y, por la vía traumática de los hechos, ha realizado lo que la legalidad no le dejaría hacer. Otro ejemplo de talante democrático.

Es decir, la pauta es terminar con los símbolos antes de que ley esté en vigor y pueda ser recurrida. El Gobierno no quiere ni sorpresas, ni altercados, tampoco dar explicaciones prolijas sobre sus fechorías ilegales y ni siquiera presumir de ellas, aunque sí festejó con una cierta sonrisa la ocurrencia del diputado Joan Tardá, de Esquerra Republicana, quien, tras conocer el levantamiento de la estatua de Franco en la Academia General Militar, pidió:

—Que se funda para levantar una estatua a Companys.

Claro está que la mínima Izquierda Republicana, el partido que fundó Manuel Azaña, le contestó en Internet:

—La estatua para Azaña.

De modo que ahí andan ambos, unos y otros, disputándose el bronce para sus propios líderes históricos.

La Esquerra ha sido, desde todos los puntos de vista, el partido que más se empeñó en que Zapatero transigiera, al final, con cumplir su compromiso memorístico. La Esquerra debe de tener soplones en todos los lugares de España, a pesar de ser una formación independentista catalana; no de otra forma se explica que, de pronto, su desmelenado parlamentario Tardá descubriera un día que en el Cuartel General del Ejército del Aire de Madrid, cuartel que ellos llaman «imperialista» y «español», esté aún presente una lápida que reza así:

Francisco Franco caudillo de España.

La lápida ni recibe visitas melancólicas, ni ha despertado en todos los años que van desde la muerte de Franco hasta la fecha rencor alguno; ha pasado, simplemente, desapercibida. Pero ahora resulta que es un auténtico agravio para la democracia española. Lo dice un partido que, en frase de Tardá, «no se siente vinculado en modo alguno con España». Así que la Esquerra, por medio del muy citado Foro por la Memoria Histórica y apoyada, cómo no, por el inefable jefe de Izquierda Unida, Gaspar Llamazares, pidió a finales de verano de 2006 que fuera retirada cuanto antes del cuartel. Y todo se andará, porque ya ha avisado el Partido Socialista de Zapatero que:

—Son demasiados aún las plazas, calles, e incluso edificios públicos y nombres de municipios que exhiben la simbología de la dictadura franquista.

En su afán iconoclasta, Zapatero, pendiente de tomar su revancha definitiva, quiere que la Iglesia católica también colabore en el particular y se digne «limpiar» sus iglesias de todo recuerdo franquista. ¿A qué llama Zapatero «recuerdo franquista»? Ni más ni menos que a alguna de las muchas —eso es cierto— listas de «mártires de la Cruzada» que figuran en las fachadas de las iglesias, sobre todo las pueblerinas, de España. Verdad es que, después de la Transición, ya fue borrada alguna de esas listas. En una iglesia de las cercanías de Madrid, donde permaneció durante muchos años la relación entera de los vecinos asesinados en la Guerra Civil por sus creencias religiosas, se ha conseguido el milagro de tapar, sin dañar, los bajorrelieves de los nombres; sobre ellos hay colgado permanentemente un sencillo cartel que anuncia una «excursión a Lourdes para enfermos y allegados». Un reclamo que, de vivir, utilizaría sin duda el irreverente Luis Carandell para su revolucionario y muy celebrado en su momento «Celtiberia Show».

Del más pedestre y falaz «Celtiberia show» es la intención del Gobierno de «retirar todos aquellos símbolos del franquismo a través de los órganos encargados de su mantenimiento», algo que hizo en agosto el ministro Alonso antes de que la norma estuviera en vigor; estupenda lección de un jurista que se exhibe como «intachable» y que aplica una ley que no se ha aprobado en el Parlamento. Tal transgresión escandalizaría el sarcasmo de Carandell, pero más aún irritaría su sardonia saber que el Gobierno del partido que él tanto defendió eliminará «los símbolos que pertenezcan a un solo bando». Es decir, únicamente al nacional. Están salvados los horrorosos monumentos en homenaje a Indalecio Prieto y Largo Caballero que esculpió ante el Ministerio de Trabajo, en Madrid, el escultor Pepe Noja, y los cientos de calles que hay dedicadas en nuestro país a gentes de tan indiscutible trayectoria democrática como los antedichos o a Pablo Iglesias, el fundador del PSOE, que pedía una revolución bélica, la anarquista Federica Montseny, que llegó a ministra de Sanidad, aquella Pasionaria, Dolores Ibarruri, que gritaba «Hijos, sí, maridos, no», la celebrada Victoria Kent, radicalsocialista que en las Cortes (acompañada frenéticamente por Indalecio Prieto) se opuso al voto femenino, o el pobre católico conservador, siempre desbordado por los acontecimientos, Niceto Alcalá Zamora. En Madrid se salvará asimismo la última adquisición republicana en materia de calles: la calle de las Trece Rosas, dedicada a unas muchachas comunistas fusiladas durante la Guerra.

Pero si «vamos a por los símbolos», no se puede decir lo mismo de uno de los grandes asuntos peliagudos que estuvieron presentes, desde el primer momento, en las intenciones revanchistas de Zapatero y de su tópica Ley de Memoria Histórica: la anulación de los juicios sumarísimos realizados después de la guerra por el franquismo, juicios que terminaron, muchos de ellos, con el fusilamiento de los encausados. En octubre de 2004, a sólo cuatro meses de la toma de posesión del Gobierno de Zapatero, un diputado de la mayoría socialista, el catalán Daniel Fernández, pedía solemnemente a su Presidente que «se anularan todos los sumarios de aquella época», y Zapatero, presente, ufano y distendido en el banco azul del novísimo Gobierno, prometió sin ambages, sin cortarse un pelo, lo siguiente:

—En su momento y conforme a la ley que se discutirá y espero que se aprobará en este Parlamento, el Gobierno procederá a la anulación de los juicios sumarísimos realizados por el franquismo.

La progresía andante, como no podía ser de otro modo, aplaudió entusiásticamente la iniciativa, y el Presidente la incorporó a las discusiones que la Comisión Interministerial presidida por Fernández de la Vega ya estaba cumplimentando con enorme rapidez. Dos juristas, el uno magistrado de la Sala de lo Penal del Tribunal Supremo, Antonio Martín Pallín, fiscal anticorrupción el otro en su día, Carlos Jiménez Villarejo, se sumaron al coro de quienes veían en esta idea la auténtica reparación histórica que la izquierda viene pretendiendo, según ellos (no hubo durante el franquismo noticia de ello), desde que empezó la Transición. Su argumento, manejado asimismo por la asociación, de indudable obediencia socialista, Jueces por la Democracia era que «los tribunales democráticos no pueden dar por buenas aquellas sentencias, ni considerarse herederos de los tribunales militares surgidos de una Guerra Civil».

A los muchos meses de trabajo de la Comisión Interministerial, la consulta de un avispado jurista al Tribunal Constitucional previno a la vicepresidenta de que era imposible, pese a las promesas de revancha de Zapatero, anular las sentencias del franquismo. Y es que el Constitucional tiene dictaminado que «no son revisables sentencias previas a la Constitución ya que han agotado todos sus efectos jurídicos, como es el caso de un consejo de guerra». La vicepresidenta se llevó un chasco de muerte, pero el Presidente, según testimonio del jurista mencionado, pidió que también se «agotara» el estudio de la legislación por si él podía cumplir con su promesa. Pero nada de nada, y así, el texto que se presentó el 28 de julio no incluía palabra alguna sobre la revisión y, mucho menos, la anulación de las sentencias.

Y menos mal, porque aparte de que hubiera sido inmediatamente desautorizado por el Tribunal Constitucional, Zapatero se hubiera encontrado, desde la derecha que tanto vitupera, con la contestación de enormes juristas que a él, profesor (enchufado profesor sin contrato) por unos meses de Derecho Constitucional en León, le hubieran dejado como un profundo ignorante. Zapatero se suele tirar a la piscina de las promesas con una frivolidad casi suicida, pero al comprometerse a la susodicha anulación de sentencias, no cayó en la cuenta (no lo sé, porque lo ignoro) de que el mismo Código de Justicia Militar aplicado durante la represión franquista, primero en la Ley de Responsabilidades Políticas del 9 de febrero de 1939, y después en la Ley de Represión de la Masonería y el Comunismo de 1 de marzo del 41, ya citada abundantemente en el segundo capítulo de este libro, era el mismo que se aplicó durante su venerada II República, en la que únicamente existió un intento de reforma; lo protagonizó precisamente Largo Caballero, presidente de la República durante corto espacio y en el curso ya de la Guerra Civil, y no cuajó porque, al final, Largo duró en el cargo lo que un caramelo a la puerta de una escuela. El Código de Justicia Militar, que incluía naturalmente los consejos de guerra, fue aprobado nada menos que en 1890 siendo reina regente doña María Cristina y ministro de Justicia Marcelo de Azcárraga. Los socialistas siempre han afirmado que, en cualquier caso, los juicios populares de la República siempre tuvieron más garantías que los instalados después de la guerra por Franco, pero esa opinión no resiste, en opinión de la mayoría de los historiadores, el menor análisis serio.

El franquismo, eso sí, amplió los ámbitos de aplicación de la jurisdicción militar y efectuó ligeros cambios procedimentales, pero nada más. Con eso le bastaba, como le hubiera bastado a Largo Caballero para la represión posterior, si él hubiera ganado la guerra. Como suele afirmar el historiador Stanley G. Payne: «No hay razón alguna para pensar que la represión que hubiera aplicado Largo Caballero hubiera sido más piadosa que la del franquismo».

Metido en un lío jurídico tan serio, Zapatero lanzó a sus portavoces para que le sacaran del embrollo de su promesa y, sin pudor alguno, diputados como Ramón Jáuregui explicaron que el «PSOE siempre ha abogado porque el Congreso de los Diputados resuelva que los juicios del franquismo fueron "bastante" incorrectos». Otra perla cultivada para incorporar a la tal «Celtiberia». Pero, naturalmente, los juristas más ligados a la izquierda radical del país, caso de Carlos Jiménez Villarejo, reaccionaron con sumo enojo a la vuelta atrás de Zapatero. Habló el fiscal malagueño de «humillación» y «burla», de «haber presentado un despropósito y una ofensa a la dignidad de las personas». Con él coincidió absolutamente Izquierda Unida, cosa que no debe extrañar porque Jiménez ya había redactado un informe para esta coalición con la que trabaja activamente. En un cierto momento Jiménez incluso pidió a Llamazares encabezar las listas electorales del Partido Comunista para el Parlamento Europeo, pero las llamadas «bases» de IU, que no son otras que las del Partido Comunista, se opusieron en rotundo a la propuesta de Villarejo.

En consecuencia, no hay razón para pensar, como algunos medios informativos supusieron cuando fue presentado el Proyecto de Ley de Reparación Moral y de Reconocimiento de los Derechos de las Víctimas de la Guerra Civil y de la Dictadura de Franco, que Zapatero eliminara del texto la anulación de los juicios sumarísimos por una filantrópica concesión al Partido Popular para que éste reconsiderara su oposición frontal a la ley. No; se suprimió la iniciativa por su carácter inconstitucional. Por nada más; hasta el último momento, los técnicos juristas de Zapatero intentaron encontrar un resquicio para «colar» la anulación. No lo hallaron.

Zapatero ensayó la jugada de salir indemne de la ruptura de su promesa y para ello ordenó la acometida sobre todos los medios de comunicación del país, a muchos de los cuales les resulta imposible, por miedo a ser tildados simplemente de «franquistas», colocarse ante una iniciativa destinada a partir aún más España en dos mitades.

Zapatero ya pensaba en una ley «total» (juicios sumarísimos incluidos) cuando todavía era jefe de la oposición parlamentaria en el Congreso de los Diputados. El 20 de noviembre de 2002, justo el día en que se cumplían los veintisiete años de la muerte del general Franco, consideró que había llegado el momento histórico de retomar los recuerdos del pasado y organizar la marimorena con una ley que convirtiera, de hecho, a los vencedores de la Guerra Civil en vencidos, y viceversa. Lo cierto es que en aquellos momentos en que gobernaba el Partido Popular, Zapatero no pudo conseguir su inicial propósito y al final, de forma estratégicamente engañosa, se avino a aceptar que las Cortes aprobaran por unanimidad —también con el voto comunista— una proposición que recuerda así el diputado del PP, Manuel Atencia, portavoz de su partido en este tipo de cuestiones:

—Hubo un acuerdo político y de caballeros que significaba dejar esto (el análisis de la Guerra Civil y del posterior franquismo) para que los historiadores lo analizaran. Nunca debía ser el elemento de confrontación o división entre las fuerzas políticas. Tampoco se haría uso de ello.

El acuerdo, ya se ve, duró lo que Zapatero en la oposición. O aún menos porque, como hemos explicado en otro capítulo, Zapatero, en su lucha partidista con el PP de Aznar, retomó muy pronto la idea de reponer la honra perdida, según él, de su abuelo Lozano y, en consecuencia, se olvidó de aquel acuerdo que Atencia recuerda de «caballeros». Un diputado del PP, que conoce extraordinariamente bien al Zapatero de aquella reciente época, afirma:

—La memoria del Presidente es meramente instrumental; vale según le conviene.

Así que, llegado al poder, el Presidente del Gobierno declaró solemnemente en las Cortes:

—Hace falta un reconocimiento expreso a las víctimas de una Guerra Civil que concluyó con una dictadura. La democracia es deudora de esa gente.

Y protagonista principal de «esa gente» era y es el abuelo Juan Rodríguez Lozano, sobre el que conocemos tantas cosas en este libro. A continuación, endosó a su vicepresidenta Fernández de la Vega que dirigiera una comisión con estas encomiendas: realizar una radiografía perfecta de las víctimas (naturalmente, sólo las del bando republicano) y agilizar la visualización de todo el archivo documental dispersado en diferentes lugares de España. Para trabajar directamente al mando de la vicepresidenta, Zapatero se llevó a La Moncloa a Marifé Santiago, una discreta, discretísima, profesora de Filosofía del Instituto María Zambrano, de Segovia, que hasta julio de 2006 ha efectuado la labor que se le pidió desde el Departamento de Educación y Cultura de Presidencia del Gobierno.

Con todos los documentos encargados por Zapatero y la presión de la izquierda española y separatista, Izquierda Unida y Esquerra Republicana de Cataluña sobre todo, el Consejo de Ministros del día 28 de julio de 2006 aprobó una ley despojada de la titulación por la que todo el mundo la conoce: de Memoria Histórica. La ley se denominó de forma interminable como hemos dicho ya, De Reparación Moral y de Reconocimiento de los Derechos de las Víctimas de la Guerra Civil y el Franquismo. Para muchísimos españoles no encuadrados en la disciplina militante de la izquierda, una ley absolutamente innecesaria, tan innecesaria que, en su Preámbulo, el texto no tiene más remedio que reconocer que desde la instauración de la democracia, el Estado ha compensado de una u otra forma, pero sobre todo con aportaciones económicas sugestivas, a los perdedores de la Guerra. Pero todo eso a Zapatero le ha parecido poco: ni la Ley de Amnistía que sacó de las cárceles a todos los presos, incluidos muchísimos, por no decir todos, de la banda terrorista ETA, ni la concesión de la doble nacionalidad a los brigadistas internacionales, ni la devolución de bienes a partidos y sindicatos, son para el jefe del Gobierno una restauración suficiente. Él quiere más porque ha buscado, en la persona de su abuelo, el asentamiento de una verdad contraria a la propia historia. Sucede, sin embargo, que Zapatero promete y promete sin hacer ni un breve análisis anterior de las posibilidades que posee de cumplir sus compromisos. Así sucede —ya ha sucedido, por ejemplo— con los llamados «niños de la guerra», las personas, hoy ya muy ancianas, que tuvieron que abandonar España al término de la contienda.

En uno de los pocos recorridos que Zapatero ha realizado fuera de España, apareció por Moscú en un viaje del que nunca se conocieron resultados oficiales, pero, claro está, lo primero que hizo fue pedir al embajador en Moscú que reuniera en la sede de nuestra legación diplomática a los supervivientes de los «niños de la guerra». En la Embajada se abrazó con todos y todas y les anunció que iba a revisar al alza sus pensiones. La alegría y la emoción fueron generales y los cronistas de Zapatero escribieron en *El País*, sin ir más lejos, crónicas encomiásticas sobre la «enorme sensibilidad del nuevo presidente». Pues bien, dos años después, los pocos «niños» que quedan de entonces aún se están preguntando cuándo y en qué cuantía les va a llegar la dádiva prometida por el muy tierno Zapatero. La Administración española, además, no ha tenido otro remedio que reconocer que en la oferta esperanzadora de Zapatero se guardaba una pequeña o gran trampa; a saber, que la única subida dineraria consistiría en compensar la diferencia que existe entre la pensión que estos «niños» ya abuelos cobran en sus países de residencia, fundamentalmente en los de la antigua Unión Soviética, y la media española. O sea, el chocolate del loro. Las asociaciones republicanas que recorren Internet no paran de denunciar aquella martingala sobre la que Zapatero guarda, dos años después, un espeso silencio.

Y es que una cosa es predicar y otra, dar trigo; a Zapatero le gusta tirar con pólvora de rey, comprometer diezmos y primicias a los «colectivos» (como si fueran un tranvía) perjudicados por la victoria del franquismo, sin realizar siquiera memorias económicas sobre lo que pueden costar al erario sus magnificentes gestos. Tal puede suceder en el cumplimiento de una de las disposiciones adicionales del bodrioley de la Reparación, que habilita la percepción de una indemnización para los que se sintieron perjudicados entre el 1 de enero de 1968 y el 6 de octubre de 1977 (sic de la Ley), día en que fue aprobada la Ley de Amnistía. Ni siquiera saben los redactores del proyecto a cuántas personas concretamente puede llegar este regalo. El Gobierno aseguró ambiguamente en su momento, en el mes de julio, que a «unas cuarenta», pero el diputado vasco del PSOE, Ramón Jáuregui, se apresuró a corregir al alza:

—Más bien a unas cincuenta —dijo.

Y añadió:

—... de las cuales doce son del País Vasco.

La declaración despertó los recelos de la Asociación de Víctimas del Terrorismo, una de cuyas dirigentes, la madre de Irene Villa, María Jesús González, advirtió muy justamente:

—¡Estaría bueno que encima tuviéramos que pagar a nuestros asesinos!

Por ejemplo, a la familia del etarra Txabi Etxeberrieta, el máximo jefe de ETA que murió en 1968 en un enfrentamiento con la Guardia Civil, no sin antes asesinar a uno de los componentes de la Benemérita, el guardia José Pardines. Por cierto, un terrorista al que junto con su hermano, José Antonio, el PNV les ha dedicado toda una plaza en Bilbao y ningún socialista del «aparatchik» de Zapatero o comunista ha protestado jamás por ello.

En fin, quizá Jáuregui no se refiera a los terroristas de ETA y sí a los cinco obreros muertos en los sucesos de Vitoria del 3 de marzo de 1976. Allí, en una enorme protesta obrera fallecieron estas cinco personas: Pedro María Martínez, Francisco Aznar, Romualdo Barroso, José Castillo y Bienvenido Pereda. Unos días más tarde moría otro obrero en una concentración en Baracaldo. Los descendientes de todos ellos han venido pidiendo, en diferentes instancias judiciales y siempre con resultado negativo para ellos, indemnizaciones pecuniarias, hasta llegar incluso a urgir a la Administración para que las seis personas en cuestión fueran consideradas «víctimas del terrorismo» y, por tanto, beneficiarias de los emolumentos compensatorios que reciben las víctimas. El Gobierno socialista ya en 2004 rechazó este propósito tras una pregunta realizada en el Senado por Iñaki Anasagasti, representante del Partido Nacionalista Vasco. Ahora, es curioso, la nueva ley de Zapatero compensará a cada una de las familias con 135.000 euros por su «defensa de la democracia», un concepto similar al que se aplica a las víctimas. Zapatero, una vez más, dice y se desdice, aplica un criterio y el contrario, siempre, desde luego, a base de tirar de las arcas públicas. La Memoria Histórica exige estos dispendios.

Pero ni siquiera la generosidad de Zapatero ha merecido la gratitud de la Asociación Víctimas del 3 de marzo, que ha mostrado, junto con otras entidades republicanas (nostálgicas de la II República en el País Vasco), como Geureak y Ahaztuak, su total disconformidad.

Estas asociaciones, y tantas otras más cercanas al nacionalismo, apoyaron en su momento que el Gobierno vasco exigiera al Ejecutivo de la Nación la entrega de trescientos setenta carpetas relativas a diferentes episodios de la Guerra Civil protagonizados por sus «gudaris» (soldados que, en general, no realizaron grandes hazañas bélicas) y que aún se hallan en el Archivo General de Salamanca. Carmen Calvo, la ministra de Cultura, contestó al portavoz vasco para estos asuntos, el comunista de Izquierda Unida, Ezker Batua, Javier Madrazo, que, en su momento, los documentos recibirán «el mismo trato que los que ya ha recibido la Generalitat de Cataluña». Muchos de los cuales —hay que recordarlo así— nunca pertenecieron a esta institución autonómica. Se trata, en definitiva, de cumplir con otra de las especificaciones más paradójicas de una ley que por una parte pretende garantizar la potenciación del Archivo de Salamanca y, por otra, apoya la dispersión documental. Un contrasentido más que busca contentar a todos los socios gubernamentales sin caer en la cuenta de que la voracidad de estos nacionalistas no se agotará en esta mera reclamación. Claro es, por lo demás, que el Gobierno vasco, otro de los que aspiran textualmente a «recuperar los principios y los valores de la II República», ha sido en esta cuestión menos aventajado que el andaluz, que ya ha articulado legalmente la percepción de las indemnizaciones que podrán recibir —algunas la han recibido inmediatamente— los presuntos afectados, una cantidad que oscila entre un mínimo de 1.800 euros y un máximo de 9.015. Sustanciosas regalías para personas que puedan demostrar que padecieron cárcel o estuvieron presas durante el franquismo.

Gaspar Zarrías, consejero de Presidencia de la Junta de Manuel Chaves, y el hombre que se encarga de administrar estas ingentes cantidades de dinero, justificó el presupuesto aprobado por su Gobierno de esta guisa tan peculiar:

—Esta vez no se trata de pagar ninguna deuda económica, sino de restituir la deuda moral que tenemos con todas las víctimas que sufrieron la dictadura.

La centena de andaluces que han muerto a manos del terrorismo de ETA no han gozado de la misma suerte que los penados del régimen anterior. Al parecer, el Gobierno andaluz no siente que con ellos tenga la menor deuda.

Tampoco el Gobierno catalán se ha preocupado ni con Pujol al frente, ni después con los tripartitos o bipartitos al mando de Maragall, de los mártires (¿o no se les puede considerar así?) del terrorismo etarra. Su máxima preocupación ya en el otoño de 2004 consistió en promulgar un decreto que exigía la «rápida eliminación de placas franquistas en edificios de protección oficial». Realmente estas placas estaban situadas en las fachadas de las antiguas casas que construyó, en los tiempos de Arrese, el Ministerio de la Vivienda de Franco y en las que figuraba todavía, pese a estar tan avanzado el franquismo, el emblema del yugo y las flechas. Estas placas fueron respetadas siempre por los beneficiarios de las casas, fuera porque no tenían el menor empacho de tenerlas adosadas a su edificio, fuera porque, en muchos casos, los inquilinos pensaban que su retirada podría acarrear la inmediata ruptura del provecho y la gracia.

Pero llegó la conjunción nacionalsocialista de Cataluña y su jefe Maragall, y decidió arrancar las placas. Según *La Vanguardia*, que realizó un exhaustivo seguimiento del proceso, al 31 de agosto de 2006, los agentes de la Generalitat habían retirado nada menos que 2.380 inscripciones no sin encontrar en los inquilinos de algunos inmuebles una cierta resistencia, tanta, a veces, que el *Govern* tuvo que aclarar oficialmente que «la retirada de placas era voluntaria», cosa que no parecían entender así los propietarios y arrendatarios de los antiguos edificios del franquismo.

Esta medida fue anterior en el tiempo a la presentación de la Ley del Memorial Democrático de Cataluña, una ley que era, según dijo el comunista Joan Saura, consejero de Relaciones Institucionales, la «gran obra» que iba a quedar de su paso por la Generalitat. Pero este *conseller* comunista pronto se encontró con la resistencia de la Federación de Convergencia i Unió y, más aún, de Esquerra Republicana de Cataluña, y ambos por muy diferentes motivos. Para Convergencia era «insoportable» que los comunistas se intentaran arrogar el protagonismo de la Ley; para Esquerra, el proyecto presentaba «una insoportable visión hispanocéntrica». Y ambos boicotearon la «gran obra» de Saura, aquella que empezaba así: «Este Memorial Democrático se abre para la recuperación, conmemoración y fomento del conocimiento de la II República (lo de española no figuraba por lado alguno), de la Guerra Civil, de la represión de la dictadura (con minúscula, que la mayúscula significaría concederle importancia), del exilio y de la deportación».

Pero objetivos tan excelsos no consiguieron mover los corazones de los independentistas de Esquerra y de los nacionalistas de CIU. Nada de eso. Así que el proyecto empezó, sin apenas ver la luz, a dormir el sueño de los desmemoriados a la espera de otra legislatura más propicia. Lo más chusco fue que Saura, su promotor, acusó a sus colegas diputados no de boicotear su progresista proyecto, sino de algo más pedestre: de «no querer trabajar por la tarde».

Tampoco los socialistas de Madrid hicieron presión alguna para que el Gobierno de Cataluña, presidido y dirigido mayoritariamente por ellos, pudiera pasar por el fielato del *Parlament* la «gran obra» de Saura; era como restar importancia a la próxima, y más querida, «gran obra» de Zapatero. Una y otra tenían y tienen sin embargo una característica común: su olvido de las víctimas del otro bando, de las miles de personas que, porque eligieron ese camino o porque les vino dado por un mero accidente geopolítico, estuvieron en el frente nacional. Tampoco cuentan ni el proyecto de Saura ni el de Zapatero, claro está, con recuperar la dignidad de los 2.039 religiosos que fueron asesinados en Cataluña por los republicanos, ni en compensar a la Iglesia católica por las dieciocho iglesias destruidas totalmente el 19 de julio de 1936. Un enorme asesinato múltiple, un expolio religioso y artístico que, en su momento, fue explicado así por el principal responsable del Partido Obrero de Unificación Marxista (POUM), principal artífice de la criminal hecatombe:

—La clase obrera ha resuelto el problema de la Iglesia no dejando ni una en pie.

Ésa fue la gran contribución de este sujeto que, sin duda, será homenajeado en su momento por Zapatero y, más localmente, por el nuevo memorial que se prepare en Cataluña.

Derribaron iglesias y asesinaron sin piedad. Sólo en la semana que media entre el día 23 de julio de 1936 y el 30, ciento setenta religiosos fueron fusilados en la capital de Cataluña, en Barcelona. En Lérida, en la noche del 19 al 20 de julio, un día después de que el capitán Lozano fuera ejecutado en León, murieron a manos de los anarquistas, sacerdotes y hermanos pertenecientes a diversas órdenes religiosas, un total de setenta y cuatro víctimas abatidas contra las tapias del cementerio municipal. Quizá la lectura del testimonio que, en su momento, ofreció el conductor del camión en el que viajaban los presos luego asesinados valga a Zapatero y a los revanchistas empeñados en resucitar únicamente una memoria, la de sus muertos, para abandonar esta venganza colectiva tan estúpida como perjudicial. Contaba el referido chófer a Antonio Montero en el libro que ya hemos mencionado:

Atados de dos en dos, fueron cargados materialmente en el vehículo, pues apenas podían valerse por sí mismos, tras dos días de caminata y una noche de malos tratos. Ya dentro del camión fueron instalados en cuclillas, atadas también las piernas de cada dos. El viaje fue silencioso y doliente. Al llegar a Lérida, los encargados del control, comentaron: «Buena redada» y minutos después los detenidos cruzaron las verjas del camposanto ilerdense. Al colocarlos junto a la tapia iban preguntando a cada uno: «¿También tú quieres morir por Dios?». «También», respondían. Las descargas duraron varios minutos y luego se dio licencia a una multitud que esperaba a las puertas del cementerio para que exteriorizase su júbilo ante los cadáveres.

No hay duda: episodios tan crueles como éstos se vivieron en los dos bandos. Por eso, ¿qué falta hace hurgar en las heridas? La Ley de Memoria Histórica, que así se llamará siempre, ha sido un empeño personal de Zapatero. Nadie antes de él sintió la precisión de organizar una revisión política de la Guerra Civil y del franquismo. Si al final los designios del Presidente del Gobierno se cumplen, unos y otros se emplearán en la tarea de abrir sus propias fosas y de extraer los cuerpos de los suyos. Los historiadores de todas las tendencias han advertido a Zapatero de la inoportunidad de esta labor y del escasísimo valor histórico de esta tarea que ha dividido a los españoles en los bandos irreconciliables que les llevaron a un enfrentamiento tan cruel como el de la Guerra. De ésta y del posterior franquismo hay más de dieciocho mil publicaciones de todo tipo que, durante años, han tratado de escudriñar no sólo en las razones de la confrontación, sino en las circunstancias políticas, nacionales e internacionales que permitieron a Franco gobernar España sin apenas oposición, como demostró en su momento la gran encuesta que publicó durante meses el diario *El Mundo*.

Historiadores regularmente encuadrados en la izquierda como Paul Preston han desaconsejado, por ejemplo, la revisión del papel que debe cumplir la Basílica del Valle de los Caídos, construida —eso es cierto— por presos de extracción republicana, pero en la que se depositaron restos de españoles de ambas facciones. Preston ha dicho:

—El Valle de los Caídos no debe desaparecer. La Cruz podría conmemorar ambos bandos.

Santos Juliá, historiador situado en la órbita política del socialismo y al que, evidentemente, tampoco ha hecho el menor caso José Luis Rodríguez Zapatero, se mostró en contra, incluso, de la propia ley:

—Nunca podrá haber una memoria histórica a no ser que se imponga (lo que ha sucedido) desde el poder. Y por eso es en sí misma absurda la idea de una ley.

Pero Zapatero ni siquiera escuchó estas voces. Éstas o las de intelectuales, escritores, científicos, sociólogos que como en su día Gabriel Celaya sentenciaron:

«Aquí no pasó nada y si pasó nada hay que hablar sobre ello».

José Bono, ex ministro de Defensa, se pronunció cuando todavía ostentaba este cargo:

—El recuerdo de ese tipo de efeméride no siempre se hace con buena intención.

Otros miembros del Partido Socialista se colocaron directamente en contra de la iniciativa de Zapatero. Joaquín Leguina explicó el mismo día —28 de julio— en el que el Consejo de Ministros aprobó el Proyecto:

«La ley abre otra vez un debate que no tiene ningún sentido».

Leguina, como algún integrante más del PSOE, teme además que el desarrollo de la ley no sólo abra ese debate, sino que anime a personas del llamado bando nacional a exponer sus propias reclamaciones y a cobrar sus propias deudas. A este respecto, conviene no echar en saco roto la iniciativa de los sucesores de muchos españoles asesinados por el Ejército Republicano (o en la retaguardia por alguno de los grupos paramilitares que organizaron fuerzas políticas como el mismo PSOE) de publicar en los periódicos esquelas recordatorias con los nombres y apellidos de sus propios muertos, conocida como «la guerra de las esquelas» antes citada. A eso se refería precisamente el citado Stanley G. Payne, cuando afirmaba como sentencia quizá premonitoria:

—España puede ser el primer país occidental que se deconstruya a sí mismo.

Porque, también en la opinión de otros indiscutidos historiadores como García de Cortázar, Carmen Iglesias o el veterano Carlos Seco, cuyo padre, por cierto, fue fusilado por los nacionales:

—No existe necesidad alguna de reabrir una tragedia que conduce ineludiblemente al enfrentamiento.

Igual que estos historiadores piensan distinguidos sociólogos como Emilio Lamo de Espinosa, antiguo presidente del Instituto Elcano y que colaboró con el primer Gobierno de Felipe González desde el Ministerio de Educación y Ciencia que regía José María Maravall:

—¿Es que vamos a recordar —se preguntaba— que el PSOE rompió radicalmente con la legalidad republicana en la revolución de octubre del 34?

Naturalmente que el Partido Socialista y Zapatero no quieren entrometerse en estos vericuetos: dan por sentado que todo el periplo republicano fue un ejemplo de democracia y que, por ejemplo, el denominado Lenin español, Largo Caballero, no subvirtió los valores republicanos en la muy estudiada revolución sangrienta del 34. Algo similar sucede con otro de los políticos españoles —aunque él no se sintiera tal— de aquel tiempo: el catalán Lluís Companys, fusilado por Franco, sobre el que la Esquerra Republicana ha exigido nada menos que al rey de España que pida perdón público en nombre de los que le ejecutaron.

José Varela Ortega, vicepresidente de la Fundación Ortega y Gasset, ha rebatido por otra parte una de las justificaciones que se han esgrimido para fundar la precisión de la Ley de Memoria Histórica: la de que la Transición fue olvidadiza, puso una cortina de humo sobre todos los acontecimientos de la guerra y del franquismo:

—No hubo (en la Transición) ni ocultación, ni amnesia, sino la decisión unánime de no utilizar la historia con propósitos políticos.

Ni la República fue el espejo democrático donde, según Zapatero, se mira nuestra España de hoy, ni la Guerra Civil fue un enfrentamiento entre un bando que tenía toda la razón (el republicano) y el otro fascista y golpista que no tenía ninguna. Escribe Ricardo García Cárcel al respecto:

—Es un discurso buenista que reduce la República y la Guerra Civil a una visión simplista y maniquea de buenos y malos.

Todos los citados juzgan la ley desde un punto de vista analítico, sin inmiscuirse en las razones políticas que Zapatero ha tenido para resucitar el conflicto. Razones políticas y personales que explican lo acontecido y que nacen desde el mismo momento en que, por primera vez, la considerada «derecha», el Partido Popular para el caso, desaloja democráticamente del poder a la tópica «izquierda», el Partido Socialista también para el caso. En el libro de conversaciones entre Juan Luis Cebrián, director aún en vida de Franco de los Servicios Informativos de Televisión Española, director después del periódico *El País*, consejero de banco actualmente, y miembro, por extraño que pueda parecer, dada su escasísima contribución al «esplendor» de la Lengua y la Literatura españolas, de la Real Academia, y Felipe González, se incluyen las claves de esta concepción de la izquierda, concepción que se basa en la necesidad de impedir que la «derecha», o sea, el Partido Popular, vuelva a gobernar en España. Ciertos pasajes de este libro resumen la entraña del pensamiento socialista sobre el particular (para González es inconcebible que la «derecha» pueda ganar en las urnas), desvelan una visión simplicísima de la Guerra Civil y justifican, sin embargo, la renuncia del socialismo felipista a la revisión histórica.

Sobre el proceso constituyente que culminó en 1978 y las medidas de gracia que se aprobaron en la Transición, debaten así los interlocutores:

—Juan Luis Cebrián. Hubo factores que caracterizaron el proceso, como el hecho de que nunca se abriera de manera formal un proceso constituyente, por ejemplo, la amnistía no produjo los efectos deseados, en realidad fue una amnistía con cuentagotas, porque había temor al borrón y cuenta nueva.

—Felipe González. Lo que pasa es que tenemos memoria flaca. Cuando se pensó en la amnistía no se estaban considerando los crímenes de la dictadura, sino sólo los delitos de la izquierda y la oposición que el franquismo consideraba «políticos». Lo que se olvida por parte de los críticos de buena fe es que la relación de fuerzas hacía inconcebible otra cosa.

—J.L.C. Ya está demostrado (*nadie sabe en qué funda Cebrián esta aseveración disparatada*) que en España hubo más muertos después de la Guerra Civil que en la misma guerra, más fusilados que víctimas en las trincheras o a causa de los bombardeos. (*Esto es un enorme disparate histórico: los cálculos más brutales refieren cerca de treinta mil ejecuciones, no más. Sí hubo cincuenta mil sentencias a muerte.*)

—F.G. Era la limpieza étnica de época, verdadero propósito de la rebelión militar y del régimen resultante.

—J.L.C. Hoy no tenemos consenso ni siquiera respecto a nuestra Historia reciente, la del franquismo.

—F.G. Me siento responsable de parte de la pérdida de nuestra memoria histórica que permite que ahora la derecha se niegue a reconocer el horror que supuso la dictadura y lo haga sin ninguna consecuencia desde el punto de vista electoral y social.

Finalmente apostilla Juan Luis Cebrián:

—La derecha sigue siendo heredera del franquismo, de ese franquismo de los años sesenta o setenta, tan bien representado por el Barrio de Salamanca de Madrid donde vivía la clase dirigente del franquismo.

Y en el que, por cierto, él reconoce que vivió también.

En suma, es lo que el filósofo Gustavo Bueno calificó de «arma arrojadiza contra el Partido Popular». Toda la estrategia de la actual izquierda española estriba en comparar a este partido democrático con el franquismo surgido de la Guerra Civil. Uno de los políticos más rudos, menos consistentes y más repudiados generalmente del PSOE, el secretario de Organización, José *Pepiño* Blanco aprovecha sus semanales apariciones ante los medios de comunicación para homologar, sin matices, al PP y al régimen de Franco y a todos los totalitarios de la segunda mitad del siglo XX. Lo hace incluso recurriendo a comparaciones entre el bigote recortado de Hitler y el «bigotillo» de Aznar, entre las actitudes de la CEDA, la coalición presidida en la República por José María Gil Robles y... «esta derecha de ahora añorante de privilegios y fuertemente influida por la Iglesia católica más reaccionaria».

Como se ha demostrado en este capítulo, y tan abundante historiografía hay al respecto, sería aconsejable que Blanco hablara con un mayor respeto de una institución que sufrió particularmente en la Guerra Civil: la Iglesia católica. La revisión selectiva de la historia, de una historia que para la mayoría de los españoles es ya afortunadamente remota y no debe ser removida, no está sirviendo precisamente para recomponer la unidad entre los ciudadanos (como gusta llamarlos Zapatero) del país. Al contrario; los ha dividido espectacularmente, pero Zapatero sabe bien lo que hace; conscientemente está animando a criminalizar a una parte importante de España: la derecha, representada por el Partido Popular, que él tanto detesta. Es su objetivo y la rememoración subjetiva, parcial e infamante de la Historia no es más que un pretexto para evitar que en un futuro próximo esa derecha pueda hacerse cargo, por la vía democrática siempre, de la gobernación del país.

Enrique Múgica, ex comunista, ex dirigente activo del PSOE, ex ministro de Justicia y Defensor del Pueblo con la unanimidad de todos los partidos de derechas y de izquierdas, retrató esta situación mejor que nadie:

—Estábamos todos mezclados y es un dislate, un auténtico disparate histórico, que se nos vuelva a separar.

No hay mejor apostilla.

Capítulo 6 La República inventada →

Si a José Luis Rodríguez Zapatero le mataron a su abuelo en la Guerra Civil, el rey don Juan Carlos perdió en ella al menos ocho familiares con apellido Borbón. Otras fuentes que han consultado los autores estiman que fueron en realidad veintidós las personas que con apellido Borbón participaron de uno u otro modo en la contienda. En algún momento, la propia reina de España, Sofía, ha asegurado que el número total asciende a treinta. Sea como fuere, algunos Borbones murieron en diferentes batallas, otros, sencillamente, fueron asesinados por los republicanos y algún otro terminó ejecutado en la retaguardia. De ocho de ellos se tiene perfecta constancia: José Luis de Borbón y Rich, Elena de Borbón y de la Torre, Enrique de María de Borbón y de León, Jaime de Borbón y Esteban, Alfonso de Borbón y de León, Alfonso de Borbón y Pinto, Alberto María de Borbón y Castellví y Luis Alfonso de Borbón de Caral. El llamado bando rojo diezmó, pues, las diferentes ramas de una familia, eso sí, extendida por los lugares más insólitos de España. Desde este punto de vista, nadie puede decir que la amplísima saga borbónica no sufriera en nuestra contienda tanto como la que más.

No hay noticia, sin embargo, de que ningún miembro de este apellido padeciera acoso parecido por parte de las tropas nacionales; los Borbones no fueron, como tantas otras familias en nuestro país, cruelmente separados en dos facciones, lo que ahora explica que ninguno de los sucesores de aquellos que vivieron en la época pueda presentarse como «rectificador» de la elección o de las alternativas que escogieron —o les vinieron dadas— sus abuelos. Eso viene ocurriendo en España desde que, terminada la dictadura, muchos de los herederos del franquismo más absoluto aparecieran como fustigadores del Movimiento Nacional que tanto (y en ciertos casos con enorme aprovechamiento) defendieron sus padres. Hay casos paradigmáticos ya mencionados en este libro y otros menos conocidos, pero igualmente sugestivos, como el del magistrado del Tribunal Supremo, José Antonio Martín Pallín, citado ya en otro capítulo, y persecutor, aunque sea teórico, de todo lo que todavía destile franquismo, cuyo padre, oficial del Cuerpo de Carabineros, se sublevó en La Coruña y se alzó, con sus compañeros de Marina, a favor de los entonces denominados rebeldes.

No, los Borbones siempre estuvieron encuadrados en el mismo bando. Y es que la República, desde sus inicios, mostró una animadversión visceral por todo lo que supusieran rescoldos monárquicos o por cualquier vestigio de «borbonismo» que se percibiera en la vida pública española.

Apenas cinco días después de proclamada —del modo peculiar que históricamente ya no se discute— la II República Española, los dirigentes máximos de ella, los que habían firmado el Pacto de San Sebastián y formado, tras la apoteosis de la Puerta del Sol, de Madrid, el Gobierno Provisional, se apresuraron a redactar, con el auxilio de unas exaltadas Cortes Constituyentes, un texto de condena a Alfonso XIII en particular, y a la Monarquía más genérica pero sí muy detalladamente. El texto no se andaba con chiquitas y en su primer párrafo declaraba al rey depuesto «culpable de "alta traición" como fórmula jurídica que resume todos los delitos del acta acusatoria del que fuera Rey de España, quien ha cometido la más criminal violación del orden jurídico del país».

La condena le degradaba de todas «las dignidades y honores», y apostillaba: «Sin que pueda reivindicarlos jamás, ni para él, ni para sus sucesores», y autorizaba a cualquier ciudadano «a aprehenderle». Una sentencia así sólo pudo ser derogada después de la victoria de Franco, que ya, bien corrido el año 1938, y cuando parecía divisarse el triunfo de su Ejército, revisó la condena porque, según alguno de sus colaboradores, entre ellos su primo Franco Salgado-Araujo, desde el primer momento siempre tuvo en su mente las posibilidades de reponer la institución monárquica en España. Este dato, no obstante, es negado por otros franquistas de la primera época; uno de ellos, incluso, el capitán general (único que con Franco ostentaba esta jerarquía) Muñoz Grandes, se murió con la secreta aspiración de que la Corona nunca más regresara a nuestro país. Y como la vida a veces genera curiosas paradojas, lo que ocurrió fue exactamente lo contrario: que la Monarquía se entronizó horas después de la muerte de Franco y que, encima, un hijo de Muñoz Grandes, también militar, ocupó distinguidísimos puestos de responsabilidad al lado del rey Juan Carlos en el Palacio de la Zarzuela, residencia de la Corona.

Don Juan Carlos no tuvo, pues, que participar activamente en la derogación de aquella condena republicana y sí ha participado, no obstante, en actos de muy distinto color: los de restablecimiento de la relación de la Jefatura de Estado de España con los exiliados republicanos. Apenas aprobada la Constitución de 1978 y en México, tuvo además la oportunidad de conversar amablemente con la viuda de Manuel Azaña, Dolores Rivas Cheriff, y después, años más tarde, viajó en los peores momentos a Francia para en la cuna del republicanismo español, en Toulouse, hablar a los pocos supervivientes del Ejército Republicano residenciados en Francia después de su derrota en 1939.

Aquel viaje fue el colmo de las desdichas para el Rey. Pésimamente planeada, la estancia de los Reyes coincidió además con la salvaje oleada de huelgas, manifestaciones y concentraciones violentas que tuvo por escenario los barrios de emigrantes de muchas ciudades galas. A don Juan Carlos no le ahorraron soponcio alguno, hasta el punto de que a su llegada a la Prefectura de Toulouse, lugar donde se celebraba la recepción a la colonia española (el Consulado no daba para tanto), un grupo de desarrapados mozalbetes le interrumpieron el paso con el grito de una consigna que, a buen seguro, el Rey ya tenía olvidada: «Mañana, España será republicana». Como ha ocurrido otras veces en situaciones de similar compromiso, la Reina echó un cable y saludó con la mano, como si el caso no fuera con ella, a los boicoteadores.

Dentro, los republicanos asistentes no estaban precisamente ni para protestas, ni para reivindicaciones de Estado; estaban para consumir atropelladamente canapés, y para expresar, como cualquier otro vejete de su edad (el más joven frisaba los ochenta y cinco años), su simpatía «hacia este hombre tan campechano», no sin después, naturalmente, asegurar, uno a uno, que «nosotros seguimos siendo fieles a la República».

Similar simpatía a la expresada hacia la figura de don Juan Carlos en el primer aviso a navegantes por parte del Grupo mediático más importante del país. Le llegó al Rey en 2001, en la reseñada obra de conversaciones entre González y Cebrián, cuyo primer epígrafe denominaron «un pacto republicano en torno a la monarquía (sic)». Los contertulios coautores revelan una interesante versión sobre cómo el socialismo le ha perdonado la vida a la institución monárquica en democracia. Merece la pena detenerse en parte de la charla: «Al fin y al cabo, el Rey estaba puesto por Franco y la oposición democrática en su conjunto era republicana», el franquismo y la Falange incluidos, recalcan. Tras señalar que incluso ahora «éste no es un país monárquico, sólo juancarlista», la conversación deriva por los siguientes derroteros:

«Que el Rey era heredero de Franco —explica Felipe González— resultaba obvio, y Franco se muere en la cama. Nuestra Transición está marcada por ese hecho. (...) Juan Carlos aparecía como el garante de que los estatus no iban a ser brutalmente alterados». En efecto, queda claro que se trata de Juan Carlos y no de la monarquía, con minúscula, porque es «este Rey, sobre todo en su condición de jefe de las Fuerzas Armadas. Cuando el Generalísimo —añade el prohombre de Jesús Polanco— redacta de su puño y letra un testamento, se lo da a su hija Carmencita, que lo lleva siempre en el bolsillo durante los días de la agonía del dictador. Una vez que ella va a ver a su padre a la clínica, éste le pide que se lo lea y en el momento en que dice "os pido a las Fuerzas Armadas que apoyéis al Rey", o algo así porque cito de memoria, el propio Franco matiza "pon al rey Juan Carlos"».

Lo mejor viene después. Lo relata el ex presidente del Gobierno. Dice: «Fantástico, se dio cuenta de que podía ser otro que no fuera de su gusto. Por cierto yo conocí a Don Juan no en las excursiones erótico-políticas de la Junta Democrática a Estoril, en las que no creí jamás, sino después, cuando ya se habían producido las elecciones de 1977. Pedro Sainz Rodríguez preparó el encuentro en un almuerzo. Don Juan, que estaba con su cáncer ya avanzado, me dijo: "Mire usted, en realidad la gran fortuna de la monarquía hoy es que no hay monárquicos que la defiendan". Una descripción perfecta de por qué iba a sobrevivir la Corona (*sic*)». Nadie que hubiera conocido a don Juan daría por buenas las palabras que Felipe González frívolamente le atribuye. Ésta es la clave de bóveda de la comprensión del problema. Lo menos que se podía despachar en rey, en monarquía, en el sentido tradicional, era Juan Carlos, lo cual era una garantía para la izquierda o los republicanos. Era el rey republicano, para entendernos, como rezaba el cartel que tenía delante en una visita a Venezuela: «Juan Carlos I. Rey de la República Española».

Un calco de lo que piensa Zapatero. En su segundo año como Presidente del Gobierno, durante todo 2006, el creciente movimiento a favor de la memoria republicana, a pesar de los esfuerzos del Partido Socialista y sus socios, incluido el Grupo Prisa, no se acrecentó en el país. Antes de la Semana Santa un miembro muy distinguido de la Casa del Rey expresaba a los autores de este libro, y de forma un tanto irónica, su «satisfacción porque el setenta y cinco aniversario de la llegada de la República coincida con el Viernes Santo». Con menor sarcasmo y evidente desasosiego, la Corona no dejó de transmitir en los primeros meses del año su estupor ante la evidente simpatía que las proclamaciones republicanas encontraban en militantes muy destacados del partido del Gobierno, del PSOE. Tanto es así que Zapatero se vio en el trance de tranquilizar a quien muy directamente le planteó sin ambages la cuestión. Lo hizo de esta forma:

—No va a pasar nada, no hay que dar demasiada importancia a esto.

«Esto», en el lenguaje ambivalente e inconcreto siempre del jefe del Gobierno, eran las manifestaciones a favor de la República de gran parte de la izquierda española, sobre todo, claro está, de los compañeros comunistas de Llamazares, las iniciativas para rememorar estéticamente el advenimiento de la II República en 1931 (alzamiento de banderas tricolores, por ejemplo), y la programación de actividades (que recogemos en documento aparte) tendentes todas a resucitar aquella institución. A la tranquilidad de la Corona no contribuyó precisamente la declaración, aparentemente favorable a la Monarquía, de Zapatero, en la que se gozaba de tener en España «un Rey republicano», memez esta plagiada como se ha visto de González —aunque pocos lo sepan—, y que aún se recuerda en todos los foros donde se enjuicia la capacidad intelectual del jefe del Gobierno.

Por si fuera poco, en aquellos días se constituyó el Movimiento por la III República, declarado por agrupaciones pequeñas que, sin embargo, encontraron muy pronto acomodo en los órganos de expresión cercanos al Gobierno. Los abajofirmantes de aquel Manifiesto fueron: la Asociación de Ex-Presos y Represaliados Políticos, la Asociación Manuel Azaña, Izquierda Republicana, Izquierda Unida Comunidad de Madrid, Fundación Domingo Malagón, Foro por la Memoria, Partido Comunista de Madrid, Unidad Cívica por la República y Unión de Juventudes Comunistas de España. El Movimiento además «colgó» en la Red una exhaustiva Constitución de la III República Española redactada curiosamente —ya lo hemos escrito en otro capítulo— por el muy desconocido cineasta Antonio Tausiet, y publicó el programa de actos de reivindicación republicana para celebrar el Año de la Memoria Histórica, aprobado en las Cortes Generales el día 26 de abril.

El citado Manifiesto dice así:

> En el 75º Aniversario de la proclamación de la II República Española, los republicanos y republicanas (¡faltaría más!) de España, herederos de su legado social, cultural y emancipador, consideramos que la actual monarquía (*obsérvese: República con mayúscula, monarquía con minúscula*) parlamentaria no recoge los ideales de Justicia, Libertad, Igualdad, Fraternidad y Solidaridad en los que creemos y que defendemos.
>
> Muy al contrario, a lo largo de estos años, los escasos avances democráticos que se vislumbraban al comienzo de la andadura de la actual Constitución, se han perdido mediante el ejercicio de políticas neoliberales. El resultado es una sociedad instalada en la precariedad, laboral, educativa, económica, etc. El neoliberalismo es la negación de la democracia al atentar contra todos y cada uno de los mismos principios republicanos. Por ello nos declaramos comprometidos con la solidaridad social y la democracia participativa (concepto que usa Zapatero como frecuente latiguillo) como ejes y señas de nuestra identidad republicana.
>
> Defendemos un Estado laico, en el que las creencias religiosas queden en el seno de la conciencia personal de las gentes. Igual-

mente defendemos una enseñanza pública laica, sin asignaturas de religión ni privilegios a ninguna confesión religiosa.

Creemos que el Estado federal, además de ser lo más justo y equitativo, es el marco adecuado para que se cumplan las máximas aspiraciones de autogobierno de los pueblos de España, desde el principio de solidaridad.

Así mismo, consideramos que es imprescindible el conocimiento de nuestra historia republicana, el reconocimiento de la legitimidad y legalidad de la II República, la ilegitimidad del alzamiento del 18 de julio de 1936 y el proceso de recuperación de la memoria referente a la represión franquista, tanto durante la Guerra Civil, como durante la dictadura.

Los republicanos y republicanas del siglo XXI, tras estas consideraciones, pensamos que ha llegado el momento de crear un amplio movimiento republicano, convergente y unitario, donde sea posible aunar los esfuerzos de todos y de todas por la consecución de Tercera República Española.

No es exigible siquiera una lectura atenta del texto para apreciar dos consideraciones: la primera, que parece redactado por Rodríguez Zapatero. Algunos de los términos empleados corresponden a su jerga política habitual, sin ir más lejos. La segunda es que el Manifiesto carece absolutamente de originalidad alguna; es pedestre en su redacción, incluso en su ortografía y sintaxis, e incluye ideas que parecen extraídas directamente de cualquier manual, más bien malo, del «buen masón».

Aún puede hacerse una tercera consideración: si alguno de los republicanos históricos a los que parece apelar el texto levantara la cabeza, se quedaría totalmente helado ante la condena social que el Manifiesto realiza del demoníaco «neoliberalismo», un concepto más económico que social que, de seguir vivos, no horrorizaría precisamente a republicanos de obediencia tan intachable y profunda como don Alejandro Lerroux o don Manuel Azaña. Claro está que con abajofirmantes del jaez del Partido Comunista de Madrid o de la Unión de Juventudes Comunistas de España, no cabe esperar mayor refinamiento intelectual. Por cierto que la diatriba contra el mencionado neoliberalismo puede equipararse, salvando las distancias cronológicas, con la que formulaban algunos de los partidos del Frente Popular en los últimos gobiernos de la añorada II República.

La correspondiente sesión del Congreso de los Diputados, abierta en definitiva para la recreación de la memoria histórica, se cerró con la aprobación de un texto que «homenajeaba a las víctimas de la Guerra Civil y de la Represión de la Dictadura Franquista» y no aportaba una sola palabra a favor del mismo reconocimiento para el casi mismo número de víctimas causadas por el Ejército Republicano. Los intentos del Partido Popular para transformar aquella Proposición de Ley en otra de reconocimiento a la Transición quedaron, cómo no, en agua de borraja, no sin antes tener la «derecha» que escuchar a un emocionado Rodríguez Zapatero hablar de aquella República que supuso, según él, «un periodo de sueños y de lágrimas».

Por las mismas fechas, Zapatero acudió a la presentación de un libro, *El convoy de los 927*, en el que oficiaba nada menos que Santiago Carrillo y que recordaba a las víctimas españolas del campo de exterminio nazi de Mauthausen. El prólogo escrito por Zapatero, o por uno de sus habituales amanuenses, no perdía la ocasión de citar, viniera a cuento para el caso, que no venía, al abuelo Juan Rodríguez Lozano, que «murió defendiendo los valores de la democracia en la Guerra Civil Española». El líder de Izquierda Unida, Gaspar Llamazares, había intervenido horas antes de ese acto en el Congreso para defender su apuesta recalcitrante y agresiva a favor de la memoria histórica. Al salir a los pasillos del Congreso, Llamazares, quizá sin darse cuenta, ofreció la clave del objetivo de las izquierdas en este proceso. Dijo Llamazares:

—Ésta es la gran oportunidad para que la izquierda recupere la calle.

Ahí le dolía a la izquierda española. Sendas manifestaciones en contra de la política de educación del Gobierno, de los matrimonios homosexuales, de la ampliación del aborto y, sobre todo, a favor de las víctimas del terrorismo, habían deparado la impresión muy generalizada en España de que también la derecha es capaz de salir a la calle, de llenarla y de manifestarse pacíficamente sin que pase nada. Para la izquierda española este dictamen popular resultaba intolerable. Más después de escuchar el 5 de abril de 2006 al presidente de la Conferencia Episcopal Española, monseñor Ricardo Blázquez, que «las valoraciones del presidente del Gobierno Rodríguez Zapatero son peligrosas, porque no es conveniente abrir viejas heridas».

La derecha estaba definitivamente crecida y eso resultaba intolerable. Desde los tiempos exagerados de Fraga y su absurda proclamación de que «la calle es mía», el patrimonio de las manifestaciones multitudinarias había correspondido siempre a la izquierda; la derecha se limitaba a soportar los embates de sus rivales políticos. A sufrirlos sin una sola iniciativa en contra. Ahora, con la rememoración de los horrores franquistas en la guerra y después de ella, la izquierda encontraba una nueva ocasión pintiparada para arremeter contra los fascistas. Llamazares, sin quererlo, se dejó ver.

Se dejó ver con sus declaraciones, pero, paradójicamente, muy poco en la calle porque, a pesar de sus pronósticos optimistas, la izquierda no salió, como con la guerra de Irak, a vociferar contra la derecha. Ni contra Franco, ni contra nada. Sólo en abril, cuatro o cinco, nada más, de las poblaciones discretamente importantes de España contemplaron la exaltación de la República que querían Zapatero y Llamazares; los habitantes mayoritarios de casi la totalidad de las ciudades y pueblos de España se fueron de vacaciones.

No obstante, con el objetivo claramente descubierto, los organizadores de la revancha no cejaron ni por un solo momento de perseguir sus fines. Izquierda Unida siempre se mostró celosa en este trance, porque quiso evitar desde un principio que fueran el PSOE y Zapatero los principales rentistas de la operación. Nada le puede agradar más a un comunista español que escuchar a ciertos historiadores que ellos adscriben a la derecha (léase Pío Moa o Ricardo de la Cierva) que los auténticos propulsores de la rememoración revanchista han sido ellos precisamente, los comunistas. Así le hurtan a Zapatero el patrocinio básico e incluso la gestación de la idea, esa idea que, como se demuestra en este libro, nace de la obsesión personal del Presidente por reivindicar a su abuelo.

Hay que añadir que los impulsores más entusiastas del Foro por la Memoria Histórica, tan agitadores de la Red, tan presentes siempre en ella, se confiesan o militantes o por lo menos simpatizantes del Partido Comunista. Tal es el caso, por ejemplo, de su presidente, un abogado, la verdad, desconocido, de apenas cuarenta años (treinta y nueve cumplirá próximamente) llamado Antonio Moreno. Este combatiente se confesó políticamente en unas declaraciones que, según rezaba la revista, «concedió» a *Mundo Obrero*. La publicación del partido encargó a su redactora Gema Moreno (no hay constancia de que entre periodista e invitada exista parentesco alguno) una entrevista en la que aseguraba, como siempre ha recalcado Zapatero, que «nuestra democracia actual enlaza con la II República». El presidente del Foro insistía en idénticos mensajes que el expuesto anteriormente por Llamazares: «La memoria histórica es un instrumento para establecer y ganar una nueva legitimidad democrática...». Y «... vivimos con el mito de que la derecha española es democrática y no lo es».

Es decir, un mensaje idéntico al que el Gobierno de Zapatero y su partido vienen proclamando desde que el político leonés accedió a la Secretaría General del Partido. Zapatero no pierde ocasión de poner en solfa la fe democrática del Partido Popular, y a veces lo hace hasta con riesgo de ser tomado por un demagogo enloquecido. En la fiesta minera de 2006 que la UGT celebra anualmente en Villablino con la presencia obligada y habitual de Alfonso Guerra, Rodríguez Zapatero intentó alentar el ánimo, nada predispuesto al parecer, de los asistentes, con imputaciones como ésta:

—La derecha no quiere la paz, quiere la guerra.

De ahí a como, de común, hace el secretario de Organización del Partido Socialista, José Blanco, al manifestar su lamento por «la escasa disposición democrática del PP», no existe siquiera un milímetro en la duda. Pero no se le pueden pedir demasiados conocimientos históricos o políticos a Blanco, ni siquiera aunque se refieran a su propio partido, dos de cuyos líderes más venerados, Pablo Iglesias, el fundador, y Francisco Largo Caballero, dejaron muestras suficientes de su concepto de la democracia o de la compatibilidad del socialismo que profesaban con este sistema.

En una sesión parlamentaria inolvidable, Iglesias mantuvo todavía bajo la Monarquía parlamentaria de Alfonso XIII un rifirrafe dialéctico con Antonio Maura. De aquel rifirrafe han quedado para la posteridad estas dos aportaciones «democráticas» de Iglesias:

«Los socialistas estarán en la legalidad mientras la legalidad les permita adquirir lo que necesitan, fuera de la legalidad cuando no les permita realizar sus aspiraciones».

Segunda aportación aún más comprometida dirigida, sin ambages y con enorme rotundidad, a Maura:

«Hemos llegado al extremo de considerar que antes de que Su Señoría suba al poder, debemos llegar al atentado personal».

Largo Caballero, por su lado, no se quedaba atrás en sus proclamaciones de indudable y contrastada fe democrática. También en el Parlamento, un par de meses antes de que en 1933 triunfara en unas elecciones perfectamente legales la coalición de centro derecha entre el Partido Radical de Alejandro Lerroux, y la Confederación Española de Derechas Autónomas, de José María Gil Robles, Largo Caballero, dirigiéndose a los bancos de la derecha, les avisaba rotundamente:

«Quiero decirles a las derechas que si triunfamos colaboraremos con nuestros aliados, pero si triunfan las derechas nuestra labor habrá de ser doble: colaborar con nuestros aliados dentro de la legalidad, pero tendremos que ir a la guerra civil descarada».

Y finalmente:

«La democracia es incompatible con el socialismo, y como el que tiene el poder no ha de entregarlo voluntariamente, por eso hay que ir a la revolución».

Lo dijo Francisco Largo Caballero, que tiene una horrenda estatua —lo reconocen hasta los socialistas— en el Paseo de la Castellana de Madrid, a pocos metros del lugar donde la ecuestre de Franco fue descabalgada porque, según palabras de la ministra de Fomento, Magdalena Álvarez: «Hería muchos sentimientos». Eso sí, según cuenta José García Abad,[1] en una manifestación en la que Zapatero coincidió con Santiago Carrillo, le dijo «encantado»: «Me han llamado el Lenin español, como a Largo Caballero».

Lo hemos visto, cada vez que el PSOE tiene un problema, utiliza la misma táctica: arremeter contra el Partido Popular y volcar sobre él toda suerte de increpaciones fascistas. Sobre el Partido Popular o, más genéricamente, sobre la «derecha». La ley que el Gobierno aprobó, ya con el verano encima, el 28 de julio de 2005, para recrear, con otro nombre más eufemístico como hemos visto, la citadísima memoria histórica irritó, por alicorta, a la izquierda más genuina: a Esquerra Republicana de Cataluña y naturalmente a la agónica Izquierda Unida. En otro capítulo hemos recogido las descalificaciones, no exentas de la mayor sal gruesa («alta traición», por ejemplo), con que portavoces independentistas como Joan Tardá acogieron el texto de Zapatero. De pronto surgió hasta una desconocida Plataforma de Ciudadanos por la República, que lanzó a los cuatro vientos un violento Manifiesto. El documento, en sus párrafos más significativos, afirmaba cosas como éstas:

---

1. «Las mil caras de Felipe González», La Esfera de los Libros, 2006.

«Desde una posición democrática y defensora de la dignidad colectiva *(nada menos)* del pueblo español, el contenido de la Ley resulta completamente ofensivo e indecente».

«La Ley propuesta olvida deliberadamente la legislación internacional *(¿dónde se halla esa pretendida legislación?)* que considera no prescritos los crímenes de guerra y contra la Humanidad con los que el régimen franquista logró imponerse ilegítimamente.»

«El tratamiento del problema representado por el Valle de los Caídos coincide con el otorgado por el propio régimen franquista, que en su propaganda pretendía presentarlo como un monumento a las víctimas olvidando el horror de su construcción y la glorificación del golpe y la guerra que fundaron el régimen y está perpetuado en sus murales y paredes.»

Finalmente:

«A toda la sociedad civil, a los partidos, y las asociaciones ciudadanas, pedimos expresen su rechazo abiertamente y que realicen cuantos actos de desobediencia civil pacífica sean precisos hasta la retirada del proyecto».

La única respuesta del Gobierno a las protestas llegadas desde el genuino republicanismo más revanchista o, incluso, desde sus partidos aliados en las Cortes de la Nación, fue la de la vicepresidenta Fernández de la Vega, que hace las veces de «bombero del Gobierno». Fernández de la Vega disimuló el malestar de sus socios con esta frase para salir del paso:

—Al final todos estarán contentos con la Ley.

Sentencia que encierra el interés del Gobierno por cumplir una doble estrategia: por un lado, constatar, mediante el estallido de una propaganda abusiva, que la «derecha» a la que el proyecto invitó al consenso nuevamente se queda sola y no es capaz de revisar y, claro está, condenar el franquismo. Por otro lado, pero en segundo lugar, complacer después a sus sostenes parlamentarios, básicamente a Izquierda Unida, con un texto final mucho más ambicioso en sus fines, y desde luego en su proyección, que el surgido de la mesa del Consejo de Ministros. Y así será.

Pero el Gobierno tiene claro que una ley rupturista provocaría una reacción aún más quebrada en el conjunto de la sociedad española. Según fuentes que los autores consideran de absoluta solvencia, el Gobierno no se ha atrevido a «regar» con encuestas más o menos amañadas el florecimiento de su iniciativa sobre la Memoria. El Centro de Investigaciones Sociológicas no ha realizado o no quiere publicar ningún sondeo ni sobre la República, ni sobre la susodicha Memoria. Las muestras que sucesivamente publicó *El Mundo* no han animado al CIS a entrometerse en estos campos porque, curiosamente, los resultados de estas muestras indican que las personas que vivieron el franquismo no tienen de aquel régimen tan mala opinión como se podría suponer.

Por lo demás, el 13 de abril de 2006, un día antes del aniversario de la proclamación de la II República, el diario económico *Expansión* publicaba un trabajo demoscópico en el que, por ejemplo, se solicitaba a los lectores que decidieran sobre dos opciones:

—Primera. Merece la pena conmemorar por todo lo alto la II República, porque forma parte de nuestra memoria histórica, debemos recordar lo que sucedió para aprender de los errores cometidos.

—Segunda. No merece la pena un recordatorio grandilocuente porque es un episodio que divide al país, porque hay una parte del mismo que no tiene buena opinión de aquel periodo y resucitarlo sólo servirá para promover la división y la discordia.

Abrumadoramente, los lectores de *Expansión* que acudieron a opinar al informe demoscópico de Miguel Ángel Belloso coincidieron en que «este asunto de la resurrección conmemorativa de la II República no se debería haber reabierto».

Con mayor finura, el historiador José Varela Ortega, descendiente de Ortega y Gasset, escribía que la recuperación de la memoria a que hacían referencia los lectores del periódico económico citado «ha traído por insane consecuencia la liquidación de la concordia, la fractura del 78, y la quiebra del espíritu de la Transición». Y, claro está, reinventar toda una Historia para convertir a la República en el incono de la democracia, la tolerancia y el diálogo, una pirueta que no admite el menor análisis riguroso, realizado, desde luego, por los expertos más independientes. Los panegiristas de aquel régimen violentado casi desde el primer momento de su nacimiento encubren, para asentar sus propósitos, iniciativas de la República que, como la Ley para la Defensa de la Democracia, aprobada siete meses después de la proclamación, el 20 de octubre de 1931, avergonzarían el pensamiento del menos entusiasta liberal. Aquel texto —siempre olvidado aposta por los republicanos más enrabietados— recogía como nítidos «actos de agresión a la República» actividades como las siguientes:

—Difundir noticias que pudieran quebrantar el crédito o perturbar la paz o el orden público.

Ni siquiera la artificialmente «aperturista» Ley de Prensa e Imprenta que el dúo Fraga Iribarne-Cabanillas Gayas consiguió colar, de rondón, en la estructura legal e institucional del franquismo agónico de 1969 se atrevió a introducir una cláusula de tan nítida censura como esta que aprobaron, sin pudor alguno, los primeros republicanos en el poder.

—Hacer apología —rezaba otra de las especificaciones de la ley— del régimen monárquico o de sus personas.

En la España actual resultaría inconcebible que se impidiera a cualquier republicano, importante o ignoto, no sólo hacer «apología» de la II o incluso ya de la III República, sino, incluso, promover la voladura de la Monarquía para instalar el régimen contrario. Naturalmente que ni las continuas apuestas de Zapatero en este sentido, ni las más continuadas y más exigentes aún de Esquerra Republicana de Cataluña, o las sentimentales proclamaciones del líder de Izquierda Unida, Gaspar Llamazares, han sido consideradas nunca como «agresiones» a la Monarquía constitucional. Sucede incluso que un consejero del Gobierno vasco, Javier Madrazo, consejero que percibe sus emolumentos del erario, ha promovido la recogida de firmas en todo el territorio nacional —al español nos referimos— para urgir a un cambio rápido del modelo de Estado porque, en opinión de Madrazo, «la Monarquía es una institución obsoleta y antidemocrática en pleno siglo XXI». Esto lo afirma un servidor público que no ha abjurado, que se sepa, de un sistema como el comunista que él preconiza que fue el que consagró regímenes tiránicos y absolutamente criminales como el estalinismo.

Pero aún inscribía la Ley de Defensa de la Democracia otro precepto que parecía y parece arrancado de un intervencionista Código de Comercio. Decía así:

«Alterar el precio de las cosas o lo que dijere la ley».

La ley castigaba a los infractores con multas de hasta diez mil pesetas, cantidad astronómica para aquel tiempo del 31, autorizaba la supresión de reuniones y manifestaciones contrarias a la República y, en el colmo de la intromisión —¿podríamos calificarla de totalitaria?—, propiciaba literalmente «la intervención de las cuentas de personas o asociaciones desleales con el régimen». O sea, un monumento a la liberalidad.

Ninguna cuestión vergonzante como éstas se menciona en las frecuentes apologías republicanas al uso. Tampoco, claro está, el didactismo acrítico del Foro por la Memoria Histórica se ha preguntado en ninguna ocasión si aceptaría la intervención de sus cuentas, dado que el tal Foro es un instrumento no ya de propaganda, sino de agitación republicana de la izquierda más radical que intenta subvertir el orden institucional actualmente reinante. Cualquier iniciativa del tipo descrito resultaría —porque lo es— un escándalo en la España de Zapatero, la España que, en su opinión, bebe en las fuentes de la II República, «muchos de cuyos objetivos, de sus grandes avances están hoy en plena vigencia».

No, afortunadamente no; ahora sería impensable una ley de este impresentable jaez. Pero, eso no hay quien lo discuta, cuestiones tan ingratas de recordar como éstas son aherrojadas ahora mismo en la propaganda republicana que ha propiciado, como elemento para perpetrar su gran revancha, el Gobierno de Zapatero. En España, la identificación entre el republicanismo y la democracia funciona como un absoluto dogma. En sentido contrario, se asimilan las instituciones monárquicas a modo de administración estatal caduca y trasnochada. Gregorio Marañón, uno de los promotores intelectuales de la República, junto con Ortega y Gasset y Pérez de Ayala, ya advertía, sin embargo, en noviembre del 31 a Francisco Viu, su entrevistador, que «ser sólo republicano es como no ser nada».

Julián Besteiro, curiosamente uno de los socialistas de la II República menos ovacionados por el zapatismo actual, avisaba también todavía en el año 31 de que «la República debe hacer frente a los problemas, pero no crearlos». Es decir, todo lo contrario a lo que, consciente o inconscientemente, que hay de todo, ha hecho el Gobierno de Rodríguez Zapatero. El propio Ortega y Gasset urgía, también en ese año fundacional, a «modificar el perfil de la República», un perfil que había dibujado con sombríos tintes en su famoso artículo «El aldabonazo», que terminaba con aquel célebre: «No es esto, no es esto», celebérrima advertencia de un desencanto que ya se había instalado apenas amanecido el nuevo régimen.

Pero la resurrección de la memoria histórica necesita presentar una imagen de la II República como la decantación universal de todos los valores posibles, desde el amor por la libertad, hasta el ansia infinita de paz, que es la cantinela heredada de Zapatero. Únicamente así se puede asentar la precisión de revitalizar todos aquellos principios que frustró el franquismo. Los socios de Zapatero —Esquerra Republica e Izquierda Unida sobre todo— han exigido que la revisión de la memoria incluya —como hemos escrito en otro capítulo— la anulación de los juicios sumarísimos del franquismo o la apertura de las fosas comunes —700, está dicho— que hay en toda España por descubrir.

Esquerra Republicana ya pidió el 15 de diciembre de 2004 en la ofrenda floral ante la tumba de Lluís Companys que España —la España de ahora mismo— «pida perdón por el fusilamiento del

Companys» acaecido en 1940 después de que fuera entregado a Franco por los nazis de Hitler. El día de la ofrenda, Joan Saura, comunista de Iniciativa por Cataluña, se unía a la petición de ERC en los mismos términos en que también lo hacían doce organizaciones masónicas, el Gobierno tripartito (entonces formado por los socialistas, los independentistas, los comunistas y los verdes) y el propio alcalde de Barcelona, Joan Clos, después ministro de Industria.

No parece objeto de este libro una breve introspección en la figura y actos de Lluís Companys, al que Manuel Azaña, presidente de la República, dibujó en sus *Memorias* como un «iluminado, seguro de su fuerza, y un auténtico engreído». Tras los años, se ha aplicado[2] también a Rodríguez Zapatero una definición similar. Azaña no fue precisamente conmiserativo con Companys, al que acusó, a mayor abundamiento, de «usurpación de poder, y de haber permitido (cuando no alentado) la revolución del 34, el asalto a la frontera, las aduanas, el Banco de España, Telefónica y CAMPSA». Y aún de algo más: «De decretar una insensata expedición a las Baleares para construir la "gran Cataluña"». En resumen, un juicio sumarísimo esta vez perpetrado desde la gélida y frondosa pluma de Azaña, el principal sufridor, como él mismo se calificaba, de Companys.

La República, pese a todo el resonante aparato de propaganda instalado en España, no fue, ni muchos menos, el ejemplo de convivencia que se pretende vender. Empezó tras unas elecciones concebidas para cambiar el poder municipal y acabadas con el cambio de modelo de Estado, continuó con una feroz persecución religiosa contra la Iglesia católica y sus iglesias, continuó con una Constitución —que entró en vigor el 9 de diciembre de 1931— redactada desde la izquierda y sólo para la izquierda, se hizo anár-

2. El historiador Pío Moa ha publicado un libro que lleva por título «El iluminado de La Moncoa y otras plagas», Libroslibres, 2006.

quica con los sucesos mortales de Casas Viejas, en Cádiz, y Castilblanco, en Badajoz, se frustró para la moderación con la no aceptación por parte de la izquierda de los resultados de los comicios del 33 en los que venció la coalición de centro derecha CEDA-Partido Radical, se hizo definitivamente revolucionaria con el estallido bélico en Asturias y Cataluña que costó más de mil muertos, y prolongó la Guerra Civil con un Frente Popular formado, según anunció Azaña en el mitin valenciano de Mestalla, para «inaugurar una campaña y preludiar un ajuste de cuentas».

Hablar así de esta República parece políticamente incorrecto.

Es mejor seguir a Zapatero con sus inciertas ensoñaciones reivindicativas, con sus alegatos a favor de un régimen que para él sólo tiene una referencia concreta: su abuelo. Su abuelo, del cual al fin conocemos otra historia muy diferente a la contada hasta ahora. El objetivo que se ha propuesto Zapatero con su deformada reivindicación de la memoria histórica no es otro que extender su convencimiento de que nuestra democracia es provisional, que nunca será perfecta hasta que los valores republicanos sean definitivamente instalados. Como han difundido los gestores de la Plataforma de Ciudadanos por la República: «No nos podemos sentir representados por unas instituciones que muestran en su código genético, empezando por el Rey-Jefe de Estado, la herencia de la Dictadura». Para todos ellos, Zapatero incluido, la República fue un régimen pacífico e integrador. Los hechos, tozudos, aportan otra verdad muy diferente que se niegan ni tan siquiera a considerar. Su República inventada. La primera Transición, de la que ahora se abomina porque huyó del ajuste de cuentas y la venganza, sí logró la integración de vencedores y vencidos. Setenta años después se trata de lo contrario: de abrir las fosas comunes de los segundos y de colocar losas perdurables sobre las de los primeros. Es la gran revancha.

→ Epílogo. Juego de espejos

En el registro cinematográfico español —si es que existe— no hay acreditado ningún título de película como éste: *El hombre que no olvida*. Encajaría, sin embargo, como un guante en la personalidad del actual Presidente del Gobierno español, José Luis Rodríguez Zapatero. Su memoria histórica general está construida sobre la suya personal. Los trágicos aconteceres de la Guerra Civil, el franquismo e incluso la «primera» Transición (como así la califica) son para Zapatero el trasunto de su biografía particular, de la trayectoria también de su familia. Zapatero pertenece a esa clase de españoles que todo lo explican en función de «cómo le han ido a él las cosas». Incluidas, claro está, las «cosas» de España en los últimos setenta años.

Toda su actividad en la vida pública es por eso un reto: un querer demostrar, un cumplimiento de una permanente cuenta corriente, un desafío que se ajusta, como anillo al dedo, al encabezamiento de este libro: *La gran revancha*. Todos los personajes que han sido consultados para escribir esta obra coinciden en lo señalado: que Zapatero no olvida; es más, que como no olvida, su gestión vital, y sobre todo la política, es el resultado de su querencia caracteriológica. Tampoco perdona. Uno de sus más frecuentes compañeros en la Facultad de Derecho de León lo explica así: «... y no es que sea sólo un rencoroso, que lo es también, es que siempre tiene algo que remediar».

Curiosamente, los autores han encontrado fuertes reticencias en los entrevistados para aparecer con nombres y apellidos en el índice onomástico de este libro. La respuesta generalizada ha sido el resquemor a posibles repercusiones o reacciones a sus declaraciones no mistificadoras y positivas hacia la figura del Presidente. Lo cierto es que, hoy por hoy, transcurridos dos años largos ya de mandato de José Luis Rodríguez Zapatero, la mayoría de los leoneses, políticos o no, hablan pero no quieren que se hable de ellos. Hay un libro antiguo de entrevistas escrito por un periodista de León, Juan Florencio «Chencho» Pérez García, que puede explicar esta conducta: «Los leoneses —escribe— somos, ante todo, prudentes hacia el futuro». De esta manera nos hemos encontrado con muchos «prudentes ante el futuro» que, naturalmente, respetamos, aunque, para muchos lectores, será muy fácil identificar las fuentes.

En definitiva, lo verdaderamente relevante es señalar que la imagen edificada sobre la figura del Presidente del Gobierno no responde a un fiel reflejo de la realidad objetiva, sino que la propia trayectoria política e incluso personal de Zapatero la desmiente sobradamente. Para ello había que acudir a los datos prolijos en la hemeroteca leonesa y a quienes, como ha quedado dicho, le han tratado a lo largo de estos años. Conviene, pues, aunque sólo sea someramente y a modo de epílogo, que quede constancia de una realidad no deformada a modo de espejo cóncavo o convexo, a conveniencia, para engrandecer la biografía presidencial. Un análisis sucinto y resumido, porque, de lo contrario, daría para otro libro. Y para ello, se hace necesario empezar desde el principio, desde los inicios de su andadura en la política y el ascenso en su carrera como político profesional.

En el haber de Zapatero, cuenta la leyenda oficial, está el haber militado siempre en la izquierda, tanto él como su familia. Sin embargo, en León y en la primera parte de su vida, aparece como uncido al establecimiento del régimen franquista, debido a la ocupación del padre en el Ayuntamiento de la capital y como representante de los abogados leoneses. Tampoco destacó como líder en faceta alguna de su actividad y sin embargo, ahora lo es; no fue un deportista señalado y sin embargo, ahora quiere presentarse como un estupendo baloncestista; no triunfó especialmente en las relaciones sociales y sin embargo, se le atribuye una indomable personalidad de seductor; nunca fue un entusiasta de la lectura y sin embargo, ahora cita a autores de los que, probablemente, no ha leído ni siquiera la contraportada de alguno de sus libros; ha pasado de consuno por todos los hábitos religiosos clásicos y sin embargo, ahora se dice laico e incluso ateo; ha hecho de la austeridad una de sus más queridas aportaciones y sin embargo, en cuanto ha llegado al poder, ha adoptado costumbres de nuevo rico o de político superfluo.

La literatura sobre José Luis Rodríguez Zapatero en los medios de comunicación afines, que son casi todos, y en los libros hagiográficos publicados, vuelca sobre él elogios desmedidos, disimulados, en la mayor parte de las veces con definiciones sobre las capacidades del Presidente, sobre los grandes conceptos que han hecho de él un referente político, social y naturalmente humano. Éstas son algunas de las más llamativas contradicciones entre la poderosa máquina de propaganda oficial y la realidad del personaje despojada de la deformada consciente o inconscientemente por sus exégetas.

Luis Rodríguez Aizpeolea, redactor de *El País* (antes lo fue del diario *Egin*, el brazo periodístico de ETA, según sentencia del Supremo), escribió un compendio de todas las razones que auparon a Zapatero a la presidencia del Gobierno. De entrada —hay que reiterarlo—, su amor inquebrantable por la libertad: «La libertad como valor supremo. Es la base del socialismo para Zapatero. Su ideal es una sociedad en la que la gente no depende de la buena voluntad de los demás para satisfacer sus necesidades... Como presidente, Zapatero exige una y otra vez humildad a sus altos cargos». Detrás, lo consabido: el diálogo: «La política es el fundamento de la paz. Es diálogo y disenso controlado. En la política está la defensa de los propios ideales, con la capacidad de ponerse en la piel del otro». Y, claro está, su homenaje a la democracia, sin matices: «A los nacionalistas les dice que su lengua materna es la democracia», porque «no hay un político con tanta confianza en la gente como Zapatero». Para rematar, el «buen talante como instrumento de paz». Nada menos: «Ni en los peores momentos se le ha oído a Zapatero levantar la voz o insultar. Las buenas formas no ocultan debilidad, sino gran fortaleza y seguridad en sí mismo». Porque, en definitiva, termina su libro Aizpeolea: «Es que el ciudadano Zapatero se cree los valores que practica».

La realidad es otra. Por comenzar desde el principio, uno de los momentos más duros por los que atravesó Zapatero en León fue cuando se conoció, convertido ya en secretario regional del PSOE, que había resultado agraciado con un puesto de profesor en la Facultad de Derecho sin concurso público previo. Zapatero arremetió entonces directamente contra el PP, del que dijo las siguientes lindezas:

—Soy víctima de un montaje del PP, sucio, ruin y deleznable.

Lo cierto es que quien dio a conocer a la opinión pública el, cuando menos, turbio asunto del «enchufe» como profesor en la Universidad no fue precisamente el partido de la calle Génova. Fue precisamente el diario de Jesús Polanco el que arremetió ferozmente contra él por esta circunstancia. Ataque que de inmediato fue seguido por la prensa regional con *El Diario de León* a la cabeza, convertido posteriormente en valedor del Presidente del Gobierno.

Poca memoria histórica tienen estas apreciaciones o, quizá, poco afán por rebuscar en las hemerotecas. Sin muchos esfuerzos, podemos encontrar en ellas otros muchos ejemplos de cómo Zapatero en los peores o en los mejores momentos sí ha utilizado el vilipendio como medio de ataque al rival político. Naturalmente, el Partido Popular —él no tiene otro rival político, ni siquiera ETA en su marca Batasuna— se lleva la palma en esta clase de diatribas que los cantores no reconocen como insultos.

Al PP le ha llamado sucesivamente «derecha sórdida y vengativa», «partido de los mercaderes más abyectos» y «grupo de histéricos y revanchistas». A uno de sus miembros, Josep Piqué, le distinguió con toda clase de invectivas dialécticas cuando el PSOE intentaba convertir, con la misma trascendencia y gravedad, el caso Ercros, asunto cerrado definitivamente por la Justicia en el caso Renfe, GAL, fondos reservados, «Juan Guerra» o cualquiera de los otros que jalonaron la campante corrupción de los socialistas mientras Zapatero no movía su ceja circunfleja. De Piqué dijo: «Es el paradigma de la golfería política». Por cierto que, tras una campaña de acoso feroz contra el ministro de Aznar, el fiscal anticorrupción, Carlos Jiménez Villarejo, el mismo que años después calificaba al PP de «partido antidemocrático», archivó en enero de 2001 la denuncia que el mismísimo Zapatero había presentado por «corrupción galopante» (sic) contra Piqué. ¿Se disculpó o justificó Zapatero? Huelga la respuesta, eso sí, según sus relatores, Rodríguez Zapatero nunca descalifica.

Desgraciadamente para el conjunto de los españoles, Zapatero y sus huestes han pasado de la descalificación política a la criminalización del adversario político sin solución de continuidad. Suso de Toro, el escritor separatista gallego con el que Zapatero, según confesión del propio Presidente, se cartea por medio de correos electrónicos todas las semanas, reconoce humildemente que su amistad con Zapatero «no es tan grande como la gente piensa», pero, eso sí, le tiene subyugado como líder. Suso de Toro no para de hacer favores al Presidente. El último que se conoce fue con ocasión de los grandes incendios forestales de Galicia que arrasaron no menos de ciento setenta y cinco mil hectáreas. De Toro, horas antes de que Zapatero, siempre tan cercano a la ciudadanía, se paseara fuertemente protegido por alguna de las zonas catastróficas, se despachó diciendo que «detrás de los pirómanos está el PP», argumento utilizado por la Xunta de Galicia y el propio Gabinete de Zapatero. Días más tarde se supo que uno de los detenidos era, precisamente un socialista que había figurado en las listas del PSOE en las últimas elecciones municipales. ¿Rectificó De Toro? No; ni él, ni su Gobierno, ni el jefe del Ejecutivo. No lo hacen nunca. Tampoco insultan.

Ya se constata que la verdad no es tan frívola como la ligereza con la que el Presidente y sus aliados mediáticos y políticos reparten culpas sin el menor asomo de autocrítica y, por supuesto, sin intención alguna de rectificar. Zapatero, cuando se siente acosado, huye; cuando se le incendia Guadalajara no da la cara, se marcha; cuando el aeropuerto de El Prat, en Barcelona, es un caos, cuando los aviones no pueden despegar y el Gobierno central no toma medida alguna contra los salvajes huelguistas que ocupan las pistas, o cuando tarda cinco días en fotografiarse «para la posteridad» ante una Galicia quemada al completo, Zapatero olvida su «cercanía con los ciudadanos», tan cantada, y se embarca, él sí, hasta la residencial Real[1] de Lanzarote, y allí se encierra, silente, ajeno a las tragedias.

La palabrería hueca y carente de rigor llega a tales excesos de desafección de la realidad que su portavoz, Fernando Moraleda, para justificar la estancia de Zapatero en La Mareta, declaró: «Desde que viene a La Mareta no ha vuelto a coger un solo catarro». Parece de broma. Y además no es cierto, ya que Zapatero, tras su primer veraneo en La Mareta, no asistió, llegado el invierno, a diversos actos cuya disculpa oficial fue que «el Presidente sufre un

1. Le fue regalada al Rey por Husein de Jordania en 1992.

pequeño catarro». ¿En qué quedamos? ¿La Mareta le vacuna o no contra tan leve enfermedad? Hasta en lo pequeño, los intérpretes de Zapatero pueden llegar al absurdo y caer en el ridículo, con afirmaciones además carentes de rigor alguno.

El espejito mágico de Zapatero, a modo del de la madrastra de Blancanieves, deja de ser motivo de gran hilaridad si pasamos de lo meramente anecdótico a la cruda y áspera realidad política en la que ha conducido al país. De la libertad y la democracia como su «lengua materna», los diputados del Congreso no hallaron ningún rastro cuando, tras haber prometido lo contrario, hurtó al Parlamento una explicación sobre el inicio de negociaciones políticas con ETA. Únicamente compareció ante los periodistas para dictar una justificación tras la que, naturalmente, y en uso de la mayor de las transparencias y del talante de diálogo que le acompaña, no aceptó ni una sola pregunta, ni una réplica de los informadores.

Sobre los referidos insultos, ¿qué decir más? Son de sobra conocidos los debates parlamentarios que antecedieron y siguieron a la guerra de Irak. La guerra le sirvió y le sirve a Zapatero para utilizar artillería gorda y gruesa con la que descalificar a Aznar y al PP con los peores adjetivos; unas feroces descalificaciones que culminaron con aquel «engaño masivo» que, a medida que pasan los meses y se van conociendo detalles comprometedores de la actuación socialista en los días trágicos del marzo más sangriento de la última historia de España, se vuelve ya claramente contra sus autores. Sirvan, por lo demás, algunas muestras, aun a fuer de ser absolutamente insignificantes, numéricamente hablando.

—Señor Aznar —le decía al entonces presidente del Gobierno en marzo de 2004—, su comportamiento político es muy grave, es muy grave que haya roto el consenso, se va a ir usted como llegó. Poco le importaron los medios para alcanzar el poder. Para alcanzar el poder valía todo y todo sigue valiendo para conservarlo. Su política es la ineficacia y la mentira.

Así se expresaba Rodríguez Zapatero, que alcanzó la presidencia del Gobierno tras unas elecciones trufadas de mentiras, y después de una campaña en la que el PSOE hizo valer toda suerte de insidias y artimañas precisamente para desplazar del Gobierno al popular, incluso vulnerando la jornada de reflexión ayudándose de conspicuos representantes del partido en toda España para convocar a los ciudadanos ante las sedes del PP.

Y todavía esta otra perla cultivada: «Es usted un gobernante irrelevante que desprecia la calle, que incluso la odia, un gobernante que no nos merecemos». Zapatero no sólo ha despreciado la calle, sino que ha hecho oídos sordos a las reivindicaciones en cinco manifestaciones masivas en dos años de mandato. Ni tan siquiera ha recibido a sus organizadores.

En cuanto al merecimiento, qué decir: los españoles nos asombramos ante un gobierno que miente sobre las negociaciones con ETA,[2] que nada dice sobre los chivatazos desde la Policía a los pistoleros investigados en la trama de extorsión a empresarios por la Audiencia Nacional[3] y que, según publicó

2. El diario *El País* de fecha 24 de marzo de 2006 publica un artículo firmado por Luis R. Aizpeolea: «La declaración de alto el fuego permanente que el pasado miércoles difundió ETA a través de un comunicado remitido a la tv pública vasca ha venido precedida de una serie de contactos a través de intermediarios en las ciudades de Ginebra (Suiza) y Oslo (Noruega)». Por su parte, el periódico *Gara* titulaba «Batasuna y PSE llevan seis años dialogando sin interrupción y con interlocución creciente». *El Correo Digital*, el 20 de septiembre de 2006: «ETA asumió ante emisarios socialistas el cese de chantaje y la Kale borroka», y añadía: «Las conversaciones para explorar un final dialogado del terrorismo se desarrollaron en julio y diciembre de 2005 en Ginebra y Oslo. Un centro internacional de resolución de conflictos facilitó el encuentro». Ello sin contar con el documento interno de la banda encontrado tras la detención del etarra Esparza Luri en el que se da cuenta de los contactos con el Partido Socialista antes de 2004 en calidad de interlocutores del Gobierno. A mayor abundamiento están también las declaraciones realizadas por el histórico de ETA, Julen Madariaga, en las que acusó al Gobierno de Zapatero de pedirle que mediara con los etarras cuando era secretario general del PSOE y abanderaba el Pacto por las Libertades y contra el Terrorismo firmado junto con José María Aznar.

3. El jueves 21 de septiembre de 2006 *El Mundo* titulaba a toda plana en su primera página: «Interior falsificó un documento para ocultar al juez lazos entre el 11-M y ETA». La información firmada por Casimiro García-Abadillo fue desmentida por el ministro del Interior alegando increíblemente que se trataba de un borrador que sin embargo aparecía con el número de referencia 48-O3-05, la misma regencia que llevaba el falso documento entregado en la Audiencia Nacional al juez Del Olmo.

el diario *El Mundo*,[4] falsifica documentos para impedir que se constaten los vínculos entre los terroristas vascos y los asesinos islamistas del atroz macroatentado del 11 de marzo de 2004.

Pero es que si no fuera cierto que Zapatero es un apasionado de la diatriba cruel y del vituperio grosero, habría que recurrir a los dicterios que su hombre de confianza, José Blanco, usa para machacar a los rivales. Con uno quizá baste. A José María Aznar, Blanco le llamó «sicario de Bush» en una entrevista concedida a la revista *Tiempo*. Es posible, sin embargo, que Blanco, poseedor de una atonía cultural que escandaliza incluso a la socialista Trinidad Jiménez, no supiera cuando profirió aquel insulto qué significa realmente el vocablo «sicario», es decir, «criminal a sueldo». Dada la inmensa largueza intelectual que los hagiógrafos de Zapatero le atribuyen, éste sí, éste sí podría conocer el alcance del improperio, pero nunca le rectificó.

Zapatero es, en definitiva, un político corriente, un profesional que en nada se distingue (desde luego, no en su elegancia dialéctica) de los demás presidentes que ha habido en España desde la restauración de la democracia. Él, en todo caso, acumula de sí mismo una opinión superior a la que vierte cualquiera de sus patrocinadores, mecenas, acólitos o colaboradores. En esto tampoco Zapatero es diferente a cualquier mortal, pese al juicio superior que una vez emitió sobre su característica de «hombre diferente a los demás mortales» su agradecido ministro de Administraciones Públicas, Jordi Sevilla. Explicándole a Juan Campmany Ibáñez, presidente de la agencia de Publicidad DDB España, que se atribuye el genial hallazgo de «ZP presidente», que él, Zapatero, nunca cambiará por más que sean fuertes las tentaciones de poder, por más importante que resulten sus influencias, el candi-

4. Planeta, 2005.

dato a la Presidencia del Gobierno en 2004 le confiaba al autor de *El efecto ZP*[5] lo siguiente:

—Juan, tú no me conoces. Yo tengo firmes principios y los respeto siempre porque es mi manera de ser, mi talante. Jamás romperé con mis principios no porque me lo imponga, sino porque es algo innato en mí.

Hasta los más críticos entre sus críticos, sin embargo, reconocen en él una enorme, fantástica, capacidad de adaptación. «Primero —dice el mismo socialista— fue de Alfonso Guerra, luego de González, más tarde hablaba bien de Borrell, pero se pasó con armas y bagajes a Almunia. Donde está el poder, está Zapatero.»

En el Partido Popular de León opinan que no es el chico bueno, bueno y de provincias, que se presentó en Madrid con la inocencia política por emblema. Un dirigente del PP local lo define así: «No tiene principios, ni valores reconocidos, pero su ambición es inconmensurable». Incluso desde el Partido Socialista en su ciudad política de adopción dan fe de su quehacer político basado en la máxima del «como sea». Por ejemplo, cuando en 1982 descabalgó a los guerristas y fue acusado de fraude dentro de sus propias filas al producirse una falsificación de las listas de los afiliados al PSOE, le dieron la mayoría a Zapatero.

Con seguridad y sin ahondar en mayores profundidades, si conocieran o recordaran esta confesión de principios los setenta escoltas que una tórrida tarde de julio se negaron a subir a un avión Hércules de carga, para ser trasladados como cajas de herramientas a Lanzarote y allí cubrir la seguridad y las espaldas de

5. El autor de la definición no es otro que Pasqual Maragall durante el acto de celebración de la entrada en vigor del Estatuto de Cataluña en agosto de 2006. Por su parte, un mes más tarde, el 27 de septiembre, en la Comisión de Trabajo y Asuntos Sociales del Congreso de los Diputados, el Gobierno y sus socios dieron buena muestra de cómo son capaces de contravenir expresamente la Constitución al definir a España como «Estado plurinacional». Tras el anuncio de un recurso de inconstitucionalidad por parte del PP, el Grupo Socialista se vio obligado a explicar que rectificaría por considerar el texto «equívoco».

Zapatero, opinarían que el poder no sólo ha cambiado a Zapatero, sino que le ha convertido en alguien dispuesto a gobernar a sus subordinados como si fueran poco más que mulos de carga. Pasado mucho tiempo, nadie se explica que Segundo Martínez, su jefe de Seguridad, que se pasó al PSOE tras ser destituido por el Gobierno del PP como comisario jefe en Valencia (de allí le enviaron a Valladolid, descontentos por su labor en la capital de la comunidad valenciana), aún no haya explicado a sus subordinados cómo el jefe de todos ellos les enviaba a Canarias en un avión que hace el recorrido en más de cinco horas y dentro del cual no hay más asiento que la chapa.

Por lo demás, todavía se recuerda cómo Zapatero usó una aeronave del Estado para acompañar a una de sus hijas a Londres, a matricularse en el inglés que él ignora, y cómo el avión le esperó, a él, a su mujer Sonsoles y a la imprescindible suegra, hasta que Zapatero satisfizo su necesidad de comprarse una camiseta naranja en los almacenes que la firma española Zara tiene en la capital del Reino Unido. Otra muestra de cómo a este hombre providencial para sus publicitarios no le ha cambiado absolutamente nada el poder.

Su principal biógrafo, el citado Óscar Campillo, no ahorra elogios para enaltecer la figura del Presidente. En un primer momento escribe: «Tiene una pasmosa naturalidad para decidir su propio camino, y una sorprendente habilidad para convertir en poderosos instrumentos políticos sus opciones personales». Es decir, un auténtico fuera de serie, autista, que convierte —eso es lo que viene a contar Campillo— sus intenciones, sus apuestas personales en dogmas de obligado cumplimiento para el resto de los mortales. Aún puede recogerse esta segunda apreciación del autor, mezcla de glorioso ditirambo y de advertencia preconizadora: «Austero en sus costumbres personales, metódico, paciente (...) inmune a la vanidad, trabajador incansable, frío como el hielo, implacable con sus adversarios, en política quien se la hace la paga».

Toda una pléyade de virtudes, una relación exenta de defectos pero plagada de avisos preocupantes, que ni siquiera cuadraría para el líder político más indiscutible de la historia de la Humanidad. *El País*, el mismo día de la investidura, no tuvo el menor reparo en llamar a Zapatero el «Kennedy español», una expresión que, al decir de un director general de Prisa, la empresa editorial del diario, «sonrojó a muchos de los redactores del periódico». Pero Zapatero es realmente otra cosa. Cuando un periodista de León, naturalmente de derechas, se refiere al parangón existente entre el jefe del Gobierno y su mencionadísimo abuelo Juan Rodríguez Lozano, dice así en un mensaje colgado en Internet: «Por lo menos, su abuelo defendía el orden instituido, no lo subvertía como el nieto». En verdad, la afirmación es matizable: ya se ha visto en otro capítulo que el capitán Lozano ejerció de «agente doble» durante el bienio republicano que podríamos llamar «de derechas»; por un lado, participaba en la represión contra los revolucionarios de Asturias, y por otro, se ofrecía al Partido Socialista como informador y hasta como agitador del Ejército. Por lo que se refiere al citado nieto, lo correcto es asegurar que más que subvertir el orden constitucional del 78, lo que ha hecho es cambiarlo hasta dejarlo francamente irreconocible, es decir, en un Estado «residual» a merced de la «plurinacionalidad» de España.[6]

Los trabajos más recientes de los epígonos más celebrados de Zapatero insisten en que «todo lo tenía previsto de antemano», que su republicanismo cívico no es en él una adquisición reciente, que su fervor por Philipe Petit viene de lejos; viene de aquel León de principios de los setenta en los que, según los mencionados *hooligans*, maduraba su proyecto intelectual y político. Un proyecto en el que ni caben las malas artes de los políticos convencionales, ni la sucia procacidad de los que se aprovechan del poder. Él ha llegado hasta aquí para servir. De ahí su frenesí por Petit y por su *Republicanismo cívico*, el libro que regaló al príncipe Felipe con motivo de su boda, y que como dice un miembro de la Casa del Rey, es «un regalo que podría haber mandado a otro sitio más adecuado».

Pero la verdad de Zapatero en León es muy otra: en aquellos tiempos, Zapatero estaba interesado más que en otra cosa en las horribles películas de Bruce Lee, porque como dice Ana Gaiteiro, su afán era, sobre todo, «ganar fibra», y no precisamente cerebral, sino básicamente muscular. Era un tipo alto y chepudo, de figura desgarbada, que llegó, eso sí, a colocarse un humildísimo cinturón verde en las artes marciales. Años después, ya en La Moncloa, lo que señala es que el deporte en el que Zapatero era realmente un galáctico, o, por lo menos, un buen jugador, era en el baloncesto. Se trata con eso de justificar que tanto en la residencia oficial destinada al Presidente del Gobierno y su familia en Madrid, donde vive habitualmente, como en la lanzaroteña Mareta, ha construido sendas canchas para emular a Jordan o al más español, mal que les pese a los socios nacionalistas del Presidente, Pau Gasol. Pero otra vez la verdad sobre las aptitudes en el *basket* es ciertamente matizable. En el Colegio Leonés, Alfonso García asegura: «No era un portento deportivo, por eso se ofrecía como delegado del equipo y hasta como cronista periodístico en la revista del colegio». De lo que nadie duda es de la capacidad del Presidente de apuntarse los tantos. Un oportunismo partidista y descarado que le llevó incluso a puentear al jefe del Estado y adelantarse para ser el primero en recibir a la selección española de baloncesto tras su histórica victoria en el mundial en septiembre de 2006. Incluso a pesar de que la Casa Real ya había anunciado que sería quien recibiría al meritorio y ejemplar equipo en tan señalado día. Cuestiones estas largamente comentadas en las escasas tertulias radiofónicas y artículos de opinión no adscritos a la órbita del poder.

Y por cierto: bien es verdad que el centro educativo al que asistió Zapatero no era, no lo es tampoco ahora, de obediencia estrictamente religiosa. Los cantores de su laicismo antiguo y señorial destacan que el padre abogado le envió al Colegio Leonés porque era algo así como el Instituto Francés de Madrid, una delegación sucesoria de la admirada y republicana Institución

Libre de Enseñanza. Nuevamente hay que amoldar la información a la realidad. El Colegio Leonés es, de entrada, una entidad privada (hay que buscar en otro lado la apuesta por la educación pública de Zapatero) propiedad de la familia Belinchón. El director siempre fue un significado hombre de la derecha leonesa, senador de Alianza Popular durante una legislatura, y estrictamente observante de sus deberes religiosos, tanto que en su colegio los tenía muy presentes; en el ejercicio y en la formación. A Belinchón hasta se le atribuye una indudable cercanía al Opus Dei. No era precisamente el colmo del laicismo este colegio donde estaban vetados los pantalones vaqueros y el pelo largo.

También, como se ve en este epígrafe, la propaganda que alimenta el basamento laicista de Zapatero desde su más tierna infancia es toda una falacia. No debió de quedar muy descontento de su paso por este centro porque también sus dos hijas estudiaron en el Colegio Leonés, antes de que el padre, ya secretario general del PSOE, se trasladara a vivir a Madrid, mejor dicho, al municipio preserrano de Las Rozas, en el que viven numerosos socialistas, a pesar de ser un pueblo, ya casi una capital, gobernado desde hace mucho tiempo por el Partido Popular. Lo mismo que su mujer, Sonsoles Espinosa, profesora durante años en dicho centro privado hasta el ascenso político al partido fundado por Pablo Iglesias.

Es posible que su enfrentamiento actual con la Iglesia católica date de años más tarde, cuando, ya de mocete, se afilió, tras su conversión en el mitin de Felipe González en el Arenal de Gijón, al Partido Socialista. A partir de entonces, ya le pareció «excesiva» la condescendencia del felipismo con los obispos. Él se casó por la Iglesia, ha bautizado a sus hijas, que han hecho, con su consentimiento y apoyo, la Primera Comunión, y con motivo de la muerte de su abuela centenaria Natividad Valero Asensio, asistió al correspondiente funeral católico. Fue a esa misa, aunque sin embargo, días antes, se había negado a asistir a la que el papa

Benedicto XVI ofreció en Valencia con motivo del Congreso Mundial de las Familias. Todo un contrasentido que en Zapatero, valga el forzado retruécano, tiene un sentido: demostrar que para él el ejercicio de la fe, aun en un no practicante, debe solventarse en el ámbito estrictamente privado.

→ LA «BARAKA» DE RODRÍGUEZ ZAPATERO

La carrera pública del Presidente da cuenta de que cuando Felipe González se desplazó a León para concurrir a un mitin del PSOE, en la campaña electoral de 2004, siendo ya el leonés secretario general del partido, González no le hizo caso alguno, ni siquiera una mención notable al candidato. Lo ignoró por completo. Luego González ha reconocido su error; él tampoco pensaba en la victoria de su joven compañero, al que por cierto no le guardaba simpatía alguna, menos todavía cuando se enteró de que el «pipiolo» (así le llamaba González) presumía en público de imitarlo extraordinariamente bien. A él y también a Santiago Carrillo.

La elegía a la buena suerte, estar en el momento oportuno en el lugar oportuno, tiene en Zapatero una adición: el carácter tozudo, orgullosamente testarudo y empecinado del Presidente. Esta personalidad paciente se describe incluso con atinados proverbios orientales. En *El Diario de León*, se ha llegado a escribir que Zapatero, como decían los persas de la antigüedad, «saca rosas de la paciencia». Es otro rasgo este que completa junto con los del hombre afortunado y del profeta certero, una trilogía de elogios con los que se intenta dibujar irreversiblemente la potencia ganadora del jefe del Gobierno. Este don de la flema y el sosiego le creció a Zapatero, siempre según sus elegantes comentaristas, de su virtuosismo ante un tablero de ajedrez. Ahí se le supone una enorme presteza para pensar los movimientos más arriesgados y rectificar a tiempo si no le han salido bien. Así —dicen— es como actúa en política. Pero nuevamente aquí es exagerada la lisonja: en el tiempo que lleva como jefe del Gobierno no ha rectificado ni uno solo de sus atrevidos «movimientos», a pesar de que él presume en todos sus discursos de estar siempre atento al error y de cambiar si ha cometido uno de ellos. Ya presidente, no ha continuado engordando el hábito; más bien, al contrario.

El portavoz adjunto del Partido Popular en el Congreso de los Diputados describe el empecinamiento de Zapatero con estas palabras: «Es como esos automovilistas que circulan en dirección contraria a todos los demás y creen, incluso de buena fe, que son los demás los que están extraviados». Mariano Rajoy, por su lado, cuenta que en todas las entrevistas que ha tenido con el Presidente en La Moncloa, le sucede lo mismo. El presidente del PP sale de sus encuentros convencido de que Zapatero está de acuerdo con él porque no dice nada; «se calla —asegura gráficamente Rajoy— como un difunto». Y ¿cómo interpretan sus entusiastas estos silencios? Pues fácilmente: escriben que otra de las enormes virtudes de Zapatero «es saber escuchar». Óscar Campillo, el biógrafo más ajustado de Zapatero, narra que Tomás Rodríguez Bolaños, un antiguo alcalde de Valladolid, la ciudad natal del Presidente, le describe como «un escuchador impenitente»:

—Es la leche —dice—, le enseñas todas las cartas; te vas y caes en la cuenta de que él no te ha enseñado ninguna.

Pero otros políticos no atribuyen ni a la discreción, ni a la cautela, ni a la inteligente habilidad para no comprometerse, los pertinaces silencios de Zapatero. Pedro Solbes, vicepresidente segundo y ministro de Economía del Gobierno, respondió así a un grupo de periodistas que le interrogaban sobre la sapiencia económica de su jefe:

—No creáis, aunque calla, de esto sabe mucho más de lo que todos pensamos; incluso aprende rápido.

José María Aznar mantuvo con Zapatero apenas dos entrevistas cuando el primero era el presidente. Aznar, hombre, él sí, de pocas palabras, recuerda a su interlocutor como un tipo deslabazado que...

—... se sentó y empezó a decirme que él era un chico de León que sabía poco de esto y que estaba dispuesto a llevarse bien con todo el mundo. Pero fuera de esto, no se me ha quedado nada de interés en la memoria de aquellas reuniones. El tío callaba y callaba y a mí personalmente me pareció que es que realmente no sabía nada de nada, que no es que callara por estrategia.

Pero sus promotores han hecho de la necesidad, virtud, de sus prolongados silencios, reflexión, de su inanidad dialéctica, cercanía con el pueblo. Presume de tener mejor relación con la ciudadanía en general que con los medios de comunicación, como si la ciudadanía fuera un sector aprensible, de fácil acceso. Su misión es restañar las heridas de su familia, no aplacar las que todavía puedan existir en España. Por eso aquel día en León, apenas dos meses de iniciada su presidencia, prometió una Ley de Memoria Histórica que luego ha completado con bagatelas económicas para los vencidos y mucho rencor hacia los vencedores de la Guerra Civil. Con eso está cumpliendo con su abuelo y completando la carrera política que su padre no se atrevió a cerrar. Recién llegada la democracia, el PSOE propuso a Juan Rodríguez García-Lozano que fuera candidato a la Alcaldía de León, porque los socialistas no tenían candidatos cualificados en la capital. El padre no quiso y Rodríguez Zapatero siempre ha presumido de que, sin embargo, podría haber ganado las elecciones municipales, pero la verdad, ya incomprobable, desde luego, es otra. La cuenta así un abogado leonés, especialmente cercano a la familia:

—No hubiera ganado nunca. El único socialista que por entonces tenía predicamento en León era un joven abogado, Baldomero Lozano, que se murió antes de llegar los ochenta; el padre de Zapatero, que llegó a ser designado jefe de la Asesoría Jurídica del Ayuntamiento (en realidad había ingresado en la institución de la mano de un alcalde franquista: Manuel Arroyo), gozaba de escasa popularidad en las filas de la izquierda. Luego le quisieron también presentar en la lista para el Congreso de los Diputados; también se negó. Juan Rodríguez no guardaba relación conocida con los posibles izquierdistas de León, que tampoco eran muchos. Uno de sus amigos, también abogado, dice:

—En León, como no le votaran sus amigos, que eran todos de derechas, no le votaba nadie.

El hijo no sólo ha hecho la carrera que el padre no quiso probar, sino que la ha superado con creces. Pero nunca fue un líder. En su apología se cuenta que en la Facultad de Derecho ya destacaba por su precisión dialéctica, su ánimo decidido y su solidaridad con los demás. Pero los que coincidieron con él en los años universitarios no recuerdan nada parecido. Su mayor osadía consistía en pasearse por el centro de León con *El País* bajo el brazo y a veces con un libro que, según sugiere un profesor ayudante de Derecho Constitucional con el que luego coincidió, «nunca debió de leer del todo». El libro era asimismo una especie de homenaje a su abuelo, el retrato de su revancha. Era *El contrato social* de Rousseau, el filósofo francés que el abuelo Juan había elegido para proporcionarse un apodo en la logia masónica Emilio Menéndez Pallarés. Durante los tiempos de la Facultad se pasaba más horas en un bar, El Montañés, que en las aulas. Fueron momentos de convulsión universitaria en toda España; no como en el 56 o en el 64, pero sí de cierta agitación política. En Derecho era más popular y más temido en las asambleas un tal José Mancebo que el propio Zapatero. El que hablaba a las enfervorizadas pero cortas masas era Mancebo. No era precisamente el líder sólido que se pretende ahora representar. «Tenía —dice otro compañero— cuatro ideas cogidas por los pelos.» Tampoco podía presentar un gran bagaje intelectual. En eso también yerran, o, mejor dicho, exageran, los que le suponen ávido lector de toda clase de libros que «calcen» su ideología. Un socialista al que descabalgó en 1982, cuando se propulsó políticamente en el famoso «Pacto de la mantecada», habla así de su pretendida voracidad literaria:

—Desde que, tras numerosas irregularidades, algunas casi delictivas, fue elegido secretario provincial del PSOE en León, digan lo que digan de él, no ha leído otra cosa que no sea el listado de afiliados del PSOE con el único objetivo de mantenerse en el poder al precio que sea.

Ésa sí es su frase, «como sea». Y además —señalan— aparenta ser un auténtico iluminado. En el PP antes tenía algún amigo; coincidía en las tertulias y visitaban juntos las emisoras radiofónicas. Cuando Zapatero empezó, antes de ser presidente, a defender el matrimonio homosexual, el amigo le indicó:

—Pero ¿no te parece que es estúpido abrir un frente como ése?

—Te equivocas; te lo demostraré en unos años —le replicó Zapatero.

Pero no sólo en el PP imputan a Zapatero una enorme dosis de desvarío pretencioso. José Luis Balbás, ex jefe de las Juventudes de UCD, que luego se pasó con Fernández Ordóñez al PSOE, en el que logró una enorme influencia, fue uno de los responsables del triunfo de Zapatero sobre Bono. Balbás recogió votos por doquier y urdió todas las martingalas posibles para que Zapatero fuera secretario general.

—Lo hice —confiesa— a sabiendas de que se trataba de un ensimismado peligroso.

—Y ¿entonces? —se le pregunta.

—Es que su contrincante, aparte de peligroso, era listo, Zapatero no sabe nada de nada —responde Balbás.

Hasta el momento, sus biógrafos han desarrollado una teoría muy habitual para los políticos convertidos imprevisiblemente en líderes, su afán de servicio a la sociedad, pero en León no se recuerda este aspecto. Únicamente un profesor de su colegio de Enseñanza Media reconoce en él una «cierta implicación en proyectos comunes». De modo que los que han rebuscado en su trayectoria algún aspecto positivo en este orden se han desanimado. Curiosamente, sus panegiristas han llegado muy lejos en los elogios, no así en los de su abuelo. En León se sabe que el periódico *El País*, que es el sostén político e incluso ideológico de Zapatero, estuvo algunas semanas intentando construir un texto de alabanza sin par del capitán Rodríguez Lozano. Uno de los mejores colaboradores de aquel intento fue, naturalmente, el propio nieto, pero el informe en cuestión, un trabajo de muchos folios, aún duerme el sueño de los justos, nunca se ha publicado. El panegírico, en definitiva, se quedó en nada. Quizá frenó su publicación el propio Polanco; el texto le resultó inadmisible porque no colocaba al abuelo Juan en el lugar privilegiado como referente social que Polanco había pensado para él.

Muy recientemente le ha compensado a Zapatero con otro informe de Juan José Millás que, éste sí, ha complacido a todos. Eso a pesar de que el reportaje no habla de una de las características físicas sobre las que se han escrito multitud de referencias preciosas: los ojos de Zapatero. Desde agraciarle con un titular espléndido que parece sacado de la misma Transición: «La mirada del cambio», hasta llamarlo «Papes», algo así como «ojos lindos», los escritores zapatistas no han ahorrado adjetivos. Se han dejado seducir por «ojos lindos» hasta el punto de ubicar en los órganos de la vista buena parte del éxito multitudinario del jefe del Gobierno. Los ojos verdes, según los entusiasmados genealogistas del Presidente, «le vienen —escribió *El Diario de León*— de su familia materna». Una buena imagen la de Zapatero acendrada, eso sí, en lo que fundamentan como la cara de buena persona, en la faz de un hombre que inspira crédito.

Para cobistas, los que ensalzan, hasta el ridículo, las conversaciones que el padre José Luis Rodríguez Zapatero mantiene con sus dos hijas: Laura y Alba. Con ambas, si hay que hacer caso a los escritores de cabecera del Presidente, mantiene con frecuencia sesudas reflexiones. Cuenta el propio Zapatero que en una ocasión, Laura, la mayor, le sorprendió con una afirmación así:

—Papá, ya sé qué diferencia hay entre la izquierda y la derecha.

—¿Cuál? —le interrogó entusiasmado el Presidente.

—Pues que la izquierda, es decir, nosotros, nos ocupamos de los demás, y la derecha, es decir, ellos, sólo se ocupan de sí mismos.

Zapatero describió así cuánto le impresionó la veracidad y la profundidad del aserto de su pequeña hija, impresionado y es de suponer que literalmente encantado, porque vio entonces cómo su influencia y, naturalmente, su ejemplo han dado el fruto apetecido. Un simbólico ejemplo del sectarismo que mora en la mente y el corazón del presunto presidente de todos los españoles. Y no sólo por la influencia familiar sobre sus jóvenes hijas, sino como máximo responsable político de España, que pule y cultiva con esmero el odio y el desprecio hacia los ciudadanos que votan la opción política del centro derecha. Al punto de asegurar en Alemania que los valores de la derecha y de la izquierda no son los mismos, porque los de la primera «sólo cotizan en bolsa».

Zapatero es pura imagen, y esa imagen de padre solícito que hace comprender a sus hijas las verdades de la vida, la distancia que existe entre ellos y «nosotros», el abismo entre la filantropía de los nuestros, diariamente ocupados en mejorar la vida de los demás (dice Zapatero que ésta es su preocupación primordial), y el egoísmo de los otros, únicamente dispuestos a pasárselo en grande a costa del prójimo. El Presidente radical ha envuelto su discurso en una definición trascendente como todas las suyas, pretenciosa: «Las nuevas fronteras de la izquierda», en las que se recoge todo un abanico de proposiciones, a cual más disparata, que han encendido de crítica grandes sectores de la sociedad.

Para Zapatero, sus creencias adoptadas a golpe de revancha personal no deben ser impuestas; deben ser sólo aceptadas porque, en definitiva, son las buenas. Su memoria biográfica corre pareja con la histórica que ha revisado, porque, según él, su pasado, con sus dolores familiares, tienen que ser revisados, glorificados incluso. El fusilamiento de su abuelo es la razón de su existencia, de la convulsión que ha creado en la sociedad española. José Luis Rodríguez Zapatero no es sólo palabrería hueca. Es dañinamente tendencioso y maniqueo, además de ser capaz de afirmar una cosa y hacer la contraria sin sonrojarse. Aseguró en Antena 3 al periodista Pedro Piqueras que «ningún muerto puede caer en el olvido». Sin embargo, su gobierno ha dedicado un tiempo precioso en hacer una ley que no sólo condena al ostracismo y al olvido a la mitad de los muertos de la Guerra Civil, sino que los criminaliza y prácticamente justifica sus asesinatos al reivindicar como precedente de la democracia actual la II República que desató el cruel y sanguinario conflicto. Incluso como ha quedado expuesto, va más allá y compara su propio dolor como nieto de un fusilado por la Guerra Civil con el de las víctimas inocentes mutiladas en democracia por un terrorismo, el de ETA, cuyos muertos parece querer también enterrar.

Queda señalado, pues, que la imagen que se ha edificado de Zapatero responde escasamente a la realidad. Mas bien, cabría preguntarse, como lo hacía uno de los máximos exponentes del Siglo de Oro español, Lope de Vega: «¿No has visto de qué manera muestra el espejo, a quien mira, su rostro, que una mentira le hace forma verdadera?». José Félix Lope de Vega y Carpio da en el clavo y cuatro siglos después asistimos, a modo de tragicomedia moderna, a la nueva verdad oficial que pretende reeditar un nodo, versión implacable e irrebatible, unidireccional y sectaria de la reciente historia de España. Un auténtico juego de espejos, donde nada es lo que parece y todo es relativo, un juego de espejismos y de fantasmas del pasado letales para la convivencia presente y futura de los españoles.

Anexo I

Reglamento de la Logia Luz de León →

REGLAMENTO

de la Log.·.

LUZ DE LEÓN

NÚMERO 57

REGLAMENTO

DE LA LOG.·.

LUZ DE LEON N.° 57

CAPITULO I.

Constitución y forma.

Artículo 1.° Esta Resp.·. Log.·. lleva por título distintivo el de **Luz de Leon número 57,** y subsiste bajo los auspicios y la inmediata protección del Ser.·. Gr.·. Or.·. Nac.·. de España.

Art. 2.° La Log.·. **Luz de Leon número 57** trabaja en los tres gr.·. sim.·. de Ap.·. Comp.·. y Maest.·. del Rito escocés ant.·. y acep.·. que es el que profesa, reconociendo también todos los grr.·. de orígen legítimo regularmente conferidos.

Art. 3.° Esta Log.·. cobijará bajo sus auspicios todas las que sean por ella creadas en toda la provincia, y dirijirá los trabajos que ejecuten las Secciones ambulantes que emanen de ella.

Art. 4.° Las Lóg.·. creadas por miembros de la **Luz de Leon n.° 57,** obten-

drán su Carta constitutiva del Gr.·. Or.·. Nac.·. de Esp.·. por conducto de esta; y gozarán de todos los derechos que la Constitución de aquel concede á todas.

Art. 5.° Todas las Log.·. prohijadas por esta, someterán sus Reglamentos á la aprobación de su Log.·. M.·. procurando ambos cuerpos por la identificación y armonía en los trab.·. de todos.

Art. 6.° La Log.·. **Luz de Leon número 57** tendrá los Ddig.·. y Ooff.·. siguientes:

Para el Tall.·. principal.

Un Ven.·. Maest.·.
Un 1.er Vig.·.
Un 2.° Vig.·.
Un Orad.·.
Un Sec.·. G.·. S.·.
Un Tesor.·.
Un Lim.·. Hosp.·.
Un 1.er Esp.·.
Un 2.° Esp.·.
Un Maest.·. de Cer.·.
Un Arq.·. rev.·.
Un Prep.·.
Un Sec.·. adj.·.
Un Orad.·. adj.·.

— 5 —

Dos Diác.·. (1.° y 2.°)
Un Ecónomo.
Un Guard.·. Temp.·. int.·.

y para los Ttall.·. amb.·. :

Un Delegado Insp.·. Provincial
Un Delegado Insp.·. de Línea
Tres Vigilantes-Esp.·.
Dos Sec.·.-Espertos
Dos Esp.·. Limos.·.
Un Agente-Tesor.·.

y en todos los cuerpos, todos los demás ooff.·. que se crean necesarios para el mejor órden de los trabajos.

Ar. 7.° Para poder ejercer cargo alguno en esta Log.·. es preciso ser miembro de ella, estar solvente con el Tes.·. de la misma y gozar de todos los derechos mason.·., según las prescripciones de la Constitución del Gr.·. Or.·. Nac.·. de Esp.·. y de los Estatt.·. Gen.·. de la Or.·.

Art. 8.° Las elecciones para Ddigg.·. y Ooff.·. de está Logia, se verificarán anualmente en la primera quincena del mes de Diciembre, pudiendo ser reelegidos los hh.·. que hubieran desempeñado cargos anteriormente, practicándose al tenor de las pres-

— 6 —

cripciones que contienen los artículos 27 y 115 al 127 inclusive del Apéndice de la Constit.·. del Gr.·. Or.·. Nac.·. de España.

Art. 9.° Para proceder á las elecciones, se hará una convocatoria con treinta dias de anticipación á todas las Secciones ambulantes y demás cuerpos de la obediencia, ó sean los triángulos establecidos, para su comparecencia al acto, ó para que emitan y remitan sus votos con arreglo á las instrucciones de este Regl.·. y su Apéndice.

Art. 10. En la Ten.·. inmediata á las elecciones tomarán posesión de sus cargos los nuevos electos del Tall.·. con arreglo á liturgia; y dentro del plazo de quince dias se hará el relevo de cargos por los que hayan sido elegidos para las secciones ambulantes.

Art. 11. Las Secciones amb.·, se formarán por los hh.·. cuyo empleo sea ambulante, y por los que su residencia se halle á mas de *cinco* kilómetros distantes de la Capital.

Art. 12. Los hh.·. de las Sec.·. nombrarán del seno de este Tall.·. un triángulo que los represente en todos los casos y asuntos.

Art. 13. Todos los miembros de esta Log.·. que formen parte de las Ssecc.·. amb.·. serán reconocidos como tales, por título especial que llevarán consigo, expedido por la M.·. Log.·. y refrendado por nuestro Gr.·. Or.·. Nac.·. de Esp.·.

Art. 14. Los títulos indicarán también los cargos que ejerzan los hh.·. de las Ssecc.·.

Art. 15. Los triángulos poseerán las mismas insignias y en conformidad con los dos artículos anteriores.

CAPÍTULO II.

De las Tenidas.

Art. 16. Esta Log.·. celebrará todos los sábados sin prévia convocatoria, sus Ten.·. ordinarias. Celebrará también todas las extraordinarias que acuerde el Ven.·. ó sean pedidas por cinco miembros activos del Tall.·. ó por tres si fueran de la Ssecc.·. amb.·., haciendo la petición por escrito, expresando el motivo al anunciarlo con veinte y cuatro horas de anticipación.

Art. 17. Abiertos los trab.·. en una Ten.·. ord.·. ó extraor.·. y concedida la palabra por el Ven.·., ningun h.·. podrá hacer uso de ella mas de dos veces sobre el mismo asunto, á ménos que el Ven.·. juzgue

útil y conveniente por motivos justos, concedérsela por tercera vez.

A ningún h.·. sin embargo, le será permitido hablar después que el Orad.·. haya dado su conclusión. Esta, le será pedida por el Ven.·. siempre que después de una discusión de pró y contra se haya informado de la opinión del 1.° y 2.° Vvigg.·.; y el Orad.·. haciendo resúmen de todo, formula, en bien de la Mason.·. en gen.·. ó de la Log.·. en part.·. la proposición que deberá votarse.

Art. 18. Los hh.·. amb.·. envian sus trabb.·. al Tall.·. tan pronto los hayan ejecutado, observando en ellos si los dejan á la deliberación del Tall.·. ó si desean saber su opinión; para en tal caso, participársela en formas convenientes, á fin de que hagan su réplica, que volverá á ser discutida en Log.·. y votada definitivamente.

Art. 19. La asistencia á las Ten.·. es obligatoria. El h.·. que por causas agenas á su voluntad, no asistiere, deberá hacerlo saber al Ven.·. por escrito y acompañando su óbolo para benef.·. En caso de continuar faltando, deberá justificar las razones que á ello le hayan obligado; si sus faltas, no se fundan en razones irreprochables, será juzgado por la Comisión de Justicia, que dará cuenta al Tall.·. para que resuelva lo que haya lugar.

Art. 20. Los hh.·. de las Ssecc.·. amb.·. no están sujetos á lo que prescribe el artículo anterior; pero están sin embargo obligados á cumplirlas toda vez que se hallen en la localidad de la Log.·. y hayan descansado á lo menos ocho horas, y les queden otras ocho antes de su salida.

Art. 21. Las Ten.·. que se celebren en Log.·. serán consignadas en acta levantada por el h.·. Sec.·. de la que se segregarán los períodos de aquella en que se trate de asuntos en los cuales deba recaer votación general, tales como los del Tesoro de Log.·. los de Benef.·., elecciones extemporáneas, sobre inic.·. de prof.·., afil.·., regul.·. y otros en los cuales haya intervenido alguna Comisión; y se hará circular por todos los hh.·. de las Ssecc.·. y Triang.·., los que emitirán y remitirán sus votos en la forma que se determine.

Esto, no obstante, los asuntos urgentes se resolverán en Log.·., sin perjuicio de practicar lo prescrito en el párrafo anterior y en estos casos las votaciones serán nominales.

Art. 22. El Sec.·. de la Log.·. no podrá bajo pretesto alguno demorar el despacho

ordin.·. de los asuntos que deban circular por las Ssecc.·.

Art. 23. Las pl.·. arquitec.·. de las Ten.·., no podrán ser sancionadas hasta tanto no hayan remitido su conformidad los hh.·. de la amb.·. cuyo plazo no podrá exceder de quince dias. Y esto solo se refiere á las que estén relacionadas con trabb.·. de las Ssecc.·.

CAPÍTULO III.

Del Tes.·.

Art. 24. Los fondos del Tes.·. de esta Log.·. se forman con los derechos que la misma devengue, por iniciaciones, aumentos de salario, afiliaciones, regularizaciones, despacho de certificados y diplomas, cotizaciones mensuales, cotizaciones extraordinarias y donativos gratuitos.

Art. 25. Todos los derechos se pagarán adelantados y los percibirá el Tes.·. en la forma siguiente:

Inic.·. con certif.·.	Pesetas	20
Cotiz.·. mens.·.	"	2
Inic.·. al 2.° gr.·. con certif.·.	"	15

Id. al 3.°	con id.	Pesetas	15
Afil.·. con certif.·.		"	5
Regul.·. con id.		"	15
Pl.·. de quit.·.		"	1
Dipl.·. de Maest.·.		"	10
Un certif.·. de la Log.·.		"	2,50
Regl.·. int.·.		"	1,50
Cartilla de 1.^r gr.·.		"	1,25
Constit.·. del Gr.·. Or.·.		"	2,50
Estat.·. gen.·.		"	2,50

Art. 26. Con los fondos del Tes.·. se atenderá en primer término al surtido de todos los efectos de Secret.·. y otros gastos que exige la buena organización del Tall.·.

Art. 27. Cubiertas las necesidades que prescribe el art. anterior tanto en la Log.·. como en sus Ssecc.·, amb.·. se podrá acordar que de los fondos que existan, se empléc una parte que nunca pasará de la mitad, en la decoración ó restauración del Temp.·. ó su moviliario.

El Tes.·. debe reservar siempre fondos con que poder atender á las necesidades que la Mason.·. tiene obligación de cumplir.

Art. 28. No podrán practicarse las disposiciones que señala el art. anterior sinó que cada seis meses, á ménos que el Tall.·. acuerde alguna vez hacer algún gasto que sea justificada su necesidad.

Art. 29. El h.·. Tesorero dará cuenta cada fin de mes del debe y el haber que exista.

CAPÍTULO IV.

De los fondos de Benef.·.

Art. 30. Los fondos de Benef.·. se componen del producto de la caja de socorros ó tronc.·. de pobres, que circula en las Ten.·., de las multas, de los donativos asignados para este objeto, y de todas las cantidades no comprendidas en el número de las que forman el Tes.·. de la Log.·.

Art. 31. Para la circulación del tronco de pobres por las Secciones y triángulos de esta Log.·. se usarán cuatro cajas hechas exprofeso; y que el Ven.·. mandará hacer su circulación en todas direcciones a lo menos dos veces al mes.

Art. 32. Devueltas las cajas por los hh.·. de la Ambulancia que funcionen como Exp.·. Limosn.·. estos, las entregarán en Log.·., donde serán abiertas por las tres que poseerán el h.·. Of.·. Limosn.·. el Arq.·. rev.·. y el Sec.·. en el altar del Orad.·. quien en el acto pone en conocimiento del Ven.·.

M.·. el producto de aquellas, que quedará anotado en el acta.

Art. 33.- Los fondos de Benef.·. no pueden ser distraidos con otro fin que el que tienen destinado.

Los hh.·. de las Secciones, podrán hacer distribución de las tres quintas partes del fondo trimestral; prévia conformidad del Del.·. Insp.·. Provincial, que deberá informarse del modo que crea más conveniente de la veracidad en que funda el h.·. peticionario el ejercicio de la limosna, de la equidad que deberá usarse, y del secreto con que debe practicarse.

Art. 34. El h.·. Limos.·. es el encargado de la custodia de los fondos de Benef.·. y por consiguiente el responsable de ellos, por tanto, no entregará cantidad alguna sin el correspondiente libramiento que será expedido por el Ven.·.

CAPÍTULO V.

De los Vvisitt.·.

Art. 35. Todo mas.·. reg.·. tiene derecho á visitar la Log.·. **Luz Leon número 57**, prévios, el exámen é identifica-

ción de su persona y de los documentos del gr.·. en que se presente.

Art. 36. Si el Visit.·. por causas agenas á su voluntad no pudiera exhibir los oportunos documentos, será admitido en Log.·. siempre que juren conocerle y le garanticen como mas.·. tres maes.·. del Tall.·.; y prévio el exámen correspondiente del gr.·. en que se trabaje.

Art. 37. Los Vvisitt.·. no podrán entrar en el Tall.·. hasta que sea leida el acta de la anterior Ten.·. y se haya terminado la discusión ó lectura de los asuntos de familia. Esto no se refiere á los mass.·. de los ggr.·. 31, 32 y 33, quienes pueden verificar su entrada al principiarse los trabajos, siempre que traigan sus documentos registrados al efecto por el Gr.·. Or.·. Nac.·. de España.

Art. 38. Todo mas.·. Visitador será recibido por el Maestro de cer.·. que según sus categorías, señalan las liturgias.

Art. 39. Desde el momento en que un Vist.·. entre en el Tall.·. queda suegto á las prescripciones de este Regl.·.

Art. 40. A todo h.·. Vist.·. se le invitará á que firme en el libro de asistencias como tal, Vist.·. cuyo requisito es indispensable para que proceda la anotación en sus títulos ó dipl.·. de la visita que hizo á la Log.·.

CAPÍTULO VI.

Iniciaciones.

Art. 41. Para las proposiciones y diligencias que deben practicarse para la admisión de proff.·. se seguirá en todas sus partes los preceptos que impone la Constit.·. del Gr.·. Or.·. Nac.·. de España en su Apéndice artículos 85 al 105 inclusives.

Art. 42. El h.·. proponente de un candidato, es responsable ante la Log.·. por todos los derechos de la inic.·. y en ningún caso podrá iniciarse á ningún prof.·. por menor suma que la señalada en este Regl.·.

Art. 43. Todo candidato en su inicia.·. prometerá solemnemente someterse á la Constit.·. del Gr.·. Or.·. de España, á los Estat.·. gen.·. de la órden, y á los Reggll.·. particulares de esta Log.·.; así como á sus usos y costumbres.

Art. 44. Los hh.·. de las Secc.·. Amb.·. tienen el deber de atenerse á las prescripciones de los artículos anteriores; más como esto podrá alguna vez hacerse muy perjudi-

cial á los candidatos, podrán proceder siguiendo las cláusulas siguientes:

1.° Elevar la proposición en forma al Del.·. Insp.·. Prov.·.: quien nombrará la comisión de informes, poniéndolo en conocimiento del Ven.·. de la Log.·. Mad.·. con espresión de todo lo que haya ordenado.

2.° Recibidos por el Del.·. los tres informes, éste; con su dictámen y el de todos los hh.·. amb.·. remitirá el expediente al Tall.·. para su aprobación, y éste, acto seguido le enviará autorización para que proceda á la inic.·.

3.° El Del.·. Insp.·. Prov.·. reclamará para estos casos la cooperación del Tall.·. que deberá asistir á lo ménos, con un Triang.·. y procurará hacer que asistan todos los Mas.·. de las inmediaciones al punto donde ha de celebrarse la Ten.·.

4.° No pasará el Del.·. á celebrar inic.·. alguna si ántes no ha recibido las cuotas correspondientes que por medio del Ag.·. Tesor.·. remitirá á la Log.·. M.·.

Art. 45. El Ven.·. de la Log.·. conservará en el secreto las correspondencias emanadas del Del.·. que tengan relación con nombramientos de Comisiones ú otras que ambos crean que deban ser reservadas.

Art. 46. El Ven.·. Maest.·. saludará y

felicitará en nombre de los Oobb.·. del Tall.·. por medio de pl.·. á todos los Neófitos inicia.·. por el Gefe de la Secc.·. invitándoles á que cuanto antes les sea posible se presenten en Log.·. para ser reconocido por los hh.·. é inspirarse con identidad y armonía en los principios que la Mason.·. sustenta.

CAPÍTULO VII.

Aumentos de salario.

Art. 47. Todo inic.·. tiene derecho á que se le aumente de salario, cuando haya trabajado en el Tall.·. dos meses por lo menos en el 1.^r gr.·. y tres en el 2.°; ó que haya asistido á ocho Ten.·. y doce respectivamente; habiendo observado una conducta irreprensible; y estar en completa instrucción del gr.·. que posee.

Art. 48. No podrá concederse aumento de salario, al h.·. que se halle en descubierto con el Tesoro.

Art. 49. Queda prohibido conferir más de un gr.·. en cada T.·. é igualmente conferirlos por comunicación.

CAPÍTULO VIII.

Comisiones permanentes.

Art. 50. Habrá en esta Log.·. dos Comisiones permanentes, compuestas de seis indivíduos cada una, no comprendido el Ven.·. por de hecho Presid.·. de todas las Comm.·.

La primera de estas se denominará de Hacienda y Benef.·. y la formarán:

Los dos Vvigg.·.; el Tesor.·.; el Arq.·. rev.·. y dos miembros del Tall.·. nombrados por el Ven.·.

Art. 51. Son atribuciones de esta Com.·.

Conocer en todo lo relativo á la entrada y salida de fondos en las cajas del Tes.·. y Benef.·.

Examinar las cuentas cuando lo crea necesario; reuniéndose con este objeto, á lo ménos una vez al mes.

Intervenir en todo lo que á Benef.·. se refiere.

Art. 52. La segunda Com.·. de que trata el art. 50 es la de Justicia, que estará formada por:

Los dos Vvig.·., el Orad.·., el Sec.·., el Tesor.·. y el 1.^r Esp.·.; siendo sus atribuciones, constituirse en tribunal, siempre que haya de juzgarse á los hh.·. del Tall.·. por faltas cometidas contra los Estat.·. gen.·. de la Orden, Constit.·. del Gr.·. Or.·., Regll.·. y demás leyes Mason.·. en su sentido moral y material.

Art. 53. La Com.·. de Just.·. conoce de todas las discordias y desavenencias en que se halle comprometido algún h.·. las cuales tratará de dirimir en bien del Ord.·. contando siempre con la cooperación de todos los Oobb.·. del Tall.·. para poder fallar justa y equitativamente, teniendo en cuenta el bien de la Asociación, cuyo principio fundamental es la fraternidad y armonia entre todos los asociados.

Art. 54. El h.·. que tenga conocimiento de que existen desavenencias entre dos ó mas hh.·. del Tall.·., está obligado á participárselo al Ven.·., á fin de que éste tome las medidas oportunas para que la fraternidad y amor recíproco vuelva á renacer en los disidentes.

Art. 55. Las resoluciones tanto de la Com.·. de Hac.·. y Benef.·. como de la de Just.·. serán válidas siempre que se hallen reunidos la mitad mas uno de los hh.·. que componen cada una de ellas.

Art. 56. Toda senten.·. mason.·. estará

extrictamente fundada en el espíritu de las leyes á que obedecemos.

CAPÍTULO IX.

Disposiciones generales.

Art. 57. Esta Log.·. con arreglo á los Estat.·. gen.·. puede nombrar hh.·. artistas y honorarios, á los cuales considera como parte de sus miembros activos.

Art. 58. Cuando un h.·. pida retirarse, dejando de ser miembro del Tall.·. el Ven.·. nombrará una comisión para que se acerque á aquel y procure hacerle desistir de su idea, y si persiste en ella se le concederá la oportuna carta de retiro.

Art. 59. La Log.·. cuando lo juzgue oportuno, pasará las cuestiones que se le presenten, á informe de las Comm.·. permanentes.

Art. 60. En ninguna de las tres Comm.·. deben estar los Oobb.·. sin las decoraciones y distintivos correspondientes.

Art. 61. Las proposiciones de que el Ven.·. dé cuenta, así como las que presenten los Oobb.·.: pueden ser discutidas inmediatamente ó dejarlas para la Ten.·. próxima, á fin de juzgar de ellas con pleno conocimiento.

Art. 62. Los artículos de este Regl.·. se entenderán, según lo que de su contesto literal se desprende, sin admitir otra interpretación mas que aquella que se halle ajustada á las prescripciones de los Estat.·. gen.·. de la Ord.·. y de las Constitt.·. del Gr.·. Or.·. Nac.·. de España.

Art. 63. Siempre que algún h.·. presente algún trabajo no comprendido en el presente Regl.·., debe señarlar; él, ó los artículos de la Constit.·. Estat.·. ó Regl.·. en que se inspira, explicando detalladamente su interpretación.

ARTÍCULO ADICIONAL.

Como en las prácticas de los trabb.·. de esta Log.·. con motivo de sus Secc.·. amb.·. pudiera conocerse la conveniencia de reformar ó aumentar el n.º de artículos que contiene este Regl.·.; todos los hh.·. deben cuidarse de hacer las observaciones que crean atinadas, tanto para corregir lo defectuoso, como para aumentar lo deficiente, á fin de conseguir su perfección.

Esto, no obstante en nada debilita este

articulado mientras tanto, no se haya acordado por la Log.·. **Luz de León n.º 57,** la reforma ó aumento de algún artículo.

ARTÍCULO TRANSITORIO.

Quedan abolidos desde la aprobación del presente Regl.·. todos los que hasta la fecha hayan servido para el régimen interior y particular de esta Log.·.

Discutido y aprobado en la Log.·. **Luz de León n.º 57,** en su Ten.·. ord.·. celebrada el dia 23 de Julio de 1889 (e. v.) al Or.·. de León.

El Ven.·. Maest.·.
Antonio Malagon.
Simb.·. Castelar. R. I.

El 1.^r Vig.·.
Francisco A. Morán.
Virgilio gr.·. 18.·.

El 2.º Vig.·.
Genaro Laugarico.
Simb.·. Razón gr.·. 3.º

El Orad.·.
Alberto Laurin.
Progreso gr.·. 31.·.

El Sec.·. G.·. S.·.
Francisco S. Manjon.
Velarde gr.·. 13.·.

APÉNDICE AL REGL.·. INTERIOR

de la Log.·. LUZ DE LEÓN n.° 57, que contiene las cláusulas particulares que servirán para el régimen que han de observar las Secciones ambulantes que emanen de ella.

CAPÍTULO I.

Formación de las Secciones.

Art. 1.° Las Secc.·. amb.·. serán formadas por todos los hh.·. que sean miembros activos de la Log.·. **Luz de León núm. 57** y en el mundo prof.·. estén obligados á viajar constantemente en el rádio de esta Provincia; obedeciendo como subordinarios á mandatos superiores; y por los que por análogas ó iguales circunstancias se hallen de residencia á mas de cinco kilómetros distantes de esta Capital.

Art. 2.° Estos cuerpos son subordinados de la Log.·. **Luz de Leon número 57**, y se distinguirán en ella por un título especial, y por el número de órden correspondiente.

Art. 3.° Sea cualquiera el número de Secciones que se formen por la M.·. Log.·. no habrá en la ambulancia más que un solo

Gefe, para todos que se denominará "Delegado Inspector Provincial" y será elegido por sufragio universal en elecciones generales.

Art. 4.° Las Secc.·. tendrán los Ddigg.·. Ooff.·. siguientes:

Un Delegado Inspector Provincial.
Un Vig.·. Insp.·. de Línea.
Tres Vvigg.·. Espertos.
Dos Secrett.·. Espertos.·.
Dos Espertos Limosn.·.
Un Agente Tesorero y todos los demás ooff.·. que se crean necesarios para el mejor acierto y órden de los trabb.·.

Art. 5.° Para poder ejercer estos cargos, es preciso gozar de los derechos prescriptos en el artículo 7.° de este Reg.·. y estar en posesión del gr.·. de Maest.·. mas.·.

Art. 6.° Una vez comunicado por la Log.·. á las Secc.·. ambb.·. el dia de las elecciones, todos los miembros de ellas procederán inmediatamente á votar la terna para Ven.·. enviándola al Tall.·. por conducto de los hh.·. Secret.·. Exp.·.

Art. 7.° Luego que los hh.·. de las Secc.·. conozcan el resultado de los tres candidatos que hayan obtenido mayor número de votos enviarán en candidatura general, principiando por uno de los tres antedichos para Ven.·. y siguiendo el órden que establece el artículo 6 de este Regl.·. un nombre para cada cargo, y con sugección á lo prescripto en el artículo 11 del Regl.·. y 1.º de este apéndice, respecto de los cargos para las Secc.·.

Art. 8.º Todos los hh.·. de las Secc.·. llevarán consigo un título especial de que habla el art. 2.º valedero por un año, en el cual constará el cargo que ejerza cada uno de los que los tengan, y para todos por igual deberá tambien constar la cualidad de estar en Ten.·. constante.

CAPÍTULO II.

Del modo de practicar los trabb.·.

Art. 9.º El principal objetivo de las Secc.·. amb.·. es el de difundir con toda la extensión posible los principios de nuestra aug.·. Ord.·. derramándolos por todas partes con nuestros ejemplos, manifestando con ellos los beneficios que constantemente obtiene la humanidad, merced á nuestra siempre enhiesta bandera, practicando actos de filantropía, de caridad moral y material, de equidad, de justicia y de fraternidad.

Art. 10. Los hh.·. de las Secc.·. en virtud del artículo anterior están obligados á cumplir con estos deberes en todas sus partes morales, en cuanto á las materiales que son dos, las ejecutarán de la manera siguiente:

1.º En los asuntos de Benef.·. se atenderán extrictamente á lo prescripto en este Regl.·.

2.º La otra parte material antedicha se refiere á la acumulación de materiales bien escogidos para la gran fabricación Mas.·.; y no solo es de su deber usar de esquisito tacto para la adquisición de nuevos materiales; sinó que también procurar recoger todos los que se hallen en el retiro, y hacerles que ingresen en los Tallll.·. luego, con estas dos clases de materiales hacer que se formen en todos los pueblos de alguna importancia pequeñas Llogg.·. ó Ttriangg.·.

Art. 11. Así mismo deben procurar que en su contacto con hh.·. mass.·. en otras regiones, se den á conocer como ambulantes de la Log.·. **Luz de Leon núm. 57** al Or.·. de León, á la cual representa constantemente, como constantes son sus trabajos, y les invitará que propongan en sus Logg.·. la formación y organización de Secciones ambulantes, ó que, en su defecto si ellos lo fueran rogarles su afiliación á esta Log.·.

Asi mismo deberán visitar todas las Llogg.·. que les sea posible de las que hallen en su tránsito, llevando á todas salud, alegría y prosperidad.

Art. 12. De todas las entrevistas que con hh.·. mass.·. de otras Llogg.·. hayan tenido, darán cuenta al Del.·.; y éste si las considera interesantes se las comunicará al Ven.·., que dará cuenta de ellas al Tall.·. en la Ten.·. inmediata.

Art. 13. Los hh.·. de las SSecc.·. asistirán á las Ten.·. de la M.·. Log.·. siempre que se hallen en las circunstancias que señala el art.° 20, de este Regl.·.

Art. 14. Todos los hh.·. ambulantes tienen obligación de ser portadores de la correspondencia que deba circular recíprocamente entre la M.·. Log.·. y sus SSecc.·.

Art. 15. Los hh.·. que se encarguen de circular alguna comunicación no pueden en manera alguna entregar los pliegos á otros que á quienes vayan dirigidos. Si los pliegos tratan de asuntos generales, deberán cambiar sus impresiones y anotar simultánea y recíprocamente sus opiniones, si proceden de una Cámara en que el agente no es competente, el consignatario será rigurosamente reservado.

Art. 16. Los pliegos dirigidos al Taller,

serán en todos los casos dirigidos al Ven.·., quien dará cuenta de ellos en la Cámara correspondiente.

Art. 17. Los hh.·. que se hallaren en circunstancias difíciles para dirigir sus pliegos al Del.·. ó á otro h.·. que se los entregue podrá hacer uso del correo, ó dirigirse al Ven.·. expresando las razones que ha tenido para no enviarle por conducto del Del.·. como le es deber.

Art. 18. Como todos los trabajos deben ser dirigidos por el Del.·., este puede no dar curso á aquellos que no se sugeten al Arte Real, á la Constit.·. del Gr.·. Or.·. Nac.·. de España, Estat.·. gen.·. de la Ord.·. ó de este Regl.·.

Art. 19. Los hh.·. de las Ssecc.·. pueden celebrar Ten.·. siempre que se hayan reunido en triángulo, que presidirá el Del.·. ó el Insp.·. de Línea precisamente; mas si fuera necesario celebrar Ten.·. y estos no pudieran asistir, el Del.·. autorizará á un Maest.·. para que le represente y presida los trabajos.

Art. 20. Los hh.·. ambulantes, dirigirán todas sus proposiciones al Tall.·. por conducto del Del.·. Insp.·., el que con arreglo al artículo 18 emitirá su informe (caso de darles curso á aquellas) basándose en la equidad y la Justicia para todos los asuntos.

Art. 21. La demora no justificada en la circulación de ppll.·. será causa de que se forme expediente en averiguación del motivo, y será juzgado el h.·. que haya incurrido en tan grave falta; que tan perturbadora es para el buen órden de los trabajos.

CAPÍTULO III.

Iniciaciones.

Art. 22. Terminado el expediente de un prof.·. que haya sido propuesto; el Del.·. lo pondrá en conocimiento del Ven.·. é inmediatamente le autorizará para que proceda á la inic.·. de aquel cuando no sea posible hacer que se inicie en Log.·. Mas.·. procediendo de la manera siguiente:

1.° Concertar la manera de que pueda formarse una Log.·. perfecta ó sean siete masones.

2.° Procurar que la Ten.·. de inic.·. se celebre á cubierto, valiéndose de todos los medios que le sugiera su ingenio para que no suceda al aire libre.

3.° No prescindir por ningún concepto de las formas que señala la liturgia, pues no

de otro modo puede imprimirse en el Neófito la moral que contienen el simbolismo y las màximas del interrogatorio, así como la gravedad de nuestra aug.·. Ord.·.

4.° En ningún caso podrá el Del.·. inic.·. á un prof.·. sinó logra ser acompañado por un triángulo; así como sinó ha recibido la cuota correspondiente, y

5.° Las demás fórmulas se ejecutarán, según lo prescrito en los artículos 40 al 45 inclusives de este Regl.·.

Art. 23. El Del.·. Insp.·. pondrá inmediatamente en conocimiento del Ven.·. la celebración de una iniciac.·. enviándole copia del acta que será trascrita al libro de Arquitect.·.

CAPÍTULO IV.

Afiliaciones y regularizaciones.

Art. 24. Toda proposición de afil.·. ó reg.·. será remitida al Tall.·. por conducto del Del.·. y de este al Ven.·. quien á su tiempo autoriza al Del.·. para la afil.·. ó reg.·. que podrá hacer con ayuda dos miembros activos, y levantará acta que remitirá al Tall.·. para su inscripción.

Art. 25. Tanto los iniciados en Log.·.

— 31 —

M.·. como en las Secc.·. amb.·. acompañará al pago de la cuota por aquel concepto el de una mensualidad; el de una Liturg.·. una Constit.·. un Regl.·. y mandil.

Los hh.·. que se afil.·. ó regularizan también están obligados á proveerse de los útiles de que carezcan según sus grados.

Discutido y aprobado en Log.·. en su Ten.·. ord.·. del dia 23 de Julio del año 1889. (e.·. v.·.)

El Ven.·. M.·.
Antonio Malagon.
Simb. Castelar. R. I.

El 1.r Vig.·.
Francisco A. Morán.
Virgilio gr.·. 18.·.

El 2.° Vig.·.
Genaro Laugarico.
Simb.·. Razón gr.·. 3.°.·.

El Orad.·.
Alberto Laurin.
Progreso gr.·. 31.·.

El Sec.·. G.·. S.·.
Francisco S. Manjon.
Velarde gr.·. 13.·.

— 32 —

AMPLIACION AL REG.·. INTERIOR.

Artículo único.—Por acuerdo de esta Resp.·. Log.·. en Ten.·. de 17 de Agosto de 1889 (e.·. v.·.) los hh.·. admitidos y que se admitan á Log.·. de Adopción estarán dispensadas de satisfacer los derechos de iniciación y cuotas mensuales.

El Ven.·. Maest.·.
Antonio Malagon.
Simb.·. Castelar. R. I.

El 1.r Vig.·. p.·. t.·.
Francisco A. Morán.
Virgilio gr.·. 18.·.

El 2.° Vig.·. p.·. t.·.
Genaro Laugarico.
Simb.·. Razón gr.·. 3.°

El Orad.·.
Alberto Laurín.
Progreso gr.·. 31.·.

El Sec.·. G.·. S.·.
Francisco S. Manjon.
Velarde gr.·. 13.·.

Aprobado este Reglamento en el dia de la fecha y registrado al núm ro 152.—Madrid 26 de Setiembre de 1889.—El Gr.·. Secret.·.— Francisco R. de Moncada.—Hay un sello que dice—Sup.·. Cons.·. del Gr.·. Or.·. Nac.·. de España—Gran Secretaría.—V.° B.°—El Sob.·. Gr.·. Com.·. —Vizconde de Ros.—Hay un sello particular con corona de Vizconde que dice—Casa de Ros. Hay dos sellos uno en tinta y otro dorado que dicen—Sup.·. Cons.·. de Insps.·. Gens.·. del gr.·. 33 del Sermo.·. Gr.·. Or.·. Nac.·. de España.—Deus meun que jus.

Anexo 2 Listado de masones célebres* →

ABARCA DE BOLEA, PEDRO PABLO (conde de Aranda) (1719-1798): diplomático, militar (capitán general) y político. Fue embajador en Lisboa, Varsovia y París. Como ministro de Carlos III abolió la tasa de granos, creó los diputados y personeros del común, dividió Madrid en barrios, hermoseó el Retiro, creó el Prado y atendió al gasto permitiendo los bailes de máscaras.

AIGUADÉ I MIRÓ, JAUME: político fundador de Esquerra Republicana de Catalunya junto con Maciá y Companys. Alcalde de Barcelona durante la II República.

ALBORNOZ, ÁLVARO DE: político republicano. Ministro de Obras Públicas durante la II República.

ALCALÁ GALIANO, ANTONIO (1789-1865): político y diputado liberal

* Fuente: logia Hermes 13, reproducido en la página web de la Gran Logia de España.

reconocido como gran orador. Fue intendente y diputado por Córdoba, comisario regio del Banco de San Fernando y ministro de Fomento con Narváez. Fue también reconocido como escritor.

Álvarez Mendizábal, Juan (1790-1853): político liberal, fue alcalde de Madrid y en tres ocasiones ministro de Hacienda. Su fama proviene de la famosa «desamortización de Mendizábal», que incluía la venta de bienes de las comunidades religiosas para intentar paliar la desastrosa situación del erario público. No lo consiguió, pero sus ideas fueron de gran influencia política en todo el siglo XIX.

Aranda Mata, Antonio (1888, -): militar. Hizo carrera como la mayoría de sus compañeros en África. Durante el golpe del 36 se puso del lado de los nacionalistas, resistiendo el sitio de Oviedo y continuando la guerra como general. Al iniciarse la II Guerra Mundial, se declaró del lado de los aliados, por lo que se le apartó del Ejército. Fue confinado en Mallorca por pertenecer a la Unión de Fuerzas Democráticas y Monárquicas.

Argüelles, Agustín (1776-1844): diputado de las Cortes de Cádiz, de las que fue su presidente, destacó por sus discursos en favor de la libertad de prensa y contra la Inquisición. Posteriormente fue ministro de Interior, presidente del Congreso y tutor de la reina Isabel II.

Arús i Arderiu, Rossend: literato y político.

Azaña Díaz, Manuel (1880-1940): abogado y presidente de Acción Republicana, fue ministro de la Guerra, presidente del Consejo de Ministros y presidente de la II República. Fue presidente del Ateneo de Madrid y fecundo escritor, siendo su mayor galardón el Premio Nacional de Literatura en 1926 por su obra *Vida de Don Juan Valera*. Su obra más famosa fue *La Velada de Benicarló* (1940).

Badía i Leblich, Domingo (Alí-Bey) (1766-1818): viajero y geógrafo. Aventurero en África y Asia, aprendió el árabe y las costumbres islámicas para a principios del siglo XIX iniciar la introducción diplomática de España en el mundo árabe. Se hizo pasar por Alí-Bey-el-Abbasí, descendiente de los antiguos abasidas. Visitó todo el Magreb, Chipre, Egipto, Siria, Jerusalén y llegó hasta La Meca. A su vuelta fue partidario de José Bonaparte, del que fue su intendente. Como literato escribió las memorias de sus viajes.

BALAGUER I CIRERA, VÍCTOR (1824-1901): fue diputado y ministro de Fomento y Ultramar, presidente del Consejo de Estado y del Tribunal de Cuentas del Reino. Miembro de la Real Academia de la Historia y de la Lengua. Como historiador centró sus investigaciones en la Cataluña medieval, fue uno de los precursores de la Renaixença y reconocido poeta en catalán.

BARCÍA, ROQUE (1823-1885): periodista, escritor y político republicano, fundó con Castelar el diario *La Democracia*, presidió el Cantón de Cartagena durante sus dos años de existencia durante la I República y escribió el *Diccionario Etimológico*.

BARDAXÍ Y AZARA, EUSEBIO (1776-1844): político y diplomático. Fue ministro de Estado y presidente del gobierno liberal con la regente María Cristina. Fue colegial de Bolonia.

BARRERA, MANUEL: político republicano. Fue diputado en Cortes y ministro durante la II República.

BATET MESTRES, DOMINGO (-, 1937): general republicano y autonomista. Fiel a la II República. Durante la revolución de octubre del 34 en Barcelona, sabida su fuerza, actuó con deliberada lentitud para salvar vidas previa la represión ejercida por el Gobierno. Durante el golpe del 36 fue arrestado por los franquistas y murió fusilado.

BECERRA, MANUEL (1823-1898): político que fue ministro con Amadeo I, Alfonso XII y durante la Regencia. Fue Gran Maestro del GOE.

BLAS INFANTE (-, 1936): notario y líder andalucista, fusilado en el km 4 de la carretera de Carmona, en el año 36.

BLASCO IBÁÑEZ, VICENTE (1867-1928): escritor valenciano que tras estudiar Derecho se dedicó al periodismo. Dirigió el diario republicano *El Pueblo* y fue elegido hasta seis veces consecutivas diputado por los republicanos. Doctor Honoris Causa por la Universidad de Washington, como novelista cobra gran fama por sus obras costumbristas (*Arroz y tartana*, *La barraca*, *Entre naranjos*, *Cañas y barro*), en las que se advierte la reminiscencia naturalista de Zola. Otras obras de mayor impronta política y social son *La catedral*, *La bodega*, *La horda*, y las reconocidas *La araña negra* y *Los cuatro jinetes del Apocalipsis*. *La vuelta al mundo de un novelista* es otra conocida novela de viajes de este afamado escritor.

BOTELLA ASENSI, JUAN: político de Izquierda Republicana, diputado en Cortes y ministro de Justicia durante la II República. Se inició en la R.L. Numancia n.º 3 de Alicante.

BRETÓN HERNÁNDEZ, TOMÁS (1850-1923): compositor. Comenzó como violinista en la Orquesta Nacional Sinfónica del maestro Barbieri, fue también discípulo de Arrieta y de Chapí. Fue alumno de la Academia Española de Bellas Artes en Roma. Defensor de la Ópera Española. Son obras suyas *Guzmán el Bueno*, *Los amantes de Teruel*, *Garín* y *La Dolores*. No descuidó la Zarzuela, siendo su obra más famosa *La verbena de la Paloma*. Fue director del Conservatorio de Madrid.

CABANELLAS FERRER, MIGUEL (1872-1938): general ascendido por méritos de guerra en las campañas de Cuba y Marruecos. Apoyó el advenimiento de la II República, con la que fue director general de la Guardia Civil, inspector general del Ejército y diputado en Cortes por los Radicales, aunque se posicionó al lado del general Franco en el golpe de Estado de 1936. Se especula que durante la Guerra Civil no tuvo mando en tropas por su pertenencia a la Masonería, continuando como inspector general del Ejército hasta su fallecimiento.

CALATRAVA, JOSÉ MARÍA (1781-1847): político liberal y magistrado, fue diputado en las Cortes de Cádiz. Fue perseguido y encarcelado con la llegada de los absolutistas de Fernando VII. Durante el gobierno liberal de 1820 fue ministro de Gracia y Justicia. Fue presidente del Consejo de Ministros y presidente del Tribunal Supremo de Justicia.

CANGA ARGÜELLES; JOSÉ (CONDE DE CANGA) (1770-1843): político liberal, fue ministro de Hacienda en el Gabinete de 1820. Escribió dos obras muy reconocidas internacionalmente en su época, *Elementos de la Ciencia de Hacienda* y el *Diccionario de la Hacienda*.

CARBONELL SANTACRUZ, LORENZO (1883-1968): industrial, miembro del Partido Republicano Radical Socialista. Popular alcalde de Alicante durante la II República, dejó huella en el crecimiento urbanístico, la municipalización del agua y la creación de escuelas. Iniciado en la R. L. Constante Alona n.º 1 de Alicante. Simbólico Máximo Gorki, fue grado 18º.

CASADO DE ALISAL, JOSÉ: pintor famoso por sus retratos de personajes del siglo XIX.

CASANOVAS, JOAN: miembro de Esquerra Republicana de Catalunya, concejal por Barcelona en el 31, Conseller de la Generalitat de Catalunya y presidente del Parlamento catalán durante la II República.

CASARES QUIROGA, SANTIAGO (1884-1950): político gallego de talante republicano liberal, formó parte del primer gobierno de la II República como ministro de Marina, fue también ministro de Gobernación en el gobierno presidido por Azaña. A la llegada a la presidencia de la República por Azaña formó gobierno como presidente del Consejo de Ministros.

CASTAÑOS Y ARAGONÍ, FRANCISCO JAVIER (DUQUE DE BAILÉN) (1756-1852): general que venció a las tropas napoleónicas en la batalla de Bailén (1809). Miembro de las Cortes de Cádiz. Presidió al finalizar la guerra de la Independencia el Consejo de Estado y las Cortes.

CASTELAR Y RIPOLL, EMILIO (1832-1899): político de famosa oratoria, fue la cabeza del sector posibilista republicano. Catedrático de Historia de España de la Universidad Central de Madrid, dirigió el periódico *La Democracia*. Tras la revolución de 1868 fue ministro de Estado, aboliendo en su mandato la esclavitud en Puerto Rico, y asumió poco después la presidencia de la I República hasta su caída. Fue también novelista.

CASTELL VALDESPÍ, ROSEND: militar.

CASTELLÓ PANTOJA, LUIS (1881-1962): militar. Como general, fue subsecretario de la Guerra durante la II República.

CASTILLO, JOSÉ (-, 1936): militar, afiliado al PSOE y miembro destacado de la UMRA. Teniente de la Guardia de Asalto asesinado durante los días previos al golpe de Estado del 36.

CEA BERMÚDEZ, FRANCISCO (1772-1850): político y diplomático. Diputado por las Cortes de Cádiz, fue enviado a Moscú para estudiar la Constitución Rusa de 1812, siendo nombrado encargado de Negocios y posteriormente embajador ante la corte del Zar. Fue también embajador en Constantinopla y Londres. Con la llegada de los liberales en 1824 fue ministro de Estado y de Justicia.

CIERVA Y CODORNIU, JUAN DE LA (1896-1937): piloto e ingeniero aeronáutico, fue inventor del autogiro, precursor del helicóptero. Con su prototipo cruzó el Canal de la Mancha (1924) y realizó el vuelo Madrid-Londres-Madrid (1934). Fue miembro del Consejo Superior de Aeronáutica.

CLOSAS, RAFAEL: Conseller de la Generalitat de Catalunya durante la II República.

COMPANYS I JOVER, LLUÍS (1883-1940): abogado, político nacionalista catalán fundador de Esquerra Republicana de Catalunya, fue concejal en Barcelona (1917), diputado en Cortes (orador de posturas federalistas y pacifistas), el primer alcalde de Barcelona durante la II República y el segundo presidente de la Generalitat de Catalunya. Refugiado en Francia a la caída de la II República, fue entregado por las tropas nazis al gobierno del general Franco y fusilado en las tapias del castillo de Montjuich (Barcelona).

CUBÍ, MARIÁ: científico.

CURROS ENRÍQUEZ, MANUEL (1851-1908): poeta y periodista. Fue uno de los grandes propulsores de las letras gallegas. De ideas librepensadoras y federalistas, fue perseguido a causa de sus publicaciones por la Iglesia católica.

DE LOS RÍOS URRUTI, FERNANDO (1879-1949): de educación krausista, fue catedrático de Derecho Político de la Universidad de Granada y profesor de las Universidades de México y de Nueva York. Miembro del Partido Socialista Obrero Español, fue varias veces diputado de esta organización política. Su informe sobre la Unión Soviética sirvió para alejar a este partido a integrarse en la III Internacional. Durante la II República fue ministro de Justicia, de Instrucción Pública, Bellas Artes y Asuntos Exteriores. Fue también embajador en Washington. Como ministro de Justicia, estableció la separación entre Iglesia y Estado y la libertad de culto en España.

De Torres Gómez, Ángel: abogado y político federalista. Fue diputado en Cortes y ministro durante la I República. Simbólico Prim, perteneció a la R. L. Patricia de Córdoba, de la que fue su secretario.

Domingo Sanjuán, Marcelino (-, 1939): maestro de escuela y periodista, fue miembro de Izquierda Republicana, organización por la que fue diputado en varias ocasiones. Fue ministro de Instrucción Pública durante la II República.

Echegaray y Eizaguirre, José (1833-1916): dramaturgo además de un notable matemático e ingeniero, fue profesor de la Escuela de Ingenieros de Caminos y de Física Matemática en la Universidad Central de Madrid (introdujo en España la Teoría de los Determinantes y el cálculo de variaciones). Durante la I República fue diputado, ministro de Obras Públicas y de Hacienda, y creó el actual Banco de España, siendo también fundador del Partido Republicano Progresista. Sus publicaciones científicas le valieron el premio de su nombre que otorga la Academia de Ciencias Exactas desde 1907. Su renombre universal viene por su Premio Nobel de Literatura por su producción dramática, siendo sus obras más significativas *La esposa del vengador*, *Mancha que limpia*, *El gran galeoto*, *El loco Dios* y *Mariana*. Fue miembro de la Real Academia Española de la Lengua.

Escofet i Alsina, Frederic (1898, -): militar, comisario general de Orden Público y Conseller de Interior de la Generalitat de Catalunya durante la II República.

Espartero, Baldomero (1793-1879): participó como militar en la guerra de la Independencia, la campaña de América y las guerras carlistas. Fue senador y regente hasta la coronación de Isabel II, siendo posteriormente nombrado presidente del Consejo de Ministros.

Espoz y Mina, Francisco Javier (1781-1836): militar famoso por sus actividades guerrilleras durante la guerra de Independencia. Su inclinación por el bando liberal con el retorno de Fernando VII le costó el exilio. Volvió con la llegada al poder de los liberales, participando en la guerra carlista como jefe del Ejército Liberal del Norte.

ESPRONCEDA Y DELGADO, JOSÉ DE (1808-1842): poeta y escritor romántico, toda su vida y poesía se presenta como símbolo del ansia de libertad y del inconformismo romántico. Muy joven se unió a la Masonería y a la sociedad secreta «Los numantinos», lo que le costó ser detenido y encerrado para tener que exiliarse en Lisboa, Londres y París, donde entra en contacto con los movimientos románticos. Su poema más famoso es *La canción del pirata*, aunque se reconoce como obra más ambiciosa su novela *El Diablo Mundo* (1840).

FERNÁNDEZ DE MORATÍN, LEANDRO (1760-1828): poeta, autor dramático y erudito español, obtuvo dos premios de la Real Academia de la Lengua. Viajó a Francia (donde pudo presenciar los acontecimientos de la Revolución), Inglaterra e Italia. Fue bibliotecario de José Bonaparte. A la llegada de Fernando VII tuvo que huir a Francia, donde murió. Su obra de teatro más conocida es *El sí de las niñas*.

FERRÁN I CLUA, JAUME (1852-1929): bacteriólogo catalán. Descubridor de las vacunas contra el cólera, tifus, hidrofobia y la «antialfa» contra la tuberculosis, además del tratamiento contra la rabia. Fue premio de la Academia de Medicina y dejó una gran producción de tratados sobre inmunología y bacteriología.

FERRER I GUÀRDIA, FRANCESC (1859-1909): pedagogo y fundador de la Escuela Moderna, de gran influencia krausista, estuvo relacionado con los movimientos sindicalistas y anarquistas de la Barcelona de principios de siglo, participó en la «Semana Trágica» (1909), motivo por el que fue juzgado, condenado a muerte y fusilado en las tapias del castillo de Montjuich.

FIGUERAS Y MORAGAS, ESTANISLAO (1819-1882): político y abogado, se unió inicialmente al Partido Progresista, del que fue diputado por Tarragona, para unirse posteriormente a la dirección del

Partido Republicano de Castelar y de Pi i Margall. Fue el primer presidente de la I República.

FLORES ESTRADA, ÁLVARO: político.

FRANCO BAHAMONDE, RAMÓN (1896-1938): piloto militar y político, estuvo implicado en la asonada antimonárquica del aeródromo de Cuatro Vientos previa al advenimiento de la II República. Se hizo conocido por su travesía aérea transatlántica en siete etapas en 1926. Fue director general de Aviación durante la II República, además de diputado por Barcelona y agregado aéreo en la embajada de España en Washington.

GABRIEL Y GALÁN, JOSÉ MARÍA (1870-1905): maestro nacional, fue poeta miembro de la generación del 98. De poesía de talante naturalista y costumbrista, sus poemas más importantes son *El ama*, *La galana*, *Canto al trabajo* y los volúmenes de poesía *Castellanas, Extremeñas, Campesinas* y *Nuevas castellanas*.

GALÁN, FERMÍN (-, 1930): militar de infantería distinguido en las campañas africanas, encabezó el levantamiento republicano de Jaca, por lo que fue fusilado. Era considerado un hombre de ideas avanzadas y un tanto utópicas.

GASSOL I ROVIRA, VENTURA (1893-1980): poeta. Fue diputado en Cortes y Conseller de Cultura de la Generalitat catalana en el Gobierno de Lluís Companys durante la II República. Su libro de poesía más importante es *Les tombes flamejants* (1923).

GIRAL PEREIRA, JOSÉ (1879-1962): catedrático de Farmacia en la Universidad Central de Madrid y de Química en la Universidad de Salamanca. Miembro del partido Acción Republicana de Manuel Azaña. Fue ministro de Marina, de Estado y presidente del Consejo de Ministros durante la II República. Llevó las negociaciones de intercambio de prisioneros durante la Guerra Civil. En el exilio fue profesor de la Universidad Nacional Autónoma de México.

GIRALT, CASIMIR: Conseller de la Generalitat de Catalunya.

GÓMEZ DE LA SERNA, RAMÓN (1888-1963): escritor, gran introductor del vanguardismo literario, aportó la Greguería, aportación de su invención que se reduce a una divertida y sutil asociación de ideas. Sus principales obras son *Greguerías* y *Flor de Greguerías*, además de sus novelas *El torero Caracho* y *Seis falsas novelas*, y las biografías de Azorín, Valle Inclán, Goya y Oscar Wilde.

GÓMEZ MORATO, AGUSTÍN (1879-1952): militar republicano fiel a las reformas del ejército de Azaña. General en jefe del Ejército de África durante el golpe del 36, fue encarcelado por las tropas rebeldes y condenado a treinta años por oponerse al golpe.

GRIS, JUAN (1887-1927): seudónimo de José González. Pintor cubista, movimiento del que fue fundador, sus obras más importantes son *El Canigó*, *El tablero de ajedrez*, *La botella de Jerez* y *Una monja*.

GUARNER I VIVANCOS, VICENT (1893-1981): militar, responsable de las fuerzas de orden público y Conseller de Interior de la Generalitat de Catalunya durante la II República.

GUERRA DEL RÍO, RAFAEL (1885-1955): miembro del Partido Radical. Diputado en las tres legislaturas de la II República. Ministro de Obras Públicas durante la II República.

ISTÚRIZ, FRANCISCO JAVIER (1790-1871): político liberal. Presidente de las Cortes durante el trienio liberal y jefe de Gobierno durante la Regencia de María Cristina y con Isabel II. Pasó gran parte de su vida desterrado en Londres durante los periodos que no estuvo al lado del poder establecido.

JOVELLANOS Y RAMÍREZ, MELCHOR GASPAR DE (1744-1811): jurista y ministro de Justicia. Durante la ocupación francesa rechazó la propuesta de José Bonaparte de ser ministro de Interior. Fue miembro de la Academia de la Historia, de Nobles Artes de San Fernando y de la Lengua Española.

LABÁN, EUGENI: barítono, pedagogo y crítico musical español.

LACY, LUIS DE (1775-1817): militar que combatió en la guerra de Independencia. Sus ideas liberales y el apoyo al golpe constitucionalista de los hermanos Milans del Bosch le llevaron a morir fusilado.

LAYRET I FOIX, FRANCESC (1880-1920): abogado. Político republicano y sindicalista catalán conocido por sus intervenciones como abogado en las causas obreras. Fue diputado en Cortes. Muere en atentado pagado por la patronal catalana.

LERROUX GARCÍA, ALEJANDRO (1864-1949): periodista y político republicano de carácter conservador. Fue con el advenimiento de la II República ministro de Asuntos Exteriores y presidente de Gobierno durante la II República.

LETAMENDI, JOSÉ DE (1828-1897): catedrático de Anatomía de la Universidad de Barcelona y de Patología general en Madrid, fue el precursor de la medicina psicosomática en España. Fue modelo de médico humanista de la época, siendo reconocido también como filósofo, músico, pintor y poeta.

LISTA Y ARAGÓN, ALBERTO (1775-1848): sacerdote y poeta, fue el más notable miembro de la Escuela Hispalense, también conocida como pléyade poética. Fue canónigo de la catedral de Sevilla, miembro de la Real Academia de la Lengua y dirigió la *Gaceta de Madrid* y el Colegio de San Mateo. Espronceda fue uno de sus discípulos más conocidos.

LÓPEZ, JOAQUÍN MARÍA (1798-1855): político alicantino perteneciente al Partido Progresista, fue diputado en Cortes y presidente del Consejo de Ministros que anticipó la mayoría de edad de Isabel II. Fue también escritor, poeta y ensayista.

LÓPEZ DE AYALA. ADELARDO (1828-1879): político de la Unión Liberal, fue durante la I República ministro de Ultramar y presidente del Congreso. Dramaturgo introductor de la «alta comedia» y poeta posromántico, sus obras están cargadas de moral y de talante costumbrista.

LÓPEZ OCHOA PORTUONDO, EDUARDO (1877-1936): militar de talante republicano. Gobernador militar de Catalunya e inspector del Ejército durante la II República. Murió asesinado al iniciarse el golpe de Estado de 1936.

LORIA, PRÓSPERO MOISÉS: fundador de la Sociedad Humanitaria.

LLOPIS FERRÁNDIZ, RODOLFO: catedrático de Geografía y político. Miembro del Partido Socialista Obrero Español, del que fue su secretario general en el exilio. Fue diputado en Cortes durante la II República y ministro de Instrucción Pública. Se inició en la R. L. Ibérica n.º 7 de Madrid.

MACIÀ I LLUSSA, FRANCESC (1859-1933): militar que tuvo que abandonar el Ejército con el grado de coronel por su participación política, siendo republicano de talante catalanista y radical. Fundador de Esquerra Republicana de Catalunya, fue presidente de la Generalitat de Catalunya durante la II República hasta su muerte.

MACHADO RUIZ, ANTONIO (1875-1939): poeta. Educado en la Institución Libre de Enseñanza, fue catedrático de Enseñanza Media. Fue miembro de la Real Academia de la Lengua. Se le considera el autor lírico de la generación del 98 por excelencia. Sus principales obras son *Soledades*, *Campos de Castilla* y *Nuevas canciones*. Su filosofía vital puede encontrarse en el *Cancionero apócrifo*, cuyo personaje central es Juan de Mairena. Murió en el exilio en Colliure (Francia).

MAIQUEZ, ISIDORO (1768-1820): comediante y reconocido como magistral intérprete de Shakespeare, Racine y Alfieri, llegó a interpretar a éstos en el París de la época. Su aportación al teatro de la época fue la naturalidad y el realismo en la declamación.

MAISONNAVE, ELEUTERIO (-, 1890): político, miembro del Partido Republicano Posibilista. Fue diputado a Cortes, ministro de la Gobernación y alcalde de Alicante. Se inició en la Logia Alona n.º 44 de Alicante. Alcanzó el grado 33º y su nombre simbólico era Pericles. Fue Gran Comendador del S.C.º33.

MANGADA ROSERNON, JULIO (1877-1946): militar. Abogado defensor en el Consejo de Guerra de la huelga general del 17. Conocido como republicano, poeta, nudista, teósofo y vegetariano. Separado del Ejército, se unió a él como teniente coronel en el levantamiento del 36 para detener el avance de los nacionalistas hacia Madrid al frente de una columna célebre que llevaba su nombre, alcanzando el generalato.

MARTÍ BARRERA: Conseller de la Generalitat de Catalunya durante la II República.

Martí Faced, Carles: Conseller de la Generalitat de Catalunya durante la II República.

Martín Díaz, Juan (El Empecinado) (1745-1825): militar. Luchó contra los franceses en la guerra de la Independencia como jefe de una partida guerrillera. Por los servicios prestados fue nombrado general por la Junta Central. Fue condenado a muerte por liberal por Fernando VII.

Martínez Barrio, Diego (1883-1962): miembro del Partido Radical y fundador del partido Unión Republicana. Fue durante la II República ministro de Comunicaciones y de Gobernación, presidente de Gobierno y presidente de las Cortes. Fue presidente de Honor de la Liga Internacional de los Derechos del Hombre. Fue grado 33º y Gran Maestro del GOE.

Martínez Cabrera, Toribio (1879-1939): militar de talante republicano. Estuvo del lado de la II República cuando el golpe de Estado de 1936.

Martínez de la Rosa Berdejo, Francisco (1787-1862): escritor y político, fue diputado de las Cortes de Cádiz y posteriormente desterrado por sus ideas liberales. A su vuelta a España fue embajador en París y Roma y presidente del Consejo de Ministros. Fue en su tiempo un reconocido poeta y dramaturgo introductor del Romanticismo en España.

Martínez Monge, Fernando: militar. Fue capitán general de Valencia cuando el golpe del 36. La capital del Turia no se alzó.

Meléndez Valdés, Juan Antonio (1754-1817): abogado y poeta representante de la Ilustración en España, amigo personal del también masón Jovellanos. Fue consejero y presidente de la Junta de Instrucción de José Bonaparte.

Méndez Nuñez, Casto (1824-1869): marino español de activa vida castrense (batallas de Mindanao, Valparaíso y El Callao, donde fue gravemente herido) que llegó a ser vicepresidente del almirantazgo. De él es la famosa frase «España prefiere honra sin barcos a barcos sin honra».

Mesonero Romanos, Ramón (1803-1882): escritor y miembro de la

Real Academia de la Lengua Española. Fue director del *Semanario Pintoresco Español*. Sus obras más importantes son *Panorama matritense*, *Tipos y caracteres*, *El antiguo Madrid* y *Memorias de un setentón*.

Miaja Menant, José (1878-1958): militar. Famoso por la defensa de la ciudad de Madrid en el otoño de 1936. Fue jefe de la Junta de Defensa del Gobierno de la II República durante la Guerra Civil española.

Milans del Bosch, Francisco (1770-1830): militar que combatió en la guerra de Independencia, organizó con Lacy en 1817 en Cataluña un levantamiento contra el absolutismo de Fernando VII. Pudo huir al exilio e incorporarse a los liberales cuando el trienio liberal como militar.

Miratvilles, Jaume: activo político de Esquerra Republicana de Catalunya, fue Conseller de la Generalitat de Catalunya durante la II República, además de miembro del Comité de Milicias Antifascistas al estallar el golpe del 36 y responsable de la recepción de ayudas extranjeras a Catalunya durante la contienda civil.

Moñino y Redondo, José (conde de Floridablanca) (1728-1808): político que fue fiscal del Consejo de Castilla, inspiró la «Pragmática», que expulsó a los jesuitas de España. Fue ministro de Carlos III, responsable de la reforma de la administración pública, la creación de la Junta del Estado, la modernización de la Marina y la recuperación de Menorca y Florida. Implantó el servicio postal, la fundación del Observatorio Astronómico, el gabinete de Historia Natural y el Banco de San Fernando. Fue incluido en el Catálogo de Autoridades de la Real Academia de la Lengua.

Molero Lobo, Nicolás (1871-1947): militar. Ministro de la Guerra durante la II República. Se opuso a declarar la ley marcial cuando la victoria del frente popular en el 36. Fue encarcelado por los franquistas.

Montero Ríos, Eugenio (1832-1914): jurista, profesor de la Institución Libre de Enseñanza y político liberal. Diputado en Cortes, senador, ministro de Gracia y Justicia, Fomento y presidente del Gobierno. Firmó el Tratado de París con el que finalizó la guerra de Cuba.

MONTURIOL I ESTARRIOL, NARCÍS (1819-1885): inventor del Ictíneo, uno de los precursores del submarino. Fue diputado durante la I República y director de la Fábrica de Moneda y Timbre.

MORAYTA Y SAGRARIO, MIGUEL (1834-1917): abogado, periodista, catedrático de Historia Antigua y de España de la Universidad de Madrid y dirigente político republicano del Partido Posibilista. Diputado en Cortes y secretario del Ministerio de Estado durante la I República. Simbólico Pizarro, iniciado en la R. L. Mantuana de Madrid, fue grado 33º, Gran Maestro del GOE y Gran Comendador del S.C.º33.

MORET Y PRENDERGAST, SEGISMUNDO (1838-1913): político liberal y reconocido orador. Fue ministro de Fomento, de Estado y jefe de Gobierno en cuatro ocasiones. Negoció con la «Triple Alianza» de Bismarck la participación de España en la 2.ª fase de la colonización de África. Se distinguió al elaborar en la Constitución de 1868 el apartado concerniente a las libertades individuales.

MORILLO, PABLO (1778-1837): militar que alcanzó el generalato desde el grado de soldado. Luchó en la guerra de la Independencia, la campaña de América y las guerras carlistas. Tuvo que emigrar a Francia por sus inclinaciones liberales en 1824.

NUÑEZ DE PRADO Y SUSBIELAS, MIGUEL (-, 1936): militar, fue responsable de la fuerza aérea española durante la II República. Fundador de la UMRA (Unión Militar Republicana Antifascista), fue fusilado por las tropas franquistas.

ORTEGA Y GASSET, JOSÉ (1883-1955): doctor en Filosofía y catedrático de Metafísica de la Universidad de Madrid. Fundador de la editorial Espasa Calpe y de la *Revista de Occidente*, como periodista colaboró en los diarios más vanguardistas de la época. Fue también diputado durante la II República y fundó junto a Marañón y Pérez de Ayala la intelectual «Agrupación al Servicio de la República». Sus obras más importantes son *España invertebrada*, *El tema de nuestro tiempo* y *Vieja y nueva política*.

Peral y Caballero, Isaac (1851-1895): marino e inventor del submarino. Dirigió la comisión hidrográfica de Filipinas y profesor de la escuela de Ampliación de Estudios de Marina, momento que dedicó a realizar el primer prototipo del actual sumergible, aunque no recibió el reconocimiento de las esferas oficiales trasladando el proyecto a Alemania.

Pi i Margall, Francesc (1824-1901): periodista, ensayista y político fundador del Partido Republicano Federal. Fue ministro de la Gobernación y presidente de la I República. Fue estudioso de Hegel y Proudhon, cuyos planteamientos intentó incluir en su ideario político.

Portela Valladares, Manuel (1868-1952): político republicano de carácter conservador. Diputado, gobernador de Catalunya, ministro de Gobernación y presidente del Gobierno durante la II República. Cuando llegó la victoria del Frente Popular de forma democrática, se negó a anular las elecciones, como le pedían desde los sectores conservadores. Fue Grado 33º.

Pozas Perea, Sebastián (1880-1846): militar, durante la II República fue director general de la Guardia Civil y ministro de la Gobernación. Como general se posicionó con el bando gubernamental durante la Guerra Ccivil española. Fue jefe del Ejército del Centro y del Este. Perteneció al Partido Comunista de España.

Priego i Nuñez, Rafael: militar.

Prim i Prats, Joan (1814-1870): militar y político republicano. Ganó su reputación como militar en las campañas carlistas, de Marruecos y México. Fue diputado en Cortes, gobernador de Puerto Rico y presidente del Consejo de Ministros durante la I República.

Quintana, Manuel José (1772-1857): escritor y esposo de Isabel II. Amigo personal de Jovellanos fue secretario durante la invasión francesa de la Junta Central y encarcelado por liberal a la llegada de Fernando VII. Posteriormente y con la vuelta de los liberales, fue director del Consejo de Instrucción. Fue coronado por su esposa en las Cortes como «Poeta Nacional». Sus principales obras son odas, epistolares, tragedias y poesía erótica. Forma parte del catálogo de Autoridades Literarias.

RAMÓN Y CAJAL, SANTIAGO (1852-1934): médico histólogo, fue catedrático de Histología en las Universidades de Barcelona y Madrid, fundador del Instituto de Investigaciones Biológicas y miembro de la Real Academia de las Ciencias. Realizó investigaciones de anatomía, embriología y las causas del cólera. Recibió el Nobel de Medicina junto con Golgi por sus estudios sobre la morfología y las conexiones de las células nerviosas. No se conoce su entrada en el campo de la Literatura, donde fue autor de varias novelas y un ávido lector de sus contemporáneos, lo que le da el perfil de médico humanista de la época.

RAURET, MARTÍ: Conseller de la Generalitat de Catalunya durante la II República.

REDING DE BIBEREGG, TEODORO (1755-1809): militar de origen suizo, fue lugarteniente del general Castaños en la batalla de Bailén. Murió en la campaña de Cataluña.

RICO, PEDRO: abogado. Político de Unión Republicana. Popular alcalde de Madrid durante la II República cuyos logros más conocidos fueron el empleo municipal, la creación de escuelas y la construcción de viviendas para las clases más desfavorecidas. Fue Gran Maestro de la Gran Logia Simbólica Regional del Centro del GOE.

RIQUELME, JOSÉ (1880-1972): militar republicano. Tuvo una importante actuación en los primeros meses de la Guerra Civil en el bando republicano como general jefe de la 1.ª División de Madrid y posteriormente en Cataluña.

RIVERO, NICOLÁS MARÍA (1814-1878): médico y político republicano, realizó una brillante campaña por las libertades democráticas y llegó a luchar en las barricadas en el 68. Fue alcalde de Madrid, responsable del proyecto de ensanche del XIX. Presidió las Cortes constituyentes y fue ministro de Gobernación durante la I República.

RODIL GALLOSO, JOSÉ RAMÓN (1789-1853): político y militar de gran relevancia durante la independencia americana, la campaña de

Portugal y la primera guerra carlista, fue jefe del Ejército Liberal del Norte. Fue también ministro de la Guerra y presidente del Gobierno con Espartero como regente.

RODRÍGUEZ DORESTE, JUAN: senador real y alcalde de las Palmas de Gran Canaria.

RODRÍGUEZ MÉNDEZ, RAFAEL: médico. Rector de la Universidad de Barcelona.

ROMEA Y PARRA, JULIÁN (1848-1903): autor y actor teatral que triunfó en los escenarios españoles y americanos. Fue director de teatro particular de Isabel II, profesor del Conservatorio de Música y Declamación de Madrid y académico de las Buenas Letras de Sevilla.

ROMERALES, JOSÉ (-, 1936): militar. General jefe de la Zona Oriental en África. Fue fusilado por los nacionalistas en Melilla el primer día del golpe de Estado del 36.

RUBIO, FEDERICO: cirujano fundador del Instituto del mismo nombre.

RUIZ ZORRILLA, MANUEL (1833-1895): político republicano progresista. Diputado en Cortes y posteriormente ministro de Fomento y de Gracia y Justicia durante la I República, realizando reformas en la enseñanza y la creación de las bolsas de comercio. Fue jefe de Gobierno con Amadeo I. Fue Gran Maestro del GOE.

SAAVEDRA, ANGEL (DUQUE DE RIVAS) (1791-1865): literato, político y militar. Luchó en la guerra de la Independencia. Fue diputado liberal en 1822 y condenado a muerte por los absolutistas tuvo que exiliarse a Inglaterra, Malta e Italia. Posteriormente, con los liberales fue ministro de Gobernación y presidió el Consejo de Ministros. Dirigió la Real Academia de la Lengua y perteneció a la de Historia. Escritor de estilo clasicista donde destacan sus tragedias y odas. Su obra más conocida ya dentro del Romanticismo fue *Don Alvaro o la fuerza del sino*, obra en la que se inspiró Verdi para su ópera *La forza del destino*.

SAGASTA, PRÁXEDES MATEO (1825-1903): ingeniero de Caminos y catedrático de su especialidad en la Universidad Central de Madrid, se afilió al Partido Progresista, organización por la que fue diputado. Fue ministro de la Gobernación y de Estado durante la I República. Durante la restauración fundó el Partido Fusionista y acordó con Cánovas el pacto del turno pacífico de gobernación del Estado, por lo que fue en cinco ocasiones presidente del Gobierno español. Reintrodujo el sufragio universal. Simbólico Paz, fue Gran Maestro del GOE y Gran Comendador del S.C.°33.

SALAZAR ALONSO, RAFAEL (1895-1936): miembro del Partido Radical. Alcalde de Madrid y ministro de Gobernación durante la II República.

SALMERÓN Y ALFONSO, NICOLÁS (1838-1908): político y catedrático, fue presidente del poder ejecutivo en la I República y ministro de Gobernación. Dimitió por negarse a firmar una pena de muerte. Fue catedrático de Historia Universal en la Universidad de Oviedo y de Metafísica en la Universidad de Madrid. Fue estudioso de las teorías de Krause, que inspiraron a la Institución Libre de Enseñanza. Fue Gran Maestro del GOE.

SAMANIEGO, FÉLIX MARÍA (1745-1801): famoso poeta y fabulista inspirado en los clásicos y Lafontaine, se formó en Francia, donde tuvo una gran influencia volteriana, motivo que le llevó en ocasiones ante los tribunales de la Inquisición. Fundó la Sociedad Vascongada.

SELVES I CARNER, JOAN: Conseller de la Generalitat de Catalunya durante la II República.

SERRA I MORET, MANUEL: pedagogo y político.

SERRA I PAMIÉS, MIQUEL: político de Esquerra Republicana de Catalunya. Conseller de Abastos de la Generalitat de Catalunya durante la II República.

SERRANO DOMÍNGUEZ, FRANCISCO (DUQUE DE LA TORRE) (1810-1885): militar y político liberal que promovió entre otros la revolución del 68, constituyó el gobierno provisional hasta la llegada del también masón Amadeo I de Saboya, con el que también fue presidente de Gobierno.

SIMARRO LACABRA, LUIS: médico, catedrático de Psicología de la Universidad de Madrid. Fue Gran Maestro del GOE.

SOROLLA BASTIDA, JOAQUÍN (1863-1923): pintor valenciano que estudió en la Escuela de Bellas Artes de San Carlos, formándose posteriormente en Roma y París. Recibió el Gran Premio de la Exposición Universal de París por su cuadro *El baño*. Fue Caballero de la Legión de Honor y miembro de la Sociedad de Artistas Franceses. Expuso en París, Londres, Nueva York, Chicago y San Luis. Sus obras más conocidas son *Vuelta de la Pesca*, *Aún dicen que el pescado es caro* y *El dos de mayo*.

Urquijo, Mariano Luis de (conde de Urquijo) (1768-1817): político. Perseguido por la Inquisición por traducir a Voltaire. Perteneció al Consejo de Estado del también masón conde de Aranda, embajador en Londres, fue secretario de Estado con Godoy y con José Bonaparte. Introdujo la vacuna en España, intentó suprimir la Inquisición y la trata de negros en las colonias.

Van Halen, Juan (1788-1864): militar. Luchó junto a los liberales durante la primera guerra carlista y colaboró con Espartero durante la Regencia. Participó en la revolución belga de 1830.

Vaquero Cantillo, Eloy: maestro de Escuela, abogado y miembro del Partido Radical. Alcalde de Córdoba, diputado en Cortes y ministro de Gobernación durante la II República. Simbólico Cavour, miembro de la R. L. Turdetania n.º 15 de Córdoba. Grado 3º.

Velarde, Pedro (1779-1808): militar. Fue profesor de la Academia de Artillería de Segovia y secretario de la Junta Superior Económica del Cuerpo de Artillería. Se le conoce por su actitud patriótica cuando la invasión francesa de 1808 y murió el famoso 2 de mayo al frente de sus hombres en la defensa del Parque de Artillería de Monteleón (Madrid).

Ventura i Roig, Joan: Conseller de la Generalitat de Catalunya durante la II República.

Vidiella, Rafael: miembro del PSOE y posteriormente del PCE. Conseller de Trabajo de la Generalitat de Catalunya durante la II República.

Zurbano, Martín (1788-1845): militar liberal seguidor de Espartero. Murió fusilado por su levantamiento liberal en Logroño. Influyó en su juventud en el logroñés Práxedes Mateo Sagasta.

Listado de masones de las Logias de León y Astorga

→

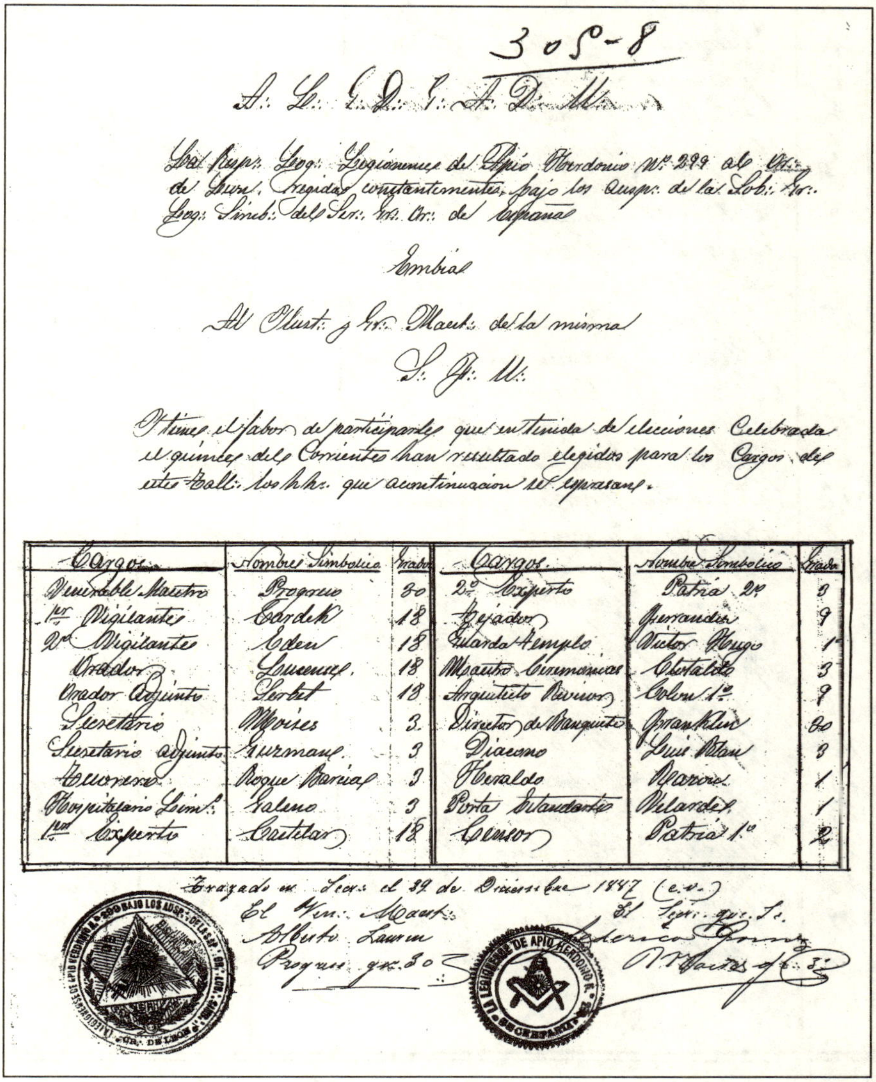

305-8

A∴ L∴ G∴ D∴ G∴ A∴ D∴ U∴

La Resp∴ Log∴ Legionense de Apio Herdonio Nº 299 al Or∴ de León, Regida constantemente bajo los Ausp∴ de la Sob∴ Gr∴ Log∴ Simb∴ del Ser∴ Gr∴ Or∴ de España

Embía

Al Ilust∴ y Gr∴ Maest∴ de la misma

S∴ F∴ U∴

Y tiene el fabor de participarle que en tenida de elecciones Celebrada el quince del Corriente han resultado elegidos para los Cargos de este Tall∴ los hh∴ que acontinuacion se espresan.

Cargos	Nombre Simbolico	Grado	Cargos	Nombre Simbolico	Grado
Venerable Maestro	Progreso	30	2º Experto	Patria 2º	3
1er Vigilante	Cardek	18	Tejador	Guerandia	9
2º Vigilante	Eden	18	Guarda Templo	Victor Hugo	1
Orador	Lucense	18	Maestro Ceremonias	Ctotalde	3
Orador Adjunto	Lerbet	18	Arquitecto Revisor	Colon 1º	9
Secretario	Moises	3	Director de Banquetes	Franklin	30
Secretario adjunto	Guzman	3	Diacono	Luis Blan	3
Tesorero	Roque Barcia	3	Heraldo	Marino	1
Hospitalario Lim^o	Galeno	3	Porta Estandarte	Velarde	1
1er Experto	Castelar	18	Censor	Patria 1º	2

Trazado en León el 31 de Diciembre 1887 (e. v.)

El Ven∴ Maest∴ Alberto Laurin Progreso gr∴ 30

El Secr∴ gr∴ 3∴ Federico Gomez Moises gr∴ 3∴

Cuadro de los OOb∴ activos de

Regidas constantemente bajo los Ausp∴ de la G∴ L∴ Simb∴ del

Nºs	Nombre Profano	Edad	Estado	Profesión
1	Pedro Llera Mateo	45	Casado	Secretario audiencia
2	Antonio Malagon Montero	44	"	Comerciante
3	Alberto Laurin Panguy	42.	"	Const.^or Mecanico
4	Leoncio Cadomiga Garcia	35	"	Militar
5	Francisco Alonso Moran	39	Soltero	Empleado
6	Juan Gomez Salas.	34	"	Comerciante
7	Enrique Lagasca Regidor	39	Casado	Ingeniero
8	Jesus Linares Rios	31	"	Viajante
9	Eduardo Nava y Perez	47	"	Notario
10	Augusto Lopez Muñiz	36	Soltero	Empleado
11	Marcelo Gonzalez Garcia	33	Casado	Comerciante
12	Filomena Brussiere	42	"	Ingeniero
13	José Fernandez Cancela	56	"	Catedratico
14	Ramon Pueyo Garcia	58	"	Coronel
15	Joaquin Jorcat y Ribera	29	Soltero	Maquinista
16	Federico Gomez Garcia	23	Casado	Empleado
17	Mauricio Rodriguez Monge.	46	"	Maquinista
18	Segundo Guerrero	22	Soltero	Comerciante
19	Jaime Arbos y Casas	34	Casado	Maestro-Albañil
20	Genaro Langarica Mendiraval	30	"	Maquinista
21	Diego Fernandez Sanchez	39	"	"
22	Felix Zuazo	26	"	Carpintero
23	Benito Blanco	30	Soltero	Maestro-Escuela
24	Cesar Rico	33	Casado	Medico
25	Luis Andres Mendez	22	Soltero	Comerciante
26	Ramon Quijano Gonzalez	21	"	Empleado
27	Isidoro Sacristan Herrero	28	Casado	Sastre
28	Vicente Gonzalez Lopez	34	"	Empleado
29	Diego Paros Garcia	30	Soltero	Registrador Ypotecas
30	Arturo de la Puerta	33	Casado	Empleado de correos

Log∴ Legionenses de Apio Herdonio Nº 299 al Or∴ de León
∴ De España

Diciembre 1887

...micilio	Nombres Simbólicos	Grados	Cargos en Logia	Observaciones
...ruel	Justiniano	31	Fundador	
León	Castelar	18	1er Experto	
"	Progreso	30	Ven∴ Maestro	
"	Lerbet.	18	Orador Adjunto.	
"	Virgilio 1º	18		
"	Kardek	18	1er Vigilante	
"	Justo	" 3.		
"	Patria 1º	" 2	Censor	
"	Eden	18	2º Vigilante	
León	Clotaldo	" 3.	Maestro de Ceremonias	
...Bañeza	Azcarate	" 3.		afiliado 4 de Agosto 18..
...furado	Luis Blanc	" 3	Diácono	
León	Franklin	30	Director de Banquetes.	afiliado 15 Dbre 1886
León	Prim	20		
León	Ferrandiz	" 9	Tejador	afiliado 15 Agosto 1887.
León	Moisés	" 3.	Secretario	" 19 Sbre ....
"	Colon 1º	" 9	Arquitecto Revisor	" 19 d. d.
"	Roque Barcia	" 3	Tesorero	Iniciado 19 d. d.
"	Patria 2º	" 3.	2º Experto	d. 24 d. d.
"	Razon	" 1	Eraldo	d. 30 d. d.
"	Velarde	" 1	Portas Estandarte	d. 20 d. d.
"	Shender Numer	" 1		d. 15 Obre d.
"	Victor Hugo 1º	" 1	Guarda Templo	d. 22 d. d.
"	Galeno	" 3.	Hospitalario Limosnero	d. 29 d. d.
...encias	Diógenes	" 2		d. 12 Nobre d.
León	Guzmanes	" 3.	Secretario Adjunto	d. 15 d. d.
"	Julio de Silva	" 1		d. 15 d. d.
León	Lucenses.	18	Orador	afiliado 18 d. d.
...Baldon	Fromistans	" 1		Iniciado 25 d. d.
León	Victor Hugo 2º	" 1		d. 1º Dbre d.

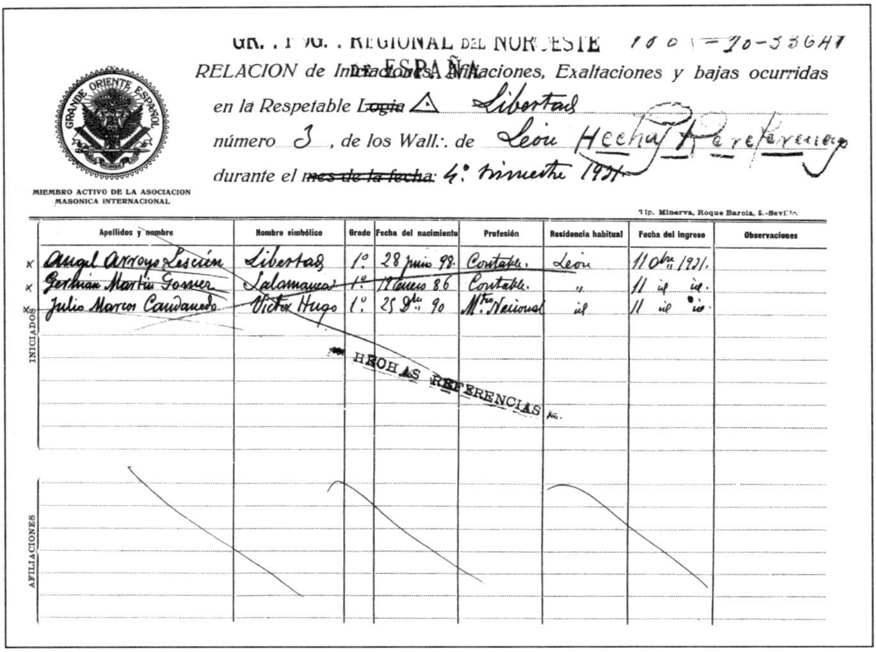

GR.·. LOG.·. REGIONAL DEL NORDESTE DE ESPAÑA 180-10-336A1

RELACION de Iniciaciones, Afiliaciones, Exaltaciones y bajas ocurridas en la Respetable ~~Logia~~ △ Libertad número 3, de los Wall.·. de León Hechas referencias durante el ~~mes de la fecha~~: 4.º trimestre 1931

MIEMBRO ACTIVO DE LA ASOCIACION MASONICA INTERNACIONAL

Tip. Minerva, Roque Barcia, 5.-Sevilla

	Apellidos y nombre	Nombre simbólico	Grado	Fecha del nacimiento	Profesión	Residencia habitual	Fecha del ingreso	Observaciones
INICIADOS	Angel Arroyo Lescún	Libertad	1.º	28 junio 98	Contable	León	11 Obre 1931	
	Germán Martín Forner	Salamanca	1.º	17 enero 86	Contable	"	11 id id	
	Julio Marcos Candanedo	Victor Hugo	1.º	25 Dbre 90	Mtro Nacional	id	11 id id	
AFILIACIONES								

HECHAS REFERENCIAS

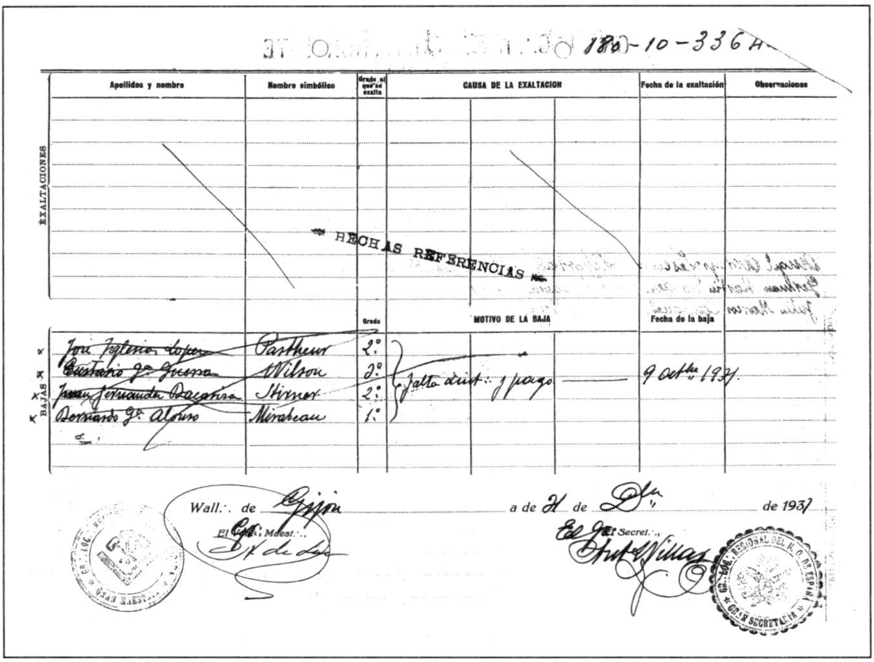

180-10-336A

	Apellidos y nombre	Nombre simbólico	Grado al que se exalta	Causa de la exaltación	Fecha de la exaltación	Observaciones
EXALTACIONES						

HECHAS REFERENCIAS

	Apellidos y nombre	Nombre simbólico	Grado	Motivo de la baja	Fecha de la baja	Observaciones
BAJAS	José Iglesias López	Pantheur	2.º	Falta asist. y pago	9 Octbre 1931	
	Gustavo G.ª Guerra	Wilson	2.º			
	Juan Fernández Bacariza	Stirner	2.º			
	Bernardo G.ª Alonso	Mirabeau	1.º			

Wall.·. de Gijón a de 21 de Dbre de 1931

El Ven.·. Maest.·. F. de Lys

El Gr.·. Secret.·. [illegible] Villar

GR.·. LOG.·. REGIONAL DEL N.O. DE ESPAÑA · GRAN SECRETARÍA

82-A-15-4179-

CUADRO LÓGICO

de los Obreros que componen la Resp.·. Log.·. LUZ DE LEON NÚM. 148.

N.º	NOMBRES PROF.·.	SIMB.·.	GR.·.	PROFESION.	RESIDENCIA.	CARGO EN LOG.·.
1	José Fernandez Cancela.	Franklin.	33	Catedrático.	Orense.	C.·. de la O.·.
2	Antonio Malagón.	Castelar.	31	Comerciante.	León.	Ven.·. M.·.
3	Francisco A. Morán.	Virgilio.	31	Empleado.	»	Ex-Ven.·.
4	Vicente G.ª Ruy-Perez.	Mendizábal.	30	Mili[illegible]	»	Orad.·.
5	Isidoro Escagües.	Fraternidad.	18	Contratista.	Ponferrada.	
6	Genaro Langarica.	Razón.	18	Maquinista.	Gijón.	
7	Isidoro S. Herrero	Julio de Silva.	18	Sastre.	León.	Sec.·. Adj.·.
8	Luis Emaldi.	Padilla.	18	Maquinista.	»	
9	Ulpiano Perez	Pí y Margall.	18	Empleado.	»	Ar.·. R.·.
10	Manuel Rodriguez.	Roger de Flor.	18	Comerciante.	Busdongo.	
11	Egardo Casseres.	Víctor Hugo.	18	Negociante.	Burdeos.	
12	Bruno Rodriguez.	Sócrates.	9.º	Maquinista.	León.	M.·. C.·.
13	Joaquin A. Salvadores.	Zorrilla.	9.º	Industrial.	»	1.er Vig.·.
14	Ramón Pujol.	Radamés.	9.º	Empleado.	»	Sec.·. G.·. S.·.
15	Graciano Diez.	Riego.	9.º	Carpintero.	»	2.º Vig.·.
16	Constantino Martinez.	Humberto.	9.º	Industrial.	»	Lim.·.
17	Palmira Menendez	Luz.	3.º	Su Casa.	Gijón.	
18	Felipe Orejón.	Cervantes.	3.º	Empleado.	Monforte.	
19	Quintiña Mangas.	Libertad.	3.º	Maestra.	León.	
20	Emilio Amonategui.	Arquímides.	3.º	Maquinista.	»	
21	Rafael Rodriguez.	Roger de Lauria	3.º	Negociante.	Busdongo.	
22	Cipriano Medina.	Roque Barcia.	3.º	Empleado.	León.	
23	Silverio Nistal.	Prim.	3.º	Industrial.	»	
24	Esteban Gabilán.	Blasco de Garay	3.º	Maquinista.	»	
25	Benito Ortega.	Guillén.	3.º	Sastre.	»	
26	Benito Blanco.	Víctor Hugo.	3.º	Profesor.	»	
27	Cesáreo Lopez.	Thiers.	2.º	Empleado.	Villarbaco	
28	Calixto Saclier.	Pierrad.	2.º	Ajustador.	León.	G.·. T.·.
29	Eugenio Cebrián	Salmerón.	1.º	Fotógrafo.	Gijón.	

HECHAS REFERENCIAS

82-A-15-7480

CCbb.·. CCpp.·. del Sob.·. Cap.·. PELÍCANO NÚM. 36, al Or.·. de Leon.

NOMBRES PROF.·.	SIMB.·.	GR.·.	CARGO QUE DESEMPEÑA.
Antonio Malagón Montero.	Castelar.	31	1.er Vig.·.
Francisco A. Morán.	Virgilio.	31	
Vicente G.a Ruy-Perez.	Mendizábal.	30	Muy Sab.·. Pres.·.
Isidoro Escagües.	Fraternidad.	18	
Genaro Langarica.	Razón.	18	2.º Vig.·.
Isidoro S. Herrero.	Julio de Silva.	18	
Luis Emaldi.	Padilla.	18	Secret.·.
Ulpiano Perez Martin.	Pí y Margall.	18	
Manuel Rodríguez.	Roger de Flor.	18	Orad.·.
Egardo Casseres.	Víctor Hugo.	18	Port.·. Estan.·.
Bruno Rodriguez.	Sócrates.	9.º	Exp.·. M.·. C.·.
Joaquin A. Salvadores.	Zorrilla.	9.º	Secret.·. Adj.·.
Ramón Pujol y Maurici.	Radamés.	9.º	Orad.·. Adj.·.
Graciano Diez.	Riego.	9.º	Guar.·. de la T.·.
Constantino Martinez.	Humberto.	9.º	Tes.·. y Lim.·.

Seccion Ambulante

NOMBRES PROF.·.	SIMB.·.	GR.·.	CARGO QUE DESEMPEÑA.
Manuel Rodriguez.	Roger de Flor.	18	Delegado Insp.·. prov.·.
Isidro Escagües.	Fraternidad.	18	
Genaro Langarica.	Razón.	18	1.er Vig.·. Exp.·.
Luis Emaldi.	Padilla.	18	Tes.·. y Lim.·.
Egardo Casseres.	Víctor Hugo.	18	
Palmira Menendez	Luz.	3.º	
Felipe Orejón.	Cervantes.	3.º	2.º Sec.·.
Emilio Amonategui.	Arquímides.	3.º	Delegado Insp.·. de Línea.
Rafael Rodriguez.	Roger de Lauria.	3.º	1.er Sec.·.
Cipriano Medina.	Roque Barcia.	3.º	Vig.·. Exp.·.
Esteban Gabilán.	Blasco de Garay.	3.º	3.er Vig.·. Exp.·.

Dignidades y oficiales elegidos en la Ten.·. del 15 de Diciembre de 1887.

Ven.·. Maes.·.	D. Alberto Laurin Pagny	Progreso	Gr.·. 30
Primer vig.·.	„ Juan Gomez Salas	Kardek	Gr.·. 18
Segundo vig.·.	„ Eduardo Nava y Perez	Eden	Gr.·. 18
Orad.·.	„ ~~Vicente Gonzalez Lopez~~	Lucense	Gr.·. 18
Secr.·.	„ ~~Francisco Gomez García~~	Moisés	Gr.·. 3
Tesorero	„ ~~Segundo Guerrero~~	Roque Barcia	Gr.·. 3
Primer exp.·.	„ Antonio Malagon Montero	Castelar	Gr.·. 18
Segundo exp.·.	„ Jaime Arbos y Casas	Patria 2.º	Gr.·. 3
Maes.·. cer.·.	„ ~~Augusto Lopez Nuñez~~	Clotaldo	Gr.·. 3
Hos.·. y Lim.·.	„ ~~César Rico~~	Galeno	Gr.·. 3
Diácono	„ Filomeno Bussiere	Luis Blanc	Gr.·. 3
Por.·. est.·.	„ Diego Fernandez Sanchez	Velarde	Gr.·. 1
Arq.·. rev.·.	„ Mauricio Rodriguez Monge	Colón	Gr.·. 9
Tejador	„ Joaquin Forcat y Ribera	Ferrandiz	Gr.·. 9
Censor	„ Jesús Linares Boó	Patria 1.º	Gr.·. 2
Guar.·. temp.·.	„ ~~Benito Blanco~~	Víctor Hugo 1.º	Gr.·. 1
Dir.·. de banq.·.	„ José Fernandez Cancela	Franklin	Gr.·. 30
Orad.·. adj.·.	„ ~~Leoncio Cadorniga y García~~	Servet	Gr.·. 18
Sec.·. adj.·.	„ ~~Ramon Quijano Gonzalez~~	Guzman	Gr.·. 3
Heraldo	„ Genaro Langarica Mendizabal	Razón	Gr.·. 1

Comisión de hacienda:

Vicente Gonzalez Lopez.
Federico Gomez García.
Genaro Langarica.

Comisión de Beneficencia:

Juan Gomez Salas.
Eduardo Nava Perez.
Mauricio Rodriguez.

Comisión censora:

Ramón Quijano Gonzalez.
Jaime Arbos.
César Rico.

Comisión de rigor:

José Fernandez de la Cancela.
Enrique Lagasca Regidor.
Arturo de la Puerta Vizcaino

Diputado por Leon:

D. José del Pino. Gr.·. 33.

H.·. FUNDADOR DE LA LOG.·.

D. Pedro Ilera Mate	Justiniano	Gr.·. 31

HH.·. HONORARIOS:

D. José del Pino	***	Gr.·. 33
„ Juan Francisco Panadero	Justiniano	Gr.·. 30
„ Ramón Chies	***	*
„ Fernando Lozano	***	*

HH.·. CON PLANCHA DE QUITE.

D. Nicolás Melchor Olgiati	Falek	Gr.·. 3
„ Antonio Olgiati.	Guillermo Tell.	Gr.·. 3
„ Alfonso Lopez Diaz	Acuña	Gr.·. 18
„ José Perez Meira	Galileo	Gr.·. 2
„ Cárlos Cerezal Gonzalez	Virgilio 2.º	Gr.·. 1
„ José Torreses Picañor.	Belisario	Gr.·. 1
„ José M. Ocaña	Cervantes	Gr.·. 3
„ Joaquín Fernandez Cancela	El Cano	Gr.·. 1
„ Manuel Rodriguez Alonso	Roger de Flor.	Gr.·. 10

PROFANOS RECHAZADOS:

Víctor Prades Guillot, viajante de libros.

HH.·. IRRADIADOS DEL CUADRO POR FALTA DE PAGO.

D. Urbano de las Cuevas	Demóstenes	Gr.·. 3
„ Domingo Torres Aguilar	Romea	Gr.·. 1
„ Ulpiano Perez Martin	Pí Margall	Gr.·. 3
„ Antonio Torres Berruguillo	Carolinas	Gr.·. 3
„ Fernando Perez Hidalgo	Colón	Gr.·. 1

POR FALTA DE PAGO Y PENDIENTES DE PROCESO.

D. José Linares Lobato	Padilla	Gr.·. 1
„ Juan Larrea y Lorrio	Churruca	Gr.·. 3
„ Juan García Broncano	Pizarro	Gr.·. 3
„ Federico Nieto Baragón	Catón	Gr.·. 3
„ Manuel Rodriguez Lucas	Calderón	Gr.·. 3
„ José Rodriguez Vega	Lutero	Gr.·. 2
„ Alberto la Fuente Nuñez	Ordoño 2.º	Gr.·. 1
„ Bernardo Montes Iglesias	Ordoño 1.º	Gr.·. 14

MIEMBROS *que componen la Aug.·. y resp.·. Log.·.* LEGIONENSE DE APIO HERDONIO *número 299 al O.·. de León bajo los auspicios del Sermo.·. Gr.·. Or.·. de España.*

Núm.	Nombres y apellidos.	Profesión.	Edad.	Nom.·. Simb.·.	Gr.·.	Naturaleza.	Provincia	Residencia.	Cargo en Log.·.	OBSERVACIONES
1	Pedro Ilera Mate	Sec.·. audien.·.	45	Justiniano	31	Valladolid.	Valladolid.	Teruel.		
2	Antonio Malagón Montero	Comerciante	44	Castelar	18	Almagro.		León.	Primer exp.·.	
3	Alberto Laurín Pagny	Mecánico	42	Progreso	30	Euville (Francia).	Lorena.	”	Ven.·. Maest.·.	
~~4~~	~~Leoncio Cadorniga García~~	Militar	35	Servet	18	Taboada	Lugo.	”	Orad.·. adj.·.	
5	Francisco Alonso Moran	Empleado	39	Virgilio	18	Valdespino.	Zamora.	”		
6	Juan Gomez Salas.	Comerciante	34	Kardek	18	Rota.	Cádiz.	”	Primer vig.·.	
~~7~~	~~Enrique Lagasca Regidor~~	Ingeniero	39	Tito	3	Madrid.	Madrid.	”		
8	Jesús Linares Boó	Viajante	31	Patria 1.°	2	Cádiz.	Cadiz.	”	Censor.	
9	Eduardo Nava y Perez.	Notario	47	Eden.	18	León.	León.	”	Segundo vig.·.	
~~10~~	~~Augusto Lopez Nuñez~~	Empleado	36	Clotaldo	3	”	”	”	Maest.·. cer.·.	
11	Marcelo Gonzalez García	Comerciante	33	Azcárate	3	Villafeida.		Vega Cervera.		
12	Filomeno Bussiere	Ingeniero	42	Luis Blanc	3	París.	París.	Montefurado.	Diácono.	
13	José Fernandez Cancela	Catedrático	56	Franklin	30	Madrid.	Madrid.	León.	Direc.·. de banq.·.	
14	Ramón Pueyo y García	Militar	58	Prim	30	”	”	”		
15	Joaquín Forcat y Ribera	Maquinista.	29	Ferrandiz	3	Barcelona.	Barcelona.	”	Tejador.	
~~16~~	~~Federico Gomez García~~	Empleado	23	Moisés	3	Madrid.	Madrid.	”	Secre.·.	
17	Mauricio Rodriguez Monge.	Maquinista.	46	Colón 1.°.	9	Sigüenza.	Guadalajara.	”	Arq.·. rev.·.	
~~18~~	~~Segundo Guerrero~~	Comerciante	22	Roque Barcia.	3	León.	León.	”	Tesorero.	
19	Jaime Arbos y Casas	Albañil	34	Patria 2.°	3	Hospitalet de Llobregat.	Barcelona.	”	Segundo exp.·.	
20	Genaro Langarica Mendizabal	Maquinista	30	Razón	1	”	Alava.	”	Heraldo.	
21	Diego Fernandez Candies	”	39	Velarde	1	Jerez de la Frontera.	Cádiz.	”	Por.·. est.·.	
22	Félix Zuazo	Carpintero.	26	Mendez Nuñez	1	Palencia.	Palencia.	”		

Núm.	Nombres y apellidos.	Profesión.	Edad.	Nom.·. simb.·.	Gr.·.
~~23~~	~~Bonito Blanco~~	Maestro escuela.	30	Víctor Hugo 1.º	1
~~24~~	~~César Rico~~	Médico	33	Galeno	3
25	Luis Andrés Mendez	Comerciante	32	Diógenes.	2
~~26~~	~~Ramón Quijano Gonzalez~~	Empleado	21	Guzman	3
27	Isidoro Sacristan Herrero	Sastre	28	Julio de Silva	1
~~28~~	~~Vicente Gonzalez Lopez~~	Empleado	34	Lucense	1
29	Diego Pazos y García	Regis.·. hipoteca	30	Fromistan	1
~~30~~	~~Arturo de la Puerta~~	Empl.·. correos.	33	Víctor Hugo 2.º	1
31	Esteban Gavilanes	maquinista	24	Blasco de Garay	1
32	Luis Cumaldi Urrutia	"	30	Padilla	1
33	Joaquin Soto	Relojero	28	Losada	1
34	Manuel Nistal	Notario	24	Zoio	7
35	Isidoro Lercagues Palacin	empleado	46	Fraternidad	1

El Ven.·. Maest.·.
Alberto Laurin
Progreso gr.·. 30 .·.

Junio 30/38

Naturaleza.	Provincia.	Residencia.	Cargo en Log.·.	OBSERVACIONES.
León.	León.	"	Guar.·. temp.·.	
"	"	"	Hos.·. y Lim.·.	
Madrid.	Madrid.	Palencia.		
León.	León.	León.	Sec.·. adj.·.	
"	"	"		
Guetirizo.	Lugo.		Orad.·.	
Sarria.	Lugo.	Barco de Valdehorres.		
Valencia de D. Juan.	León.	León.		
Paradina	Salamanca	"		
Vergara	Vizcaya	"		
Madrid	Madrid	"		
Castrillo	León	Castrillo		
Uncastillo	Salamanca	Zaragoza		

El Secr.·. accid.tal G.·. S.·.
Padilla

Sob.·. Cap.·. de RR.·. CC.·.

Pelícano núm. 85.

Núm.	Nombres y apellidos.	Nom.·. Simb.·.	Ggr.·.
1	D. Ramón Pueyo y García	Prim	30
2	„ José Fernandez Cancela	Franklin	30
3	„ Alberto Laurin Pagny	Progreso	30
4	„ Antonio Masagón Montero	Castelar	18
~~5~~	~~„ Leoncio Cadorniga García~~	Servet	18
6	„ Francisco Alonso Morán	Virgilio	18
7	„ Juan Gomez Salas	Kardek	18
8	„ Eduardo Nava y Perez	Eden	18
~~9~~	~~„ Vicente Gonzalez Lopez~~	Lucense	18
10	„ Mauricio Rodriguez Monge	Colón 1.º	9
11	„ Joaquín Forcat y Ribera	Ferrandiz	9

CUADRO de la Respetable Logia *Unión Fraternal* núm. *205* al Or.·. de *León*, que trabaja bajo los auspicios del

Serenísimo Grande Oriente Nacional de España

NÚM.	NOMBRE PROFANO	RESIDENCIA: CALLE Y NÚMERO	RESIDENCIA: POBLACIÓN	PROFESIÓN	ESTADO	EDAD	NOMBRE SIMBÓLICO	GR.·.	CARGO EN LOG.·.	FECHA DE LA INICIACIÓN: DIA	MES	AÑO	FECHA DE LA CONCESIÓN DEL ULTIMO G.·.: DIA	MES	AÑO	OBSERVACIONES
1.º	Juan de Larrea y de Lorrio	Catedral 14	León	Comerciante	Casado	40	Churruca 17	3.º	Ven.: Maest.:	"	"	"	6	Setiembre	1886	
2.º	Federico Nieto y Barrasón	Gomez Omaña 1	id.	Ag.te de negocios	id.	42	Catón 9	3.º	1.er Vig.:	"	"	"	6	Setiembre	1886	
3.	Miguel Aparicio	Plaza Mayor	id.	Cap.tan de Caballería	id.		Hidalgo 7	2.º	2.º Vig.:	"	"	"				
4.	Juan García Broncano	Sta. Cruz 20	id.	Com.te de Caballería	id.	55	Pizarro 4	3.º	Orad.:	"	"	"	6	Setiembre	1886	
5.	Nicasio Martinez y Garcia	Plaza Catedral 8	id.	Capitan Infantería	id.	37	Elcano 3	2.º	Secret.:	"	"	"				
6.	Ponciano Rodriguez Hermosilla	Rua 2	id.	Empleado	id.	36	Hermoso 2	1.º	Tesor.:	20	Enero	1886				
7.	Enrique Lopez de Tejada	Serranos 15	id.	Comerciante	soltero	27	Colon 2	1.º	Exp.:	24	id.	1886				
8.	Eusebio Lozano y Chuden	Varillas 4	id.	Comerciante	soltero	24	Guzman el Bueno 2	1.º	Guard.:	27	id.	1886				

Trazar.: en lugar oculto á las miradas profanas en los VV.: de León á once de Febrero de 1886 (e.: v.:)

El Ven.: Maest.:
Juan de Larrea
Churruca gr.: 3.º

El 1.er Vig.:
Federico Nieto
Catón gr.: 3.º

El 2.º Vig.:
Miguel Aparicio
Hidalgo gr.: 2.º

El Orad.:
Juan G. Broncano
Pizarro gr.: 3.º

El Secret.º
Nicasio Martinez Garcia
Elcano gr.: 2.º

Nota. En la primera quincena del mes de Enero, todas las Log.·. están obligadas á remitir á la Gran Secretaría ejemplar de su cuadro lógico al 31 de Diciembre y un extracto de ...

42-30-

Cuadr...

de la Resp.·. Log.·. Hijos de la Costancia n...

	Núm.º de orden	Nombres prof.·.	Edad	Nombres Simb.·.	Grado	Estado
	x 1	Angel Perez Caballero	47	Gerona 2º	30	Casado
	x 2	José Blanco Fernandez	43	Graco	24	Soltero
	x 3	Matías Rodriguez	65	Giordano Bruno	18	Casado
	x 4	Ricardo Blanco	41	Demóstenes	9	id
	x 5	Andrés Alonso	59	Hercules	9	id
	x 6	José Piénard Ramirez	42	Dominica	3	id
+	x 7	Federico Alonso Garrote	29	Marceau	9	Soltero
+	x 8	Justo Blanco Berciano	29	Mucio Scevola	2	Casado
+	x 9	Santos de la Torre Gago	28	Tiberio	9	id
	x 10	Juan José Perez	45	Figueras	9	id
	x 11	Justo Botas Astorgano	49	Garcia Vao	2	id
	x 12	Philibert Varsuin	45	Gambetta 2º	3	id
+	x 13	Juan Alonso Botas	28	Riego	2	Soltero
	x 14	Fran.co Cabrera Perez	46	Torrijos	3	Casado
	x 15	Manuel Ferrero	44	Diógenes	3	id
	x 16	Antonio Lenza	46	Rochefort	3	id
	x 17	Avelino Gomez Lopez	49	Toreno	1	id

Fraz...

El V...

RESP.·. LOG.·. HIJOS DE LA CONSTANCIA Nº 395
VALLE DE ASTORGA
JACHIN

...4 4 8

...gico

...de los Vall.: de Astorga

Naturaleza		Profesion	Residencia	Cargo en Log.:
Pueblos	Provincias			
...ranra	Leon	Militar	Priaranza	
...torga	id	Propietario	Astorga	Sec.: G.: S.:
...odambre	Zamora	Profesor 1ª enseñanza	id	Prim.: Vig.:
...n	Leon	Industrial	id	
...ina Agostado	id	Militar	id	Ven.: Maes.:
...lla	Sevilla	id	id	Sec.: adj.:
...orga	Leon	Comerciante	id	Orad.:
...anra	id	Profesor 1ª enseñanza	Priaranza	
...rga	id	Industrial	Astorga	Experto
...d	id	id	id	Tes.:
...ranra	id	Labrador	Priaranza	
Bélgica		Industrial	Astorga	Maes.: Cer.:
...orga	Leon	Propietario	id	
...aga	Malaga	Contratista	id	Lim.: y Hosp.:
...añera	Leon	Comerciante	La Bañera	
...d	id	id	id	
...rian	id	Industrial	Astorga	

...á 18 de Octubre de 1.890 (e.: v.:)

...aes.:

...18

El Sec.: adj.: G.: S.:
José Renard
Dominica gr.: 30

RESP.: LOG.: HIJOS DE LA CONSTANCIA
ASTORGA
SECRETARIA

Anexo 4

Texto del «Proyecto de Ley por la que se reconocen y amplían derechos y se establecen medidas a favor de quienes padecieron persecución o violencia durante la Guerra Civil y la dictadura» →

EXPOSICIÓN DE MOTIVOS

El espíritu de reconciliación y concordia, y de respeto al pluralismo y a la defensa pacífica de todas las ideas, que guió la Transición, nos permitió dotarnos de una Constitución, la de 1978, que tradujo jurídicamente esa voluntad de reencuentro de los españoles articulando un Estado social y democrático de derecho con clara vocación integradora.

El espíritu de la Transición da sentido, de este modo, al modelo constitucional de convivencia más fecundo que los españoles hayamos disfrutado nunca. Y es ese mismo espíritu el que explica también las diversas medidas y derechos que se han ido reconociendo, desde el origen mismo de todo el período democrático, en favor de las personas que, durante los decenios anteriores a la

Constitución, sufrieron las consecuencias de nuestra devastadora guerra civil y del régimen dictatorial que la sucedió.

Pese a ese esfuerzo legislativo, quedan aún iniciativas por adoptar para dar cumplida y definitiva respuesta a las demandas de esos ciudadanos, planteadas tanto en el ámbito parlamentario como por distintas asociaciones cívicas. Se trata de peticiones legítimas y justas, que nuestra democracia, apelando de nuevo a su espíritu fundacional de concordia, y en el marco de la Constitución, no puede dejar de atender.

Es la hora, así, de que la democracia española, y las generaciones vivas que hoy disfrutan de ella, honren y recuperen para siempre a todos los que directamente padecieron las injusticias y agravios producidos, por unos u otros motivos políticos o ideológicos, en aquellos dolorosos períodos de nuestra historia. Desde luego, a quienes perdieron la vida. Con ellos, a sus familias. También a quienes perdieron su libertad, al padecer prisión, trabajos forzosos o internamientos en campos de concentración dentro o fuera de nuestras fronteras. También, en fin, a quienes perdieron la patria al ser empujados a un largo, desgarrador y, en tantos casos, irreversible, exilio.

La presente Ley parte de la consideración de que los diversos aspectos relacionados con la memoria personal y familiar, especialmente cuando se han visto afectados por conflictos de carácter público, forman parte del estatuto jurídico de la ciudadanía democrática, y como tales son abordados en el texto. Se reconoce, en este sentido, un derecho individual a la memoria personal y familiar de cada ciudadano, que encuentra su primera manifestación en la Ley en el reconocimiento general que en la misma se proclama en su artículo 2.

En efecto, en dicho precepto se hace una proclamación general del carácter injusto de todas las condenas, sanciones y expresiones de violencia personal producidas, por motivos inequívocamente políticos o ideológicos, durante la Guerra Civil, así como las que, por las mismas razones, tuvieron lugar en la Dictadura posterior.

Esta declaración general, contenida en el artículo 2, se complementa con la previsión de un procedimiento específico para obtener una Declaración personal, de contenido rehabilitador y reparador, que se abre como un derecho a todos los perjudicados, y que podrán ejercer ellos mismos o sus familiares.

Se ha considerado conveniente, dado su importante valor simbólico, atribuir la emisión de estas Declaraciones, que serán publicadas en el Boletín Oficial del Estado, a un Consejo de designación parlamentaria, creado ad hoc, e integrado por personalidades de reconocido prestigio cuya elección se vea respaldada, además, por una mayoría cualificada del Congreso de los Diputados (arts. 3 a 7).

En los artículos 8 a 12 se establece el reconocimiento de diversas mejoras de derechos económicos ya recogidos en nuestro Ordenamiento. Y en la Disposición adicional segunda se prevé, en esta misma dirección, el derecho a una indemnización en favor de todas aquellas personas que perdieron la vida en defensa de la democracia, de la democracia que hoy todos disfrutamos, y que no habían recibido hasta ahora la compensación debida.

A continuación, se recogen diversos preceptos (arts. 13 a 16) que, atendiendo también en este ámbito una muy legítima demanda de no pocos ciudadanos, que ignoran aún el paradero de sus familiares, prevén medidas e instrumentos para que las Administraciones públicas faciliten, a los interesados que lo soliciten, las tareas de localización, y, en su caso, identificación de los desaparecidos, como una última prueba de respeto hacia ellos. Y ello se hace tratando de atender, con sentido de la ponderación y del equilibrio, los diferentes derechos, intereses, y respetables opciones morales que resultan potencialmente concurrentes al respecto.

Se establecen, asimismo, una serie de medidas (arts. 17 y 18) en relación con los símbolos y monumentos conmemorativos de la Guerra Civil o de la Dictadura que sean de titularidad estatal, sustentadas en el principio de evitar toda exaltación del conflicto entre españoles, y en el convencimiento de que los ciudadanos tienen derecho a que así sea, a que los símbolos públicos sean ocasión de encuentro y no de enfrentamiento, ofensa o agravio.

El legislador considera de justicia hacer un doble reconocimiento singularizado. En primer lugar, a los voluntarios integrantes de las Brigadas internacionales, a los que se les permitirá acceder a la nacionalidad española sin necesidad de que renuncien a la que ostenten hasta este momento (art. 20); y, también, a las Asociaciones ciudadanas que se hayan significado en la defensa de la dignidad de las víctimas de la violencia política a que se refiere esta Ley, a las que podrá concederse la Gran Cruz del Mérito Civil de tipo colectivo como testimonio de este reconocimiento (art. 21).

Con el fin de facilitar la recopilación y el derecho de acceso a la información histórica sobre la Guerra Civil, la Ley refuerza el papel del actual Archivo General de la Guerra Civil Española, con sede en Salamanca, estableciendo que se le dé traslado de toda la documentación existente en otros centros estatales (arts. 22 a 25).

En definitiva, la presente Ley quiere contribuir a cerrar heridas todavía abiertas en los españoles y a dar satisfacción a los ciudadanos que sufrieron, directamente o en la persona de sus familiares, las consecuencias de la tragedia de la Guerra Civil o de la represión de la Dictadura.

Quiere contribuir a ello desde el pleno convencimiento de que, profundizando de este modo en el espíritu del reencuentro y de la concordia de la Transición, no son sólo esos ciudadanos los que resultan reconocidos y honrados sino también la Democracia española en su conjunto.

Y quiere contribuir a ello, por último, con la convicción de que no es tarea de la ley, o de las normas jurídicas en general, fijarse el objetivo de implantar una determinada "memoria histórica", de que no le corresponde al legislador construir o reconstruir una supuesta "memoria colectiva". Pero sí es deber del legislador, y cometido de la ley, consagrar y proteger, con el máximo vigor normativo, el derecho a la memoria personal y familiar como expresión de plena ciudadanía democrática. Este es el compromiso al que el texto legal responde.

Artículo 1. Objeto de la Ley.

La presente Ley tiene por objeto reconocer y ampliar derechos en favor de quienes padecieron persecución o violencia, por razones políticas o ideológicas, durante la Guerra Civil y la Dictadura, promover su reparación moral y la recuperación de su memoria personal y familiar, y adoptar medidas complementarias destinadas a suprimir elementos de división entre los ciudadanos, todo ello con el fin de fomentar la cohesión y solidaridad entre las diversas generaciones de españoles en torno a los principios, valores y libertades constitucionales.

Artículo 2. Reconocimiento general.

1. Como expresión del derecho de todos los ciudadanos a la reparación de su memoria personal y familiar, se reconoce y declara el carácter injusto de las condenas, sanciones y cualquier forma de violencia personal producidas, por razones políticas o ideológicas, durante la Guerra Civil, cualquiera que fuera el bando o la zona en la que se encontraran quienes las padecieron, así como las sufridas por las mismas causas durante la dictadura que, a su término, se prolongó hasta 1975.

2. Las razones políticas o ideológicas a que se refiere el apartado anterior incluyen la pertenencia o colaboración con partidos políticos, sindicatos, organizaciones religiosas o militares, minorías étnicas, sociedades secretas, logias masónicas y grupos de resistencia, así como el ejercicio de conductas vinculadas con opciones culturales, lingüísticas o de orientación sexual.

Artículo 3. Declaración de reparación y reconocimiento personal.

1. Se reconoce el derecho a obtener una Declaración de reparación y reconocimiento personal a quienes durante la Guerra Ci-

vil y la Dictadura padecieron los efectos a que se refiere el artículo anterior.

2. Esta Declaración será de aplicación respecto de las penas y sanciones de carácter personal impuestas durante la Guerra Civil por Juzgados, Tribunales u órganos administrativos de cualquier naturaleza y respecto de todas las ejecuciones llevadas a cabo por cualquier organización o grupo durante el mismo período, siempre que, en uno y otro supuesto, se vinculen, directa o indirectamente, con motivaciones políticas o ideológicas, en los términos del artículo 2.2 de esta Ley.

3. También será de aplicación en relación con las ejecuciones, penas y sanciones de carácter personal que se hubiesen producido tras el fin de la Guerra Civil, cuando hubiesen tenido como objeto la represión o persecución de quienes defendieron la legalidad institucional anterior al 18 de julio de 1936, pretendieron el restablecimiento en España de un régimen democrático o intentaron vivir conforme a opciones amparadas por derechos y libertades hoy reconocidos por la Constitución. En todos los casos, será necesario que los comportamientos en su día enjuiciados o sancionados resulten conformes a los principios y valores constitucionales hoy vigentes.

Artículo 4. Tramitación de la solicitud.

1. Tendrán derecho a solicitar la Declaración las personas afectadas y, en su defecto, su cónyuge o persona ligada por análoga relación de afectividad, sus ascendientes, sus descendientes y sus colaterales hasta el segundo grado.

2. Asimismo podrán solicitar la Declaración las instituciones públicas, previo acuerdo de su órgano colegiado de gobierno, respecto de quienes, careciendo de cónyuge o de los familiares mencionados en el apartado anterior, hubiesen desempeñado cargo o actividad relevante en las mismas.

3. Las personas o instituciones previstas en los apartados anteriores dirigirán su solicitud a la Comisión Interministerial a que se refiere la Disposición adicional primera de la presente Ley,

en el plazo máximo de un año a partir de la entrada en vigor de esta Ley.

4. La solicitud se acompañará de la documentación que, sobre los hechos y sobre el proceso o procedimiento originario, obre en poder de los solicitantes, así como de todos los antecedentes que se consideren oportunos.

5. La Comisión podrá inadmitir la solicitud por no encontrarse el peticionario en alguno de los supuestos de los apartados 1 y 2 del presente artículo o por haberla formulado fuera de plazo.

6. La Comisión, de oficio o a instancia de parte, podrá recabar de las distintas Administraciones públicas y de los órganos judiciales, de acuerdo con la legislación vigente, los documentos o la información que resulten procedentes para resolver. A estos efectos, podrá suspender la tramitación durante un plazo no superior a seis meses. Una vez recibida la documentación o información, la Comisión la pondrá en conocimiento del solicitante para que, en el plazo de veinte días, manifieste lo que considere oportuno.

7. A la vista de la documentación e información aportada, la Comisión, en el plazo máximo de un año a contar desde la presentación de la solicitud, elevará su propuesta al Consejo previsto en el artículo siguiente.

Artículo 5. Órgano de resolución.

1. Al objeto de resolver sobre las solicitudes de Declaración a que se refieren los artículos precedentes, se constituye un Consejo integrado por cinco personalidades de reconocido prestigio en el ámbito de las ciencias sociales, elegidas por mayoría de tres quintos del Congreso de los Diputados.

2. Sus miembros no estarán sujetos a mandato imperativo, ni recibirán instrucciones de ninguna autoridad. Desempeñarán sus funciones con autonomía y libertad de criterio, conforme a lo previsto en la presente Ley, y guardarán reserva sobre cuanto conozcan en el ejercicio de aquéllas. No podrán ejercer ningún otro cargo de representación o designación políticas.

3. Cesarán por alguna de las siguientes causas:

a) Renuncia

b) Finalización de sus funciones

c) Fallecimiento o incapacitación sobrevenida

d) Haber sido condenado mediante sentencia firme por delito doloso

4. Los miembros del Consejo elegirán de entre ellos a su Presidente. Será Secretario del Consejo, con voz pero sin voto, el que lo sea de la Comisión Interministerial a que se refiere la Disposición adicional primera de esta Ley.

5. El Ministerio de la Presidencia facilitará al Consejo los medios personales y materiales necesarios para su adecuado funcionamiento.

Artículo 6. Funciones del Consejo.

Corresponden al Consejo las siguientes funciones:

a) Resolver, en el plazo máximo de seis meses, las propuestas elevadas por la Comisión Interministerial, emitiendo Declaración favorable o denegándola, en los términos previstos en el artículo siguiente.

b) Reclamar de la Comisión Interministerial que complete la información necesaria para pronunciarse antes de emitir la Declaración, y con suspensión del plazo para emitirla.

c) Elaborar un informe anual sobre su actividad, que remitirá al Congreso de los Diputados

Artículo 7. Contenido de la Declaración.

1. Las Declaraciones de reparación y reconocimiento personal tendrán por único objeto la constatación de que las ejecuciones, condenas o sanciones sufridas son manifiestamente injustas por contrarias a los derechos y libertades que constituyen el fundamento del orden constitucional hoy vigente y son la base de la convivencia de la sociedad.

2. En ningún caso la Declaración a que se refiere este artículo

constituirá título para el reconocimiento de responsabilidad patrimonial del Estado ni de cualquier Administración Pública, ni dará lugar a efecto, reparación o indemnización de índole económica o profesional.

3. La Declaración omitirá toda referencia a la identidad de cuantas personas hubiesen intervenido en los hechos o en las actuaciones jurídicas que dieron lugar a las sanciones o condenas.

4. La fórmula de reparación regulada en esta Ley será compatible con cualquier otra ya instada por el interesado y prevista en el ordenamiento jurídico.

5. Las Declaraciones de reparación y reconocimiento personal se publicarán en el Boletín Oficial del Estado para su general conocimiento.

Artículo 8. Mejora de las prestaciones reconocidas por la Ley 5/1979, de 18 de septiembre, de reconocimiento de pensiones, asistencia medico-farmacéutica y asistencia social a favor de las viudas, hijos y demás familiares de los españoles fallecidos como consecuencia o con ocasión de la pasada Guerra Civil.

1. Con el fin de completar la acción protectora establecida por la Ley 5/1979, de 18 de septiembre, de reconocimiento de pensiones, asistencia medico-farmacéutica y asistencia social a favor de las viudas, hijos y demás familiares de los españoles fallecidos como consecuencia o con ocasión de la pasada Guerra Civil, se modifican las letras a) y c) del número 2 de su artículo primero, que quedan redactadas como sigue:

a) Por heridas, enfermedad o lesión accidental originadas como consecuencia de la guerra.

c) Como consecuencia de actuaciones u opiniones políticas y sindicales, cuando pueda establecerse asimismo una relación de causalidad personal y directa entre la guerra civil y el fallecimiento.

2. Las pensiones que se reconozcan al amparo de lo dispuesto en el apartado anterior tendrán efectos económicos desde el pri-

mer día del mes siguiente a la fecha de entrada en vigor de la presente Ley, siendo de aplicación, en su caso, las normas que regulan la caducidad de efectos en el Régimen de Clases Pasivas del Estado.

Artículo 9. Importe de determinadas pensiones de orfandad.

1. La cuantía de las pensiones de orfandad en favor de huérfanos no incapacitados mayores de veintiún años causadas por personal no funcionario al amparo de las Leyes 5/1979, de 18 de septiembre, y 35/1980, de 26 de junio, se establece en 132,86 euros mensuales.

2. A las pensiones de orfandad a que se refiere el presente artículo les será de aplicación el sistema de complementos económicos vigentes y experimentarán las revalorizaciones que establezcan las Leyes de Presupuestos Generales del Estado para cada año.

3. Lo dispuesto en los dos apartados anteriores tendrá efectividad económica desde el primer día del mes siguiente a la fecha de entrada en vigor de la presente Ley, sin perjuicio de las normas que sobre caducidad de efectos rigen en el Régimen de Clases Pasivas del Estado.

Artículo 10. Modificación del ámbito de aplicación de las indemnizaciones a favor de quienes sufrieron prisión como consecuencia de los supuestos contemplados en la Ley 46/1977, de 15 de octubre, de amnistía.

1. Con el fin de incorporar supuestos en su día excluidos de la concesión de indemnizaciones por tiempos de estancia en prisión durante la Dictadura, se modifican los apartados uno y dos de la Disposición adicional decimoctava de la Ley 4/1990, de 29 de junio, de Presupuestos Generales del Estado para el año 1990, que quedan redactados como sigue:

"Uno. Quienes acrediten haber sufrido privación de libertad en establecimientos penitenciarios o en Batallones Disciplinarios, en cualquiera de sus modalidades, durante tres o más años, como consecuencia de los supuestos contemplados en la Ley 46/1977, de 15 de octubre, y tuvieran cumplida la edad de sesenta años en 31 de diciembre de 1990, tendrán derecho a percibir por una sola vez una indemnización de acuerdo con la siguiente escala:

	Euros
Tres o más años de prisión	6.010,12
Por cada tres años completos adicionales	1.202,02

Dos. Si el causante del derecho a esta indemnización hubiese fallecido, y en 31 de diciembre de 1990 hubiera podido tener cumplidos sesenta años de edad tendrá derecho a la misma el cónyuge supérstite, que sea pensionista de viudedad por tal causa o que, aun no teniendo esta condición, acredite ser cónyuge viudo del causante."

2. Se añade un apartado siete a la Disposición adicional decimoctava de la Ley 4/1990, de 29 de junio de Presupuestos del Estado con la siguiente redacción:

"Siete. Quienes se consideren con derecho a los beneficios establecidos en los apartados uno y dos anteriores, ya sean los propios causantes o sus cónyuges supérstites o pensionistas de viudedad por tal causa, deberán solicitarlos expresamente ante la citada Dirección General de Costes de Personal y Pensiones Públicas."

Artículo 11. Tributación en el Impuesto sobre la Renta de las Personas Físicas de las indemnizaciones a favor de quienes sufrieron privación de libertad como consecuencia de los supuestos contemplados en la Ley 46/1977, de 15 de octubre, de Amnistía.

Con efectos desde el 1 de enero de 2005, se añade una nueva letra u) al artículo 7 del texto refundido de la Ley del Impuesto sobre la Renta de las Personas Físicas, aprobado por el Real Decreto Legislativo 3/2004, de 5 de marzo, que quedará redactada de la siguiente manera:

u) Las indemnizaciones previstas en la legislación del Estado y de las Comunidades Autónomas para compensar la privación de libertad en establecimientos penitenciarios como consecuencia de los supuestos contemplados en la Ley 46/1977, de 15 de octubre, de Amnistía.

Artículo 12. Ayudas para compensar la carga tributaria de las indemnizaciones percibidas desde el 1 de enero de 1999 por privación de libertad como consecuencia de los supuestos contemplados en la Ley 46/1977, de 15 de octubre, de Amnistía.

1. Las personas que hubieran percibido desde el 1 de enero de 1999 hasta el 31 de diciembre de 2004 las indemnizaciones previstas en la legislación del Estado y de las Comunidades Autónomas para compensar la privación de libertad en establecimientos penitenciarios como consecuencia de los supuestos contemplados en la Ley 46/1977, de 15 de octubre, de Amnistía, podrán solicitar, en la forma y plazos que se determinen, el abono de una ayuda cuantificada en el 15 por ciento de las cantidades que, por tal concepto, hubieran consignado en la declaración del Impuesto sobre la Renta de las Personas Físicas de cada uno de dichos períodos impositivos.

2. Si las personas a que se refiere el apartado 1 anterior hubieran fallecido, el derecho a la ayuda corresponderá a sus herederos, quienes podrán solicitarla.

3. Las ayudas percibidas en virtud de lo dispuesto en el presente artículo estarán exentas del Impuesto sobre la Renta de las Personas Físicas.

4. Por Orden del Ministro de Economía y Hacienda se determinará el procedimiento, las condiciones para su obtención y el órgano competente para el reconocimiento y abono de esta ayuda.

Artículo 13. Colaboración de las administraciones públicas con los particulares para la localización e identificación de víctimas.

1. Las Administraciones públicas, en el marco de sus competencias,

facilitarán a los descendientes directos de las víctimas que así lo soliciten las actividades de indagación, localización e identificación de las personas desaparecidas violentamente durante la guerra civil o la represión política posterior y cuyo paradero se ignore.

Lo previsto en el párrafo anterior podrá aplicarse respecto de las entidades que, constituidas antes de 1 de junio de 2004, incluyan el desarrollo de tales actividades entre sus fines.

2. Conforme a su normativa reguladora, podrán arbitrarse subvenciones para contribuir a sufragar los gastos derivados de las actividades contempladas en este artículo.

Artículo 14. Mapas de localización.

1. Las Administraciones públicas competentes elaborarán y pondrán a disposición de los interesados a que se refiere el artículo 13, dentro de su respectivo ámbito territorial de actuación, mapas en que consten los terrenos en que se localicen los restos de las personas a las que se refiere el artículo anterior incluyendo la información complementaria disponible sobre los mismos.

2. El Gobierno determinará el procedimiento de elaboración de un mapa integrado que comprenda todo el territorio español, que será igualmente accesible para los interesados y al que se incorporarán los datos que, en los términos que se establezcan, deberán ser remitidos por las distintas Administraciones públicas competentes.

3. Las áreas incluidas en los mapas serán objeto de especial preservación por parte de sus titulares, en los términos que reglamentariamente se establezca.

Artículo 15. Autorizaciones administrativas para actividades de localización e identificación.

1. Las Administraciones públicas competentes autorizarán las tareas de prospección encaminadas a la localización de restos de las víctimas referidas en el apartado 1 del artículo 13, de acuerdo con la normativa sobre patrimonio histórico.

2. Las Administraciones públicas, en el ejercicio de sus competencias, establecerán el procedimiento y las condiciones en que los descendientes directos de las víctimas referidas en el apartado 1 del artículo 13, o las entidades que actúen en su nombre, puedan recuperar los restos enterrados en las fosas correspondientes, para su identificación y eventual traslado a otro lugar.

3. En cualquier caso, la exhumación se someterá a autorización administrativa por parte de la autoridad competente, en la que deberá ponderarse especialmente la existencia de oposición por cualquiera de los descendientes directos de las personas cuyos restos deban ser trasladados. A tales efectos, y con carácter previo a la correspondiente resolución, la administración competente deberá dar adecuada publicidad a las solicitudes presentadas, comunicando en todo caso su existencia a la Administración General del Estado para su inclusión en el mapa referido en el apartado primero del artículo anterior.

4. Los restos que hayan sido objeto de traslado y no fuesen reclamados serán inhumados en el cementerio correspondiente al término municipal en que se encontraran, a cargo de los solicitantes de la exhumación.

Artículo 16. Acceso a los terrenos afectados por trabajos de localización e identificación.

1. La realización de las actividades de localización y eventual identificación o traslado de los restos de las personas referidas en el apartado 1 del artículo 13 se constituye en fin de utilidad pública e interés social, a los efectos de permitir, en su caso y de acuerdo con los artículos 108 a 119 de la Ley de Expropiación Forzosa, la ocupación temporal de los terrenos donde deban realizarse.

2. Para las actividades determinadas en los apartados anteriores, las administraciones autorizarán, salvo causa justificada de interés público, la ocupación temporal de los terrenos de su titularidad por parte de los descendientes directos de las víctimas o de las organizaciones que asuman su realización.

3. En el caso de terrenos de titularidad privada, los descendientes, o las organizaciones legitimadas de acuerdo con el apartado anterior, deberán solicitar el consentimiento de los titulares de derechos afectados sobre los terrenos en que se hallen los restos. Si no se obtuviere dicho consentimiento, las Administraciones públicas podrán autorizar la ocupación temporal, siempre tras audiencia de los titulares de derechos afectados, con consideración de sus alegaciones, y fijando la correspondiente indemnización a cargo de los ocupantes.

Artículo 17. Símbolos y monumentos públicos.

Los órganos que tengan atribuida la titularidad o conservación de los monumentos, edificios y lugares de titularidad estatal, tomarán las medidas oportunas para la retirada de los escudos, insignias, placas y otras menciones conmemorativas de la Guerra Civil, existentes en los mismos, cuando exalten a uno sólo de los bandos enfrentados en ella o se identifiquen con el régimen instaurado en España a su término.

Lo previsto en el párrafo anterior no será de aplicación cuando concurran razones artísticas, arquitectónicas u otras de interés general que lo hagan improcedente. En estos casos, podrá considerarse, de acuerdo con las circunstancias, la forma de dar testimonio de homenaje y recuerdo a todas las víctimas de la Guerra Civil.

Artículo 18. Valle de los Caídos.

1. El Valle de los Caídos se regirá estrictamente por las normas aplicables con carácter general a los lugares de culto y a los cementerios públicos.

2. En ningún lugar del recinto podrán llevarse a cabo actos de naturaleza política ni exaltadores de la Guerra Civil, de sus protagonistas, o del franquismo.

3. La Fundación gestora del Valle de los Caídos incluirá entre sus objetivos honrar la memoria de todas las personas fallecidas

a consecuencia de la Guerra Civil de 1936-1939 y de la represión política que la siguió, con el objeto de profundizar en el conocimiento de ese período histórico y en la exaltación de la paz y de los valores democráticos.

Artículo 19. Edificaciones y obras públicas realizadas mediante trabajos forzosos.
Conforme a su normativa reguladora, las Administraciones públicas podrán prever subvenciones para la confección de censos de edificaciones y obras públicas realizadas por miembros de los Batallones Disciplinarios de Soldados Trabajadores, así como por prisioneros en campos de concentración, Batallones de Trabajadores y prisioneros en Colonias Penitenciarias Militarizadas.

Artículo 20. Concesión de la nacionalidad española a los voluntarios integrantes de las Brigadas Internacionales.
1. Con el fin de hacer efectivo el derecho que reconoció el Real Decreto 39/1996, de 19 de enero, a los voluntarios integrantes de las Brigadas Internacionales que participaron en la guerra civil de 1936 a 1939, no les será de aplicación la exigencia de renuncia a su anterior nacionalidad requerida en el artículo 23, letra b, del Código civil, en lo que se refiere a la adquisición por carta de naturaleza de la nacionalidad española.

2. Mediante Real Decreto aprobado por el Consejo de Ministros, se determinarán los requisitos y el procedimiento a seguir para la adquisición de la nacionalidad española por parte de las personas mencionadas en el apartado anterior.

Artículo 21. Reconocimiento a las Asociaciones de víctimas.
El Gobierno, mediante Real Decreto acordado en Consejo de Ministros, podrá conceder la Gran Cruz del Mérito Civil de tipo colectivo a las Asociaciones, Fundaciones y Organizaciones que se hayan destacado en la defensa de la dignidad de las víctimas de

la violencia política a que se refiere esta Ley y en la contribución a la recuperación de la memoria histórica.

Artículo 22. Creación del Centro Documental de la Memoria Histórica.

1. De conformidad con lo previsto en la Ley 21/2005, de 17 de noviembre, se constituye el Centro Documental de la Memoria Histórica, con sede en la ciudad de Salamanca.

2. Son funciones del Centro Documental de la Memoria Histórica:

a) Mantener y desarrollar el Archivo General de la Guerra Civil Española, y proceder a la actualización de las técnicas para su uso y conservación.

b) Recuperar, reunir, organizar y poner a disposición de los interesados, los fondos documentales y las fuentes secundarias que puedan resultar de interés para el estudio de la Guerra civil, la dictadura franquista, la resistencia guerrillera contra ella, el exilio, el internamiento de españoles en campos de concentración durante la Segunda Guerra Mundial y la transición.

c) Fomentar la investigación histórica sobre la Guerra civil, el franquismo, el exilio y la transición, y contribuir a la difusión de sus resultados.

d) Impulsar la difusión de los fondos del Centro, y facilitar la participación activa de los usuarios y de sus organizaciones representativas.

3. La estructura y funcionamiento del Centro Documental de la Memoria Histórica se establecerá mediante Real Decreto acordado en Consejo de Ministros.

Artículo 23. Archivo General de la Guerra Civil Española.

1. Los documentos originales, o copias fidedignas de los mismos, referidos a la Guerra Civil de 1936-1939 y a la represión política subsiguiente sitos en Archivos, Museos o Bibliotecas de titularidad estatal, se integrarán en el Archivo General de la Guerra Ci-

vil Española, de titularidad estatal y con sede en la ciudad de Salamanca, creado por Real Decreto 426/1999, de 12 de marzo, en la forma y mediante el procedimiento que reglamentariamente se determinen.

2. Se arbitrarán los medios necesarios para que la Administración General del Estado proceda a la recopilación de los testimonios orales relevantes sobre la Guerra Civil española y la represión política subsiguiente y a su integración en el Archivo General de la Guerra Civil Española.

Artículo 24. Adquisición y protección de documentos sobre la Guerra Civil y la Dictadura.

1. La Administración General del Estado aprobará, con carácter anual y con la dotación que en cada caso se establezca en los Presupuestos Generales del Estado, un programa de convenios para la adquisición de documentos referidos a la Guerra Civil o a la represión política subsiguiente que obren en archivos públicos o privados, nacionales o extranjeros, ya sean en versión original o a través de cualquier instrumento que permita archivar, conocer o reproducir palabras, datos o cifras con fidelidad al original. Los mencionados fondos documentales se incorporarán al Archivo General de la Guerra Civil Española.

2. De conformidad con lo dispuesto en la Ley 16/1985, de 25 de junio, de Patrimonio Histórico Español, los documentos obrantes en archivos privados y públicos relativos a la Guerra Civil y la Dictadura se declaran, a todos los efectos, constitutivos del Patrimonio Documental y Bibliográfico.

Artículo 25. Derecho de acceso a los fondos de los Archivos públicos y privados.

1. A los efectos de lo previsto en esta Ley, se garantizará a los interesados y a sus herederos el derecho de acceso a los fondos documentales depositados en los archivos públicos y la obtención de la copia que soliciten de los documentos que les conciernan.

2. Lo previsto en el apartado anterior será de aplicación, en sus propios términos, a los Archivos privados sostenidos, total o parcialmente, con fondos públicos.

3. El acceso a los documentos contenidos en los Archivos a que se refieren los apartados anteriores se regirá por lo previsto en el artículo 57 de la Ley 16/1985, de 25 de junio, del Patrimonio Histórico Español. Lo dispuesto en el apartado 3 del citado artículo 57 será de especial aplicación cuando los documentos identifiquen a los autores o a otras personas intervinientes en los hechos o en las actuaciones jurídicas sobre los mismos, en cuyo caso los responsables de los archivos públicos sustituirán la entrega de una copia de los mismos por un certificado sobre su contenido, con el fin de preservar la identidad de aquellos.

Disposición adicional primera. Comisión Interministerial para la atención a quienes padecieron las consecuencias de la Guerra Civil y de la Dictadura.

1. Se crea una Comisión Interministerial para la atención a quienes padecieron las consecuencias de la Guerra Civil y de la Dictadura, con la composición, organización y funciones que se determinen reglamentariamente.

2. La norma reglamentaria a que se refiere el apartado anterior dispondrá la disolución y el cese en sus funciones de la Comisión Interministerial para el estudio de la situación de las víctimas de la guerra civil y del franquismo, creada por Real Decreto 1891/2004, de 10 de septiembre.

3. Antes de comenzar sus trabajos, la Comisión Interministerial para la atención a quienes padecieron las consecuencias de la Guerra Civil y de la Dictadura dictará una resolución organizativa por la que se crearán las subcomisiones de apoyo que considere oportunas, integradas por personal al servicio de las Administraciones públicas. La existencia y composición de las mismas se reflejará en la correspondiente relación de puestos de trabajo del Ministerio de la Presidencia.

Disposición adicional segunda.- Reconocimiento en favor de personas fallecidas en defensa de la democracia durante el período comprendido entre 1 de enero de 1968 y 6 de octubre de 1977.

1. En atención a las circunstancias excepcionales que concurrieron en su muerte, se reconoce el derecho a una indemnización, por una cuantía de 135.000 €, a los beneficiarios de quienes fallecieron durante el período comprendido entre el 1 de enero de 1968 y el 6 de octubre de 1977, en defensa y reivindicación de las libertades y derechos democráticos.

2. Serán beneficiarios de la indemnización a que se refiere el apartado primero de esta disposición los hijos y el cónyuge de la persona fallecida, si no estuviere separado legalmente ni en proceso de separación o nulidad matrimonial, o la persona que hubiere venido conviviendo con ella de forma permanente con análoga relación de afectividad a la del cónyuge durante, al menos, los dos años inmediatamente anteriores al momento del fallecimiento, salvo que hubieren tenido descendencia en común, en cuyo caso bastará la mera convivencia.

Subsidiariamente, si no existieran los anteriores, serán beneficiarios, por orden sucesivo y excluyente, los padres, nietos, los hermanos de la persona fallecida y los hijos de la persona conviviente, cuando dependieren económicamente del fallecido.

Cuando se produzca la concurrencia de diversas personas que pertenezcan a un grupo de los que tienen derecho a la indemnización, la cuantía total máxima se repartirá por partes iguales entre todos los que tengan derecho por la misma condición, excepto cuando concurran el cónyuge o persona con análoga relación afectiva y los hijos del fallecido, en cuyo caso la ayuda se distribuirá al 50 por ciento entre el cónyuge o la persona con análoga relación de afectividad y el conjunto de los hijos.

3. Procederá el abono de la indemnización siempre que por los mismos hechos no se haya recibido indemnización o compensación económica alguna o, habiéndose recibido, sea de cuantía inferior a la determinada en esta disposición.

4. El Gobierno, mediante Real Decreto, determinará las condiciones y el procedimiento para la concesión de la indemnización prevista en esta disposición. Corresponderá la tramitación de este procedimiento a la Comisión prevista en la Disposición adicional primera de esta Ley y al Consejo de Ministros su resolución definitiva.

5. Los beneficiarios de la indemnización establecida en esta disposición dispondrán del plazo de un año, a contar desde la entrada en vigor del Real Decreto a que se refiere el apartado anterior, para presentar su solicitud ante la Comisión en él mencionada.

Disposición adicional tercera.- Protección de datos.

1. La recogida, cesión y tratamiento de datos de carácter personal de las personas implicadas en los expedientes contemplados en la presente Ley sólo podrán realizarse en ficheros informáticos de titularidad pública y se regirá por lo dispuesto en la Ley Orgánica 15/1999, de 13 de diciembre, de Protección de Datos de Carácter Personal.

2. El acceso a los documentos obrantes en los archivos públicos referidos a víctimas de la Guerra Civil y de la Dictadura estará sometido a los plazos y condiciones establecidos en el artículo 37 de la Ley 30/1992, de 26 de noviembre, de Régimen Jurídico de las Administraciones Públicas y del Procedimiento Administrativo Común, y en el artículo 37 de la Ley 16/1985, de 25 de junio, del Patrimonio Histórico Español.

Disposición adicional cuarta.- Adecuación del Archivo General de la Guerra Civil Española.

Se autoriza al Gobierno a que lleve a cabo las acciones necesarias en orden a organizar y reestructurar el Archivo General de la Guerra Civil Española.

Disposición final primera.- Aplicación supletoria.

Será aplicable supletoriamente al procedimiento regulado en los artículos 3 a 7 de la presente Ley lo previsto en la Ley 30/1992, de Régimen Jurídico de las Administraciones Públicas y del Procedimiento Administrativo Común.

Disposición final segunda.- Habilitación para el desarrollo.
Se habilita al Gobierno y a sus miembros, en el ámbito de sus respectivas competencias, para dictar cuantas disposiciones sean necesarias para el desarrollo y aplicación de lo establecido en esta Ley.

Disposición final tercera.- Entrada en vigor.
La presente Ley entrará en vigor al día siguiente de su publicación en el Boletín Oficial del Estado.

→ Bibliografía

ARMENGOU, Montse, Ricard Belis i García y Carles Mercadal Vidal, *El convoy de los 927*, Plaza & Janés, Barcelona, 2005.

AZAÑA, Manuel, *Memorias políticas y de guerra*, Crítica, Barcelona, 1981.

CAMPILLO MADRIGAL, Óscar, *Zapatero: presidente a la primera*, La Esfera de los Libros, Madrid, 2004.

CAMPMANY IBÁÑEZ, Juan, *El efecto ZP: 1000 días de campaña para llegar a la Moncloa*, Planeta, Barcelona, 2005.

CEBRIÁN, Juan Luis y Felipe González, *El futuro no es lo que era: una conversación*, Aguilar, Madrid, 2002.

CIERVA, Ricardo de la, *La masonería en España: la logia de Príncipe 12*, Ediciones de la Universidad Complutense de Madrid, 1996.

CHALVIDANT, Jean, *España: de Franco a Zapatero*, Atlántica, 2006.

CREMER, Victoriano, *León, ayer y hoy*, Everest, León, 1997.

—, *El fulgor de la memoria*, Huerga y Fierro Editores, Madrid, 1996.
—, *León insólito, ayer y hoy*, Everest, 1989.
GARCÍA ABAD, José, *Las mil caras de Felipe González*, La Esfera de los Libros, Madrid, 2006.
GROSSI MIER, Manuel, *La insurrección de Asturias*, Júcar, Madrid, 1984.
JULIÁ DÍAZ, Santos, coord., *Víctimas de la Guerra Civil*, Temas de Hoy, Madrid, 1995.
MARTÍN RUBIO, Ángel David, *Salvar la memoria: una reflexión sobre las víctimas de la Guerra Civil*, Badajoz, 1999.
MOA, Pío, *El iluminado de la Moncloa y otras plagas*, Libroslibres, Madrid, 2006.
MOLINS I FABREGA, Narcís, *UHP: La insurrección proletaria en Asturias,* Júcar, Gijón, 1977.
MONTERO MORENO, Antonio, *Historia de la persecución religiosa en España, 1936-1939,* Biblioteca de Autores Cristianos, Madrid, 1998.
PAYNE, Stanley G., *El colapso de la República: los orígenes de la Guerra civil (1933-1936),* La Esfera de los Libros, Madrid, 2005.
PAZ, Manuel de, *Militares masones de España. Diccionario biográfico del siglo XX,* Centro Francisco Tomás y Valiente, UNED, 2004.
PÉREZ GARCÍA, Juan Florencio, *Hablando de León sin ira*, León, 1975.
PRESTON, PAUL, *Franco: caudillo de España,* Grijalbo, Barcelona, 2002.
RODRÍGUEZ AIZPEOLEA, Luis, *Ciudadano Zapatero*, Ediciones Espejo de Tinta, Madrid, 2004.
RODRÍGUEZ GONZÁLEZ, Javier, *León bajo la dictadura franquista (1936-1951)*, Universidad de León. Secretariado de Publicaciones y Medios Audiovisuales, León, 2003.
SALAS LARRAZÁBAL, Ramón, *Historia del Ejército Popular de la República*, La Esfera de los Libros, 2006.

SÁNCHEZ, José Antonio y García Saúco, *La Revolución de 1934 en Asturias*, Ed. Nacional, Madrid, 1974

SCHLAYER, Félix, *Diplomat im roten Madrid*, Herbig E. A. Verlagsbuchhandlung, Berlín, 1938. Versión castellana de Carmen Wirth Lenaerts: www.plataforma2003.org/memoriahistorica.

—, *Matanzas en el Madrid republicano: paseos, checas, Paracuellos*, Áltera, Madrid, 2006.

SEMPRÚN, Alfredo, *El crimen que desató la guerra civil: de cómo un comando policíaco socialista secuestró y asesinó a Calvo Sotelo, líder de la derecha española*, Libroslibres, Madrid, 2005.

SERRANO, Secundino, *La guerrilla antifranquista en León: 1936-1951,* Siglo XXI Editores, Madrid, 1988.

THOMAS, Hugh, *La guerra civil española (1936-1939),* Grijalbo, Barcelona, 2004.

VIDAL César, *Los masones*, Planeta, Barcelona, 2005.

VILLA, Irene, *Saber que se puede: recuerdos y reflexiones de una víctima del terrorismo*, Martínez Roca, Madrid, 2004.

→ Índice onomástico